Knaur

Über die Autorin:

Ulla Rhan, geboren 1956, absolvierte eine Ausbildung in Personal Success Coaching und ist als Lebensberaterin und freie Autorin tätig. Ihr Schwerpunkt liegt im Bereich ganzheitlich orientierter Familien-, Paar- und Einzelarbeit und der Vernetzung von traditionellem und neuem Denken. Sie lebt und arbeitet in der Nähe von Frankfurt am Main.

Ulla Rhan

Frauen wollen alles, Männer nur das Eine

... und warum es trotzdem klappt

Knaur

Besuchen Sie uns im Internet:
www.knaur.de

Originalausgabe 2003

Ein Unternehmen der Droemerschen Verlagsanstalt
Th. Knaur Nachf. GmbH & Co. KG, München

Redaktion: Stephanie Hermes
Umschlaggestaltung: ZERO Werbeagentur, München
Umschlagabbildung: ZERO/Susanne Kracht, München
Satz: Ventura Publisher im Verlag
Druck und Bindung: Clausen & Bosse, Leck
Printed in Germany
ISBN 3-426-77649-9

4 5 3

Für Claus und Gerhard,
die beiden Männer in meinem Leben

Inhalt

Teil III – Klippen umschiffen

Teil IV – Utopia

Prolog

Kennen Sie einen treuen Mann? Einen, der nicht bei der erstbesten Gelegenheit zumindest in Gedanken fremdgeht? Der nicht jedem wippenden Rockzipfel nachstarrt?
Die Sache mit dem Hörner-Abstoßen scheint nicht zu funktionieren: Wenn Zwanzigjährige alles bespringen wollen, was nicht bis drei auf den Bäumen sitzt, mag das ja noch verständlich sein, ist doch gemeinhin bekannt, unter welch ungeheurem Triebdruck die Kerle stehen. Doch auch nach oben ist die Altersgrenze für die Auftritte des jugendlichen Liebhabers offen. Lässt der echte Trieb nach, schenkt die Natur ihm den Johannistrieb, damit er weiterjagen kann.
Selbst Treueschwüre vor dem Standesbeamten können daran allenfalls kurzfristig etwas ändern – genau so lange, bis der Thronfolger in die Welt gesetzt ist. Schon beim ersten Baby-Krähen wird es dem frisch gebackenen Vater im eigenen Revier zu eng, und er sucht nach neuen, windelfreien Jagdgründen. Schmuckfedern hat er keine, und so balzt er mit Karriere-Lorbeeren oder Porscheschlüsseln.
Und was fängt eine Frau, die alles will, mit einem Kerl an, der nur das Eine im Kopf hat? Hat Ihr Wunsch nach langfristiger Beziehung und Partnerschaft angesichts seines ewigen Platzhirschgebahrens überhaupt eine Chance? Ja, er hat! Es kann mit Ihrer Beziehung trotzdem klappen, denn die Zeit lässt uns Frauen weise werden. Und wo die Weisheit ist, ist auch ein Weg …

TEIL I –

DER SCHREI DER GENE

»Wird die Welt womöglich von einer Horde gen-egoistischer Primaten regiert, die nur an das Eine denkt – wohin mit den Spermien?«

Ingrid Jenkel und Angela Voss
(Journalistinnen/Autorinnen für Zeitschriften und Fernsehen)
»Böse Männer kommen in jedes Bett«

1. Kapitel:

Happy End – und was kommt danach?

Da steht er, groß, breitschultrig, sonnengebräunt. Sanft legt er seinen Zeigefinger unter ihr Kinn, hebt es behutsam an und schaut ihr tief in die Augen. »Willst du mich heiraten?« Sie senkt scheu die Lider, erwidert dann errötend seinen Blick und haucht: »Ja.«

So ähnlich enden viele klassische Liebesfilme. Doch was so romantisch verklärt daherkommt, ist in Wirklichkeit ein von der Natur schlau eingefädelter Trick. Unter dem Deckmantel der Verliebtheit nämlich fordert sie ihren Tribut: Sie will, dass sich Mann und Frau vermehren. Nicht mehr und nicht weniger. Wenn die beiden sich dann endlich »kriegen«, ist das vor allem aus evolutionsbiologischer Sicht ein Happy End.

Fangen wir am Anfang an

Es ist ein Märchen, dass Eva aus Adams Rippe geschnitzt wurde. Die Genforschung belegt das Gegenteil! Zu Beginn sind nämlich alle Embryos weiblich. Erst nach 35 Tagen erwacht das Y-Chromosom, das die Testosteron-Produktion einleitet. Damit beginnt der Tanz der Hormone, der den Mann ein Leben lang antreibt. Von jetzt an will er nur noch das Eine.

Schon in der embryonalen Phase – und nicht wie lange vermutet erst in der Pubertät – setzt die erste Aktivität der Hoden ein. Beim Nuckeln an Mamas Brust geht der kleine Macho dann zum ersten Mal einer Frau an die Wäsche. Spätestens mit vierzehn Jahren hängt er sich nach einer kurzen Mädchen-sinddoof-Phase das erste Pin-up-Girl in den Schrank und onaniert, was das Zeug hält. Auch wenn er nach außen hin harmlos wirkt, hat er eigentlich nur eins im Kopf: Weiber, Weiber, Weiber! Und Fußball. Und PCs. (Gern nimmt er in Kauf, dass ihm beim Downloaden von Raubkopien auf den einschlägigen Hacker-Seiten gleich reihenweise Bilder von Riesenbrüsten entgegenspringen, denn die entschädigen den kleinen Freak zumindest virtuell dafür, dass in der Praxis noch nicht viel läuft.)

Gleichaltrige Mädchen schwärmen diffuser. (»Ist der nicht süüüüß!?«) Sie fahren auf schöne Augen und modisches Outfit ab. Die männlichen Attribute unterhalb der Gürtellinie hingegen sind ihnen unheimlich, da schauen sie lieber weg als hin. Ihre Interessen sind breiter gefächert: Reiterferien auf dem Ponyhof, Klamotten, Schminke, Pop- und Filmstars ... ach ja, und Jungs – doch »mit einem zu gehen« ist in erster Linie wichtig, um vor den Freundinnen bestehen zu können (darum auch die Vorzeige-Kondome im Federmäppchen).

Ist es dann so weit, will sie lieber kuscheln, knutschen und Händchen halten. Während seine Finger wenn auch ungeschickt, so doch zielsicher nach erogenen Zonen forschen, hält sie sich eher in unverfänglicheren Breiten auf – und führt er sie dorthin, wo er sie haben will, erschrickt so manches Mädchen, weil das pralle Ding, das sie da – erstmals in ihrem Leben – mit geschlossenen Augen tastet, so gar nichts mit dem zu tun hat, was sie auf Bravo-Nacktfotos so schlaff hat baumeln sehen.

Doch ungeachtet der oft demonstrativ zur Schau getragenen Zurückhaltung: So gänzlich desinteressiert ist selbst der naivste Teenie offenbar nicht, steht doch in kaum einer Altersstufe die Besorgnis um das eigene Äußere so sehr im Vordergrund wie in dieser. Wenn sich Mädchen mit Lippenstift, Lidschatten und Wimperntusche herausputzen, sich die Haare färben und das Balancieren auf hochhackigen Schuhen üben, ist das nichts anderes als Attraktivitätspflege – jene uralte Fortpflanzungs-

strategie, die einem einzigen Zweck dient: dem Anlocken potenter Männchen.
Die Natur weiß, warum. Die Mädels sind mit der ersten Regel rein biologisch betrachtet zur Frau geworden, sprich: Sie könnten schwanger werden. Dank optimaler Eizellenqualität sogar erschreckend leicht. Darum legen sie ihrer inneren Programmierung folgend jetzt ihre saftigsten Köder aus und treiben ihre männlichen Klassenkameraden schier in den Wahnsinn. Eine derart frühe Mutterschaft, wie die Natur sie ihnen diktieren will, passt jedoch überhaupt nicht in ihren neuzeitlichen Lebensplan hinein. So senden sie an die geschlechtsreifen Männchen permanent eine Doppelbotschaft aus: Schau her, wie schön ich bin – aber rühr mich bloß nicht an!

Sturm und Drang

Auch wenn der gleichaltrige Junge nicht weiß, wohin mit seinem Trieb, und ihre Zögerlichkeit ihn schier in den Wahnsinn treibt, hat seine Freundin doch guten Grund, sich zu zieren. Dass er drängt und sie bremst, liegt nicht zuletzt daran, dass das Mädchen nach dem Willen der Evolution nicht jeden x-Beliebigen an sich heranlassen, sondern erst den Richtigen finden soll, um sich mit ihm zu paaren.
Der aber findet sich nicht von heute auf morgen. Sie braucht also Zeit; und davon hat sie genug, denn ihrem biologischen Auftrag folgend braucht die Frau in ihrer geschlechtlich aktiven Lebensphase insgesamt »nur« eine Hand voll Nachkommen zu produzieren. Geschickt getimt, könnte sie den Samen dafür in ein paar wenigen hingebungsvollen Momenten zusammenbekommen.
Er hingegen muss in Zigtausenden denken – nicht Kindern, sondern Begattungsakten. Sein Ziel ist, mit möglichst vielen Frauen möglichst oft ins Bett zu gehen, um seinen Samen mög-

lichst breit zu verstreuen. Zwischen achtzehn und fünfundzwanzig ist er auf dem Gipfel seiner Lendenkraft, und das will er ausleben. Testosteron tost durch seine Adern. Mit sensibler Nase wittert er jedes weibliche Pheromon in der Luft, und es gibt nur noch ein Unterscheidungskriterium, nach dem er Frauen taxiert: bespringbar – ja oder nein?

Masse trifft Klasse

Instinktiv suchen wir Frauen – besonders in dieser Altersphase – nicht nach dem One-Night-Stand (auch wenn uns das die Frauenzeitschriften bisweilen vorgaukeln wollen), sondern nach der »großen Liebe fürs Leben« – das heißt einem Mann, mit dem wir Kinder in die Welt setzen können. Da unsere Eizellen rar und im Vergleich zur Massenware Spermium nur unter großem Aufwand herzustellen sind, müssen wir bei der Fortpflanzung wesentlich mehr Sorgfalt investieren.

Während er drauflos vögeln kann, müssen wir wählerisch sein. Die Natur verlangt von uns, zu differenzieren, abzuwägen und uns zu entscheiden, denn wir brauchen einen verlässlichen Partner mit guten Genen. Auch wenn ein Blick in die Medienlandschaft anderes vermuten lässt: Am Wichtigsten ist den meisten von uns doch das Kuscheln und Küssen. Sex ist uns in dieser Lebensphase noch nicht so wichtig. Ist er gut, umso besser. Ist er es nicht, dann heißt es: Augen zu und durch.

Zunächst aber sperren wir die Augen auf und nehmen die Schar unserer potent(iell)en Bewerber genauestens unter die Lupe: Während wir optisch vor allem auf Gesichts- und Körpersymmetrien achten, reagiert unsere Nase auf Duftbotschaften, die Auskunft über die Qualität des Immunsystems der potenziellen Kandidaten geben. Unser Geruchssinn ist so hoch spezialisiert, dass er uns an fruchtbaren Tagen gezielt auf den

Duft jener Männer ansprechen lässt, die als Vater für unsere Nachkommenschaft besonders viel versprechend erscheinen. Dabei zieht es uns vor allem zu solchen Typen hin, deren genetische Anlagen sich von den unseren unterscheiden – je verschiedener nämlich das Immunsystem von Mann und Frau, desto robuster verspricht der Nachwuchs zu werden. Nur Frauen, die die Pille nehmen, »riechen« anders: Sie geraten eher bei genetisch ähnlich veranlagten Männchen in Versuchung.
Diese Geruchsvisionen sind es, die in uns Frauen sexualstimulierende Effekte auslösen und uns zugreifen lassen. Was da nach komplizierter Auslese klingt, ist jedoch keineswegs ein zeitraubendes Verfahren. Um einen potenziellen Partner zu erkennen, brauchen wir ganze 100 Millisekunden. Es gibt sie also doch, die Liebe auf den ersten Blick!
Anders als vermutet, wählen wir uns unseren Mann nicht nur aus, wir ergreifen auch die Initiative bei der Annäherung und fordern zum Flirten auf. Dazu bedienen wir uns einer deutlichen Signal-Sprache: Je nach Haarlänge streichen wir uns ein verirrtes Strähnchen aus der Stirn oder werfen die Mähne nach hinten; wir suchen den Blickkontakt (oder meiden ihn bewusst) und lachen ein klein wenig lauter als normal …

Damenwahl

Dass die Frau den passenden Partner aussucht, gilt nicht nur für die Weibchen der Spezies Mensch, sondern entspricht einem allgemeinen Gesetz der Natur. Selbst der Urvater der Genetik, Darwin, konnte viele Verhaltensauffälligkeiten nicht allein mit natürlicher Selektion erklären.
Welchen Zweck, so musste er sich staunend fragen, haben wohl die schillernd bunten Flügel der Schmetterlinge, der betörende Gesang der Nachtigall oder das imposante Rad des Pfaus?

Warum nur entwickelte der Riesenhirsch Megaceros in grauer Vorzeit ein Geweih von dreieinhalb Metern Breite, das ihn so sehr in seiner Bewegung behinderte, dass er ausstarb? Warum muss sich der gemeine Wellensittich mit Kopf- und Wangenfedern schmücken, die im Sonnenlicht fluoreszieren? Wäre nicht graues Rattenfell zweckmäßiger? Unbedingt! Doch das entspräche eben nicht den ästhetischen Vorlieben der Weibchen. Die wollen es prächtiger – und geben nur dem Männchen eine Chance, das etwas hermacht. Darum die bunten Federn und der betörende Gesang – das Gel in den Haarspitzen, der Feinripp mit Designerlabel, die Sonnenbrille mit Spiegeleffekt …

Allein, solche mehr oder minder geschmackvollen Attribute reichen den meisten von uns nicht aus. Dazu sind wir zu anspruchsvoll. Wir wollen mehr. Wir wollen alles! Der Mann unserer Wahl soll nicht nur genetisch viel versprechend (groß, schlank, breitschultrig und wohl riechend), sondern auch ein zuverlässiger Versorger sein – und zudem ein romantischer Traumprinz, der uns auf Wolke sieben entführt.

Ein bisschen Spaß im Bett finden wir ja ganz o.k., aber in dem Alter ziehen wir noch den Bauch dabei ein, damit wir nur ja eine gute Figur machen. Dem Willen des weiblichen Hormonhaushalts folgend, geht es uns noch nicht in erster Linie um Lust, sondern um etwas anderes: Unser Nestbauinstinkt ist voll erwacht, denn aus biologischer Sicht ist jetzt der optimale Zeitpunkt zum Gebären.

Da sich gleichaltrige Männer wie Rammler gebärden und uns nur selten Stabilität und Sicherheit bieten können, ist die Frau in dieser Phase anfällig für Werbungsversuche älterer, gut situierter Herrn. Wenn sie zu so einem Mann »Ich will ein Kind von dir« sagt, schmilzt er dahin und legt ihr die Welt zu Füßen – aber das ist eine andere Geschichte, auf die wir später noch zurückkommen werden. Bleiben wir vorerst bei den Werbungsversuchen des Jungwilds im Revier.

Fallstricke und Fluchtversuche

Wenn, wie wir gesehen haben, die biologische Programmierung vom Mann die Sammelbegattung der ganzen Weibchen-Herde fordert, während sie der Frau die Exklusiv-Eroberung eines einzelnen Zeuger- und Versorgerherzens ins Aufgabenheft schreibt, grenzt es an ein Wunder, dass sich die beiden überhaupt irgendwann kriegen. Man kann den Kerlen vieles nachsagen, und ihre Intelligenz in lebenspraktischen Dingen mag oft erhebliche Lücken aufweisen, aber dass jedes Weibchen ein Lasso im Ärmel (im Kosmetikköfferchen, in der modischen Handtasche) verbirgt, ist den meisten Männchen aus den Erzählungen ihrer Väter und Großväter sattsam bekannt. Bespringen und unbehelligt das Weite suchen, das geht in den seltensten Fällen glatt. Wer es wagt, riskiert zumindest eine unangenehme Diskussion, etwa nach dem folgenden Muster:

Sie, nach dem Akt, vorsichtig zur eigentlichen Sache kommend: »Und wie soll es jetzt mit uns weitergehen? Ich meine, jetzt, wo wir eine Beziehung haben?«

Er, mühsam um einen neutralen Gesichtsausdruck bemüht: »Eine Beziehung?!«

Sie, entsetzt (je nach Naturell mit zittrigem oder drohendem Unterton in der Stimme): »Du tust ja gerade so, als wäre nichts zwischen uns gewesen!«

Sie hat ihren Satz noch nicht ausgesprochen, da steht er schon voll angezogen im Türrahmen, schaut noch einmal zurück, murmelt etwas von: »Muss jetzt los, habe gar nicht gemerkt, wie spät es schon ist …«, und ward nicht mehr gesehen.

»Gerade noch mal gut gegangen«, wird er nach geglückter Flucht seufzen, sie in der Rubrik Schon-wieder-so-eine-komplizierte-Zicke ad acta legen – und in Zukunft noch vorsichtiger sein. Einen Fuchs, der einmal lebend aus einer Falle entkam, den fängt so schnell keine(r) mehr.

Und sie? Sie hält tagelang neben dem beharrlich schweigenden Telefon Wache (»Er muss sich doch irgendwann melden!«), um nach einiger Zeit frustriert zu begreifen, dass wohl auch er einer dieser Saukerle gewesen ist, die nur ihren Spaß haben wollen. Sie sieht förmlich, wie er zu Hause seinen stahlharten Body selbstverliebt vor dem Spiegel dreht und mit breitem Macho-Grinsen denkt: »Schließlich hat sie ja auch was davon gehabt.«

Dieser Gedanke wäre alles andere als untypisch, legen Männer uns Frauen doch nur zu gern ihr eigenes Sexverlangen in den Schoß. Jüngste Studienberichte von der »State University New York« sind da Wasser auf ihre Mühlen: Befragt wurden fast dreihundert Studentinnen, von denen die einen den Akt für gewöhnlich mit, die anderen hingegen ohne Kondom vollziehen. Ihre Antworten legen den Schluss nahe, dass Sperma Frauen wirklich glücklich macht: Die Sperma-gedopten Frauen gaben nämlich tatsächlich seltener an, unter Depressionen zu leiden, und auch mit Selbstmordgedanken spielten sie weniger als ihre Kommilitoninnen von der Safer-Sex-Fraktion. Demnach wirken die im Ejakulat enthaltenen Eiweiße und Hormone stimmungsaufhellend und können helfen, psychische Tiefs zu überwinden. (Soll übrigens auch bei Oralverkehr funktionieren.) Wenn eine Frau längere Zeit auf Saft-Entzug lebt, schlägt ihr das offenbar aufs Gemüt.

Die große Flaute?

Beim Lesen jüngster Sex-Umfragen könnte man dennoch meinen, dass die Männer zahm geworden seien und ihr Hirn nicht mehr zwischen den Beinen spazieren trügen: Tatsächlich deuten Untersuchungen über das Sexualverhalten von Studenten auf nachlassende Promiskuität hin.

Was ist bloß aus der sexuellen Revolution geworden, die in der

zweiten Hälfte der sechziger Jahre auf den Schwingen der Antibabypille alles dahinfegte, was sich der Geilheit in den Weg stellte? »Wer zweimal mit der Gleichen pennt, gehört schon zum Establishment« lautete der Slogan der Kommunarden. Sex und Liebe – das waren zwei verschiedene paar Schuhe. Nicht nur in Uschi Glas' Schätzchen-Film wurde kreuz und quer gevögelt. Wer als modern gelten wollte, musste es treiben. Oft und mit möglichst vielen. Diesem Diktat konnten sich vorübergehend selbst die sonst eher zurückhaltenden Frauen nicht entziehen. Wer wollte schon als altbacken gelten in dieser wilden Zeit.
Und heute? Glaubt man den Zahlen, hat sich diese Welle wohl etwas gelegt. Verschwindend gering die Zahl der Studiosi, die von sich behaupten, mit fünfzig Frauen im Bett gewesen zu sein. Eine Hand voll Eroberungen scheinen's auch zu tun. Also aus mit der hemmungslosen Liebe? Hat die Zivilisation etwa doch das Tier aus dem Homo sapiens gebannt?
Sicher nicht. Schon eher hat sich die Lust in den Kopf verlagert. Man treibt es offenbar lieber in Gedanken als auf dem Laken. Das strengt nicht so an. Und man(n) riskiert weniger. Die Angst, sich zu blamieren, zu versagen, war bei Männern noch nie so groß wie heute, müssen sich die armen Kerle doch mit Traum-Typen wie Leonardo di Caprio und Johnny Depp vergleichen lassen, die im Kino zeigen, wie's gemacht wird.
Doch welcher Normalmann sieht schon so überirdisch aus? Wer bewegt sich mit solch geschmeidiger Eleganz? Wer wird schon als perfekter Liebhaber geboren? Die Frau von heute aber legt dennoch ihre Messlatte auf Filmstarhöhe an. Sie kann warten. Ungeduldig wird nur er.
So stecken viele junge Männer heute in einem tiefen Dilemma. Auch sie haben ihre Idealbilder im Kopf. Wie oft haben sie es im Geiste mit Britney Spears, wie oft mit Jennifer Lopez getrieben. Da werden sie in den Medien mit Szenen bombardiert, in denen wunderschöne Körper der tabulosen Liebe

frönen, und wissen doch, dass sie selbst in diesem Traum keinen Platz haben. Gelegenheit macht Diebe, so heißt es. Wenn sie bloß Gelegenheit hätten! So bleiben sie erotisch hoffnungslos unterversorgt. Mangel aber tötet die Geilheit nicht. Im Gegenteil: Er stachelt sie zusätzlich an.

Und sie kriegen sich doch!

Sehen wir von gelegentlichen Baby-Unfällen einmal ab, blieben Mann und Frau theoretisch nur zwei Möglichkeiten, um zwecks Zeugung zusammenzufinden: Der Harem – da wird die Frau nicht gefragt, sondern zwangsrekrutiert (immerhin sind Kost und Logis frei), und der Herr im Hause weiß immer, wohin mit seinem Samen. Oder aber der Samenraub – da hat der Mann nichts mitzureden, sondern wird kurzerhand (oder auf anderswie geschickte Weise) abgezapft. Die Versorgungsansprüche werden dann gerichtlich geregelt.

Ein Zusammenfinden, das beiderseitiges Einverständnis voraussetzt, könnte eigentlich gar nicht klappen – wäre da nicht ..., ja wäre da nicht das, was wir Liebe nennen, jenes rosarote Gefühl, das im Bauch die Schmetterlinge flattern und im Kopf die Drähte der Vernunft durchbrennen lässt.

Romantisch Veranlagte, die sich ihre Illusionen nicht zerstören wollen, mögen die nächsten beiden Absätze überspringen. Wenn Sie sich hingegen zu den eher nüchternen Gemütern zählen, werden Sie sich von den wissenschaftlichen Erkenntnissen zu diesem Thema eher bestätigt fühlen: Nicht der Liebreiz dieses einen speziellen, auserwählten Menschen ist es, der Herz und Gehirn erweicht, sondern ein simpler biochemischer Prozess, dem eine italienische Psychiaterin unlängst auf die Spur kam.

Ihr war aufgefallen, dass Verliebte alle paar Minuten miteinander telefonieren, um sich zu vergewissern, dass es den anderen noch gibt. Ganz schön gestört, dachte sie sich und fühlte sich an den Wiederholungszwang der OCD(Obsessive-Compulsive-Disorder)-Kranken erinnert, die immer wieder nachprüfen müssen, ob die Haustür wirklich abgeschlossen oder der Kühlschrank auch hundert Prozent mikrobenfrei geputzt ist. Denen fehlt es an Serotonin, einem Botenstoff, der für Gelassenheit sorgt. Und richtig: Bei Vergleichstests stellte sich heraus, dass bei frisch Verliebten eben derselbe Mangel an dieser Substanz herrscht wie bei Neurotikern.

Kaum hat es »klick« gemacht, produziert das Gehirn außerdem in rauen Mengen Dopamin und Endorphine – Botenstoffe, die euphorisch machen und nicht nur Schmerzen, sondern auch Ängste und Bedenken auslöschen. Schopenhauer hatte also Recht, als er die Liebe als vorübergehende hormonelle Geistesstörung bezeichnete.

Das erklärt, warum Männer, die sich ewiges Singletum geschworen haben und um jede feste Bindung (geschweige denn den Traualtar) einen Riesenbogen machen wollten, auf einmal nur noch Augen für eine Einzige haben – und auch, warum wir Frauen aller Schnäubigkeit in Sachen Partnerwahl zum Trotz gelegentlich ziemlich danebengreifen und uns von den windigsten Balzattributen blenden lassen. Wenn die Liebe uns erwischt, sind wir schlicht und ergreifend verrückt, stehen monatelang so unter Strom, sind so hektisch und irre, dass wir keinen klaren Gedanken mehr fassen können.

So nimmt die Natur ihren Lauf: Irgendwann (in unserer heutigen Gesellschaft etwa zwischen fünfundzwanzig und dreißig) finden Frau und Mann unter dem Einfluss dieser Stoffwechselstörung im Gehirn zueinander. Er hat endlich die (wenn auch exklusive) Dauergenehmigung zum Sex, und wir haben unseren Samenspender. Damit wären wir wieder dort, wo wir begonnen haben: beim Happy End. Abblende.

Im Film hört es hier auf, im Leben fängt es jetzt erst richtig an:

Unser genetischer Auftrag sitzt uns im Nacken, und darum fängt so manche von uns nun an, in jeden fremden Kinderwagen zu schielen. Nicht eher geben wir Ruh, bis einer unseren eigenen Flur blockiert, können sich doch viele von uns im Taumel der Verliebtheit nichts Schöneres vorstellen, als Nachwuchs von ebendiesem einen wunderbaren Mann zu kriegen. Es sei denn, wir würden die Pille (weiter) nehmen und mit dem Kinderkriegen warten, bis sich der Rausch gelegt hat. Dann nämlich legen wir das Projekt Baby womöglich ganz aufs Eis. Verweigern wir der Natur die Brut in dieser Altersphase, sind wir damit in Sachen Kinderkriegen jedoch nicht unbedingt »aus dem Schneider«. So leicht geben die Gene nicht auf. Spätestens mit Mitte dreißig werden wir noch einmal mit diesem Thema konfrontiert.

Er oder es? Es!

Goldiges Babylachen, Windeleimer, Fläschchenwärmer, durchwachte Nächte – wenn's denn geklappt hat, wird der Mann schneller als ihm lieb ist aus seiner Star-Rolle entlassen und zum Familien-Statisten degradiert. Auf dem Thron hat nur einer Platz, und der ist klein und niedlich. Wenn Papa Glück hat, ergattert er nach seiner Verstoßung den Part als Babysitter, Butler, Hausmeister oder Samenlieferant für noch mehr Nachwuchs. Kurzfristig ist sein Männerhirn vor lauter Vaterstolz vernebelt (ob dieses Phänomen ebenso wie die Verliebtheit mit einem Absacken des Serotonin-Pegels zu erklären ist, hat noch keiner untersucht), doch schon bald erwacht er aus seinem Ausnahmezustand. Der Alltag holt ihn ein. Für den aber ist er nicht gemacht. Die Hormone langweilen sich. Sex! Das ist es, was ihm fehlt!
Wir Frauen haben da ganz anderes im Kopf. Wir haben bekommen, was wir (zumindest aus Sicht der Evolution) brau-

chen – ein Baby, an dem wir unsere Mutterinstinkte ausleben können. Der Mann hat fürs Erste seine Schuldigkeit getan. Wären wir ein Spinnenweibchen, müsste er sich jetzt schleunigst aus dem Staub machen. Aber wer will denn so grausam sein? Um ihn bei Laune zu halten, gewähren wir ihm sogar gelegentlich Audienz – schließlich wollen wir ihn nicht ganz vergraulen. Als Versorger und Samenlieferant für Nachwuchs Nr. 2, 3 ... ist er schließlich ganz brauchbar. (Wenngleich die Zahl der Samenräuberinnen wächst, die den Mann nicht einmal dafür an ihrer Seite tolerieren wollen, sondern ihn gleich nach dem Zeugungsakt verjagen).

Allein aus evolutionsbiologischer Sicht sollte dem Mann unser mütterliches Abwehrverhalten eigentlich zupass kommen. Zwar hat es niemand gern, auf die Hinterbank verwiesen zu werden (schon gar nicht von der eigenen Frau), doch sein genetischer Auftrag lautet: So viele Weibchen wie möglich beglücken, um die Gene breit zu streuen. Nur so kann sich der Mann selbst die maximale Trefferquote sichern und die Rivalen an der Vermehrung hindern. Und eine Frau, die von ihm geschwängert ist, hat frühestens in der nächsten Saison wieder Kapazitäten für Nebenbuhler frei.

Der Ruf der Wildnis

Es soll nicht behauptet werden, dass der moderne Mann ein Wüstling sei. Im Gegenteil: Wie nie zuvor bringt er sich ein, leidet im Kreißsaal mit und ist Vater mit Leib und Seele. Gern wäre er auch ein treuer Ehegatte – wenn das bloß nicht so schwierig wäre. Seine Hormone schreien nach Frau, nicht nach Kind! Er muss ständig an das Eine denken. Auf die eigene Frau aber hat er nur bedingt Lust. Die hat er ja schon begattet.

Also balzt er (heimlich) weiter – sein Auftrag lautet schließlich, die übrige Herde auch noch zu begatten. Ganz unerfahren ist er nicht mehr. Er weiß, womit man Weibchen lockt. Jeder hat da seine eigene Masche. Der eine stählt seinen Body im Fitness-Studio und geht mit geölten Muskeln auf Pirsch. Der andere arbeitet an seinen verbalen Fähigkeiten und quatscht die Frauen um den Verstand. Und wieder ein anderer setzt auf die Karriereschiene.

Letzteres ist auf lange Sicht die wohl erfolgreichste Strategie: Je höher er die Leiter erklimmt und je mehr er wirtschaftlich zu bieten hat, desto attraktiver wirkt er. So strampelt er sich ab, um als Winnertyp dazustehen, denn das gefällt den Weibchen. Sie machen ihm Avancen – ihm, dem frisch gebackenen Vater. Ihm, der ewige Treue geschworen hat. Er weiß ja, dass er nicht darf. Ausgerechnet jetzt ... Aber er muss einfach. Es übermannt ihn. Die Hormone sind stärker.

Wir üben uns einstweilen als treusorgende Mutter und Ehefrau – treu schon allein deshalb, weil der Nachwuchs rund um die Uhr gepäppelt, bewacht und betreut sein will. Wenn wir es uns leisten können, hängen wir den Job fürs Erste an den Nagel. Wenn nicht, rödeln wir rund um die Uhr. Gedanken an Sex treten da in den Hintergrund. Wenn nicht an unserer chronischen Müdigkeit, scheitern etwaige Annäherungsversuche nicht zuletzt auch am Mangel an Gelegenheit. (»Aber doch nicht vor den Kindern!«)

Erst jüngst berichtete eine große deutsche Frauenzeitschrift, deren Zielgruppe im Altersbereich der Zwanzig- bis Dreißigjährigen liegt, von der weiblichen Unlust in dieser Phase: Natürlich habe man Sex, aber selten so orgiastisch und leidenschaftlich wie im Film. Und so oft wie in Umfragen großtuerisch behauptet, würden es allenfalls frisch Verliebte treiben. Das mit dem Supersex in deutschen Schlafzimmern – das von der Frau als Leader im Alltag und als Luder im Bett – sei eine einzige Lüge. Alle sechs Wochen einmal, das sei das eigentlich Normale.

Gottlob lesen unsere Männer keine Frauenzeitschriften. »Siehst du«, würden sie uns sonst sagen. »Wenn du mich so kurz hältst, dann treibst du mich den anderen Weibern ja regelrecht in die Arme.« Hat nicht etwa der gute Luther mit seinem berühmten Spruch »In der Woche zwier schadet weder ihm noch ihr« für wesentlich kürzere Triebabfuhr-Intervalle plädiert?
Sie könnten einem fast Leid tun …

2. Kapitel:
Harte Landung

Pubertäre Hormonaufwallungen, Balztänze, stürmische Wechselbeziehungen – bis ein Mann in den Hafen einer festen Beziehung eingelaufen ist und sich der Taumel der Verliebtheit gelegt hat, hat er einen körperlichen Kraftakt sondergleichen hinter sich. Musste er noch dazu seine Vital-Essenz verausgaben, um seiner Frau ein Kind zu schenken, könnte wohl nur eine Unmenschin (wie wir) von ihm verlangen, sich nachts aus dem Schlaf zu quälen, um kindlichen Fläschchendurst zu stillen, oder?

Geschaffen für den Außendienst

Bald hundertfünfzig Jahre Frauenbewegung vermochten letztlich nicht, die fest im Mann verankerte Überzeugung zu entkräften, dass nicht er, sondern sein Weib für die Brutpflege zuständig ist. Schrieb nicht schon der gute Schiller »Der Mann muss hinaus ins feindliche Leben …«?

Die Hormone sind einfach stärker als alle Argumente von Gleichberechtigung, Doppelbelastung und Wir-haben-das-Balg-schließlich-gemeinsam-in-die-Welt-gesetzt. Er ist und bleibt ein Sammler und Jäger, egal von wie vielen Plakatwänden ihm das Bild vom attraktiven, strahlenden Muskelprotz-Papa mit Säugling im Arm entgegenlacht.

Das Modell vom Hausmann und das Babyjahr für Männer sind schon allein deshalb keine Renner, weil (abgesehen von einer Hand voll ministerieller Vorzeigefiguren) kaum ein Kerl freiwillig von der Pirsch daheim bleiben will.

Ab und zu den Kinderwagen durch den Park zu schieben mag ja noch angehen, zumal die Zahl der dort flanierenden Single-Mütter in den letzten Jahrzehnten dramatisch zugenommen hat und der »Vater zum Anfassen« in den Augen solcher Weibchen eine Sünde wert zu sein scheint. Darüber hinaus aber sucht unser Held nach anderen Betätigungsfeldern als häuslichem Herd und Kinderzimmer.
Er ist geradezu süchtig nach ebenjenem Testosteron-Stoß, den »situative Reize« in ihm auslösen. Ob das tiefe Dekolletee der Sekretärin oder das Blondhaar der Kellnerin im Restaurant – innerhalb von Sekunden reagiert das männliche Hormonsystem auf solch viel versprechende Aussichten und lässt die Produktion der Androgene blitzschnell auf Spitzenwerte ansteigen. Zupft ihm die eigene Gattin aber von hinten am Ärmel, sackt der Pegel schlagartig auf den Normalwert ab. Um nicht marode zu werden, muss der Mann also raus in die Wildnis. Die Natur will es so.

So hab ich mir das nicht vorgestellt!

Mit fortschreitender Beziehungsdauer werden wir Frauen immer frustrierter, fühlen uns zurückgesetzt, allein gelassen oder womöglich gar für dumm verkauft, weil immer alles an uns hängen zu bleiben scheint. Doch nicht nur an Themen wie ungerechter Arbeitsverteilung macht sich unser ungutes Gefühl fest. Der Stachel der Verunsicherung sitzt tiefer. Auch wenn er uns – natürlich nur auf beharrliches Befragen – seine Liebe beteuert, spüren wir, dass wir sein Blut nicht mehr so recht ins Wallen zu bringen vermögen. Unser sechster Sinn verrät uns, dass er sich innerlich von uns entfernt hat, und das empfinden wir als bedrohlich.
Selbst die Wenigen von uns, die trotz Kind voll berufstätig sind

und genug eigenes Geld verdienen, fürchten um ihre Sicherheit. Auch sie können sich ihrer genetischen Programmierung nicht entziehen, denn so wie er für den Außendienst gemacht ist, sind wir genetisch auf Innendienst gepolt. Geht er auf Abstand, funkt unser Mutterinstinkt »S.O.S«: Wenn sich unser Jäger tatsächlich aus dem Staub machen würde, wer brächte uns dann abends die Beute heim, um die hungrigen Mäuler zu stopfen? Wer würde unsere Rotte vor den hungrigen Wölfen beschützen, die allnächtlich mit glühenden Augen um die Jurte schleichen? Wir müssen ihn halten. Unsere Existenz hängt davon ab!

Statt im Nomadenzelt haust die Durchschnittsfamilie zwar heutzutage in Dreizimmerküchebad und die wilden Bestien verpennen die Nacht hier zu Lande wohl genährt hinter Zoogittern, doch unsere Verunsicherung ist alles andere als unbegründet. Dass wir Frauen unseren Partner mit der Geburt unseres ersten Kindes vom Thron verstoßen, kann nicht ohne Folgen bleiben.

Stillschweigend ins Exil zu gehen ist nicht jedes Mannes Sache. Manch ein Rückzugsgefecht wird von lautem Getöse begleitet. Kritikpunkte gibt es in jeder Beziehung, man braucht nur genau genug hinzuschauen. Vergessen wir nicht: Er hat ein schlechtes Gewissen! Um seinen Freiheitsdrang vor sich selbst zu rechtfertigen, kommt ihm jedes Argument gelegen. Irgendjemand muss doch daran schuld sein, dass jede halbwegs passabel aussehende Frau die wildesten Fantasien in ihm auslöst, wir ihn aber zunehmend abtörnen.

»Du läufst nur noch im ausgebeulten Jogginganzug rum.«

»Du hast nie Zeit für mich.«

»Du mäkelst permanent an mir herum.«

»Du gibst zu viel Geld aus.«

Wer würde solche Vorwürfe schon auf sich sitzen lassen. Wir bestimmt nicht! Und überhaupt, es gibt da allerhand Dinge, die wir ihm auch schon längst einmal sagen wollten!

»Wenn ich bei all der vielen Arbeit nicht auch noch deinen Saustall beseitigen müsste, hätte ich mehr Zeit für dich!«
»Wer sagt denn, dass du hinter mir herräumen sollst? Eine Wohnung ist keine Kulisse zum Vorzeigen! Aber bei dir soll's ja immer wie bei *Schöner Wohnen* aussehen.«
»Wenn du alleine wärst, würde das Ganze hier innerhalb von einer Woche vermüllen!«
»Ich bin vorher ohne dich auch ganz gut zurechtgekommen!«
»Ich hab's ja gewusst! Du liebst mich nicht mehr!«
»Das hat doch nichts mit Liebe zu tun!«
Und so weiter.
Und so fort.
Ein Teller fliegt.
Die Schlüssel gleich hinterher.
Und dann? Er rennt Türe knallend aus dem Haus. Wir drücken schluchzend unser Baby an uns und trösten uns mit dem Gedanken, dass wenigstens eine(r) in der Familie zu uns hält. Selbst im Streit folgen beide dem Ruf der Gene: Der Mann sucht das Weite, die Frau bleibt zurück bei der Brut.
Nach außen hin demonstrieren wir als Traumpaar Familienidylle zu dritt und lassen so manches unbegattete Weibchen vor Neid erblassen. Kaum aber fällt die Tür ins Schloss, sind wir wie Hund und Katze. Der Partner ist nicht so überirdisch wunderbar, wie wir geglaubt hatten. Wir fühlen uns betrogen, sind frustriert, beleidigt, eingeschnappt. Plagen uns mit Selbstzweifeln herum. (Was habe ich bloß falsch gemacht? Warum musste ich mir ausgerechnet ihn aussuchen? Wie konnte ich nur so blöd sein?!)
Doch obwohl wir uns gegenseitig auf die Nerven gehen, können wir nicht voneinander lassen. Wehe, wir ertappen ihn dabei, wie sein Blick an den hochhackigen Lackstiefeln einer Unbekannten hängen bleibt – und sei die Dame auch noch so ein schräger Vogel. Wehe, wir schwingen beim Familienpick-

nick mit der Krabbel-Gruppe unsere vom Stillen gerundeten Titten ein bisschen zu frivol vor den Augen der anderen Väter hin und her.

Misstrauisch beobachten wir uns. Nicht Lust und Liebe sind der Kitt, der uns zusammenhält. Auch nicht der geliebte Spross, dem diese Funktion nur allzu oft angedichtet wird. Es ist das Besitzenwollen. Was ich habe, geb ich nicht mehr her, und wenn ich es mit Klauen und Zähnen verteidigen muss! Unsere Devise lautet: Alles oder nichts. Alles geht nie. Manchmal bleibt nur das Nichts.

Wie die stürmischen Beziehungsschlachten dieser Zeit ausgehen können, spiegelt sich in der Scheidungsstatistik wider. Im vierten Ehejahr – bis dahin ist das Kind etwa zwei bis drei Jahre alt – weist die Kurve eine deutliche Spitze auf. Aus das Glück. Wieder eine Alleinerziehende, wieder ein Wochenendvater, wieder ein Scheidungskind mehr.

Gern wird beim Zitieren der Scheidungsraten die böse moderne Gesellschaft zum Sündenbock gestempelt, aber so neuzeitlich ist das Phänomen nicht. Anthropologen wissen, dass Mann und Frau in der Steinzeit nur zur Zeugung und Aufzucht des Kleinkinds zusammenblieben – genauso, wie es 97 Prozent aller Säugetiere tun. Berücksichtigen wir den durch langes Stillen verzögerten Eisprung, bedeutet das eine durchschnittliche Beziehungsdauer von etwa drei bis vier Jahren. Danach hatte der Vater als Versorger ausgedient und konnte sich wieder bei anderen Weibchen um die Erfüllung seines Begattungssolls bemühen. Trennungen im Vierjahrestakt sind so widernatürlich also nicht.

Aber bleiben wir optimistisch. Immerhin haben annähernd zwei Drittel aller Ehen Bestand. (Na ja, in Großstädten ein paar weniger.) Nehmen wir also an, das Traumpaar würde zusammenhalten wie Pech und Schwefel, in guten wie in schlechten Zeiten.

Falsche Voraussetzungen

Der Vertrag, den Mann und Frau miteinander geschlossen haben, kam aus dem Lebensgefühl der Zweisamkeit zu Stande: Zwei Einkommen für zwei Personen, Hausarbeit für zwei Erwachsene, zu zweit ausgehen, wohin und wie lange es beliebt, am Wochenende allein zu zweit ausschlafen ... Solange das Kind als Dritter im Bunde noch reine Fiktion war, fühlte sich das wunderbar an. Eine geradezu grandiose Vision: Die Verschmelzung unser beider ideal zueinander passenden Gen-Sätze zu einem unübertrefflichen Gesamtkunstwerk! Was könnte es Schöneres geben ...

Die Illusion währt höchstens so lange, bis wir als frisch gebackene Mama mit dem Prachtstück aus der Klinik entlassen werden. Kaum haben wir mit Mann und Kind die Wohnungsschwelle überschritten, gerät die Zweier-Balance völlig durcheinander.

Mit der Wunderwaffe »Mutterinstinkt« zwingt die Biologie uns Frauen zur gehorsamen Einhaltung unserer Sorgepflichten. Auch wenn es uns noch so schwer fällt, wir uns bisweilen völlig überfordert fühlen: Wir müssen den Nachwuchs aufziehen. Neun Monate Schwangerschaft, die Mühsal der Geburt und eine mehr oder minder lange Stillzeit sind eine zu hohe Investition, um sie mir nichts, dir nichts in den Wind zu schreiben.

Mag sein, dass wir uns innerlich wehren und kurzfristig verweigern. Fachleute nennen das Kindbettdepression. Doch über kurz oder lang bleibt uns keine andere Wahl, als die Sache durchzuziehen. Das ist unser biologisch verordnetes Los als Mutter.

Er aber hat diesen Auftrag nicht. Er ist schließlich kein Seepferdchen, das sich von seiner Auserwählten mit gekonntem Hüftschwung die Eier übergeben lässt, und ihr damit quasi

die Schwangerschaft abnimmt. Von der Aufzucht der Brut ganz zu schweigen.
Sein Zeugungssoll ist noch längst nicht erfüllt. Das heißt: Er geht weiter auf die Pirsch, und je krampfhafter wir versuchen, ihn zurückzuhalten, desto mehr zieht es ihn fort. Nach Feierabend ein Bierchen mit den Kollegen, was ist schon dabei? Am Wochenende eine Tour mit dem Mountainbike – er muss sich doch bewegen, etwas für die Gesundheit tun. Schließlich sitzt er, der Ärmste, seit neuestem erstaunlich oft bis spät abends im Büro. Er tue es ja nur für die Familie, beteuert er.
»Du willst doch auch nicht dauernd am Existenzminimum herumkrebsen, oder?«
So bastelt er – natürlich völlig uneigennützig! – an seiner Karriere. (Was kann er schon dafür, dass das ganz nebenbei seine Chancen bei den Weibchen verbessert?)

Stress pur

Es geht hier nicht darum, Neid zwischen den Geschlechtern zu wecken oder herauszufinden, wer von beiden nun der Bessere oder Schlechtere ist. Vielmehr soll aufgezeigt werden, wie sehr die genetisch bedingten Verhaltensmuster zu Schwierigkeiten zwischen den Geschlechtern führen können. Diese Schwierigkeiten resultieren nicht aus der Gänseblümchenfrage (er/sie liebt mich – er/sie liebt mich nicht), sondern basieren vielmehr auf der naturgegebenen Andersartigkeit von Mann und Frau, die zwar ausgelebt werden will, in unserer aktuellen Form des Zusammenlebens jedoch kaum adäquaten Raum findet. Es sei denn, wir würden selbst Platz dafür schaffen – eine große Herausforderung, zugegeben. Es bedarf eines guten Stücks Weisheit, um sie zu bewältigen. Wie auch Sie dies schaffen können, erfahren Sie in Teil III und IV dieses Buchs.

Kehren wir zu unserer Bestandsaufnahme zurück. Eine Ende 2001 veröffentlichte Oxford-Studie belegt, wie hartnäckig Männer weltweit an ihrer traditionellen Rolle kleben. In zehn Ländern haben die Forscher Interviews geführt. Bei der Befragung, die annähernd 2000 Paare im Alter zwischen 25 und 60 Jahren erfasst, wurde deutlich, dass sich der Emanzipationsgedanke anscheinend nur auf das Verhalten von uns Frauen ausgewirkt hat:

Geradezu klassisch das Beispiel von Angela aus Köln. Sie ist verheiratet und hat zwei schulpflichtige Kinder. Als sie vor kurzem auf Teilzeitbasis wieder in ihren Job als Sekretärin zurückkehrte, sah ihr Mann – selbst als leitender Angestellter beschäftigt – das mit gemischten Gefühlen.

Oder nehmen wir Dörte und Jan aus Stockholm: Sie stehen zwar beide voll im Job, und Jan ist ausgesprochen stolz auf die Karriere seiner Partnerin. Aber die Hausarbeit erledigt sie allein, und wenn das Kind krank ist, bleibt sie zu Hause. Auch Elisabetta aus Florenz ergeht es nicht anders. Sie ist schwanger. Neben ihrer Tätigkeit als Apothekerin ist sie daheim fürs Putzen, Waschen und Kochen zuständig. Nach der Geburt ihres Kindes wird sie ganz zu Hause bleiben. Fabrizio, ihr Ehemann, Zahnarzt von Beruf, will es so.

Von den drei Ks unserer Großmütter (Kinder, Küche, Kirche) sind uns modernen Frauen mindestens zwei geblieben. Wir sind zwar besser ausgebildet als früher, aber wenn wir arbeiten gehen, funktioniert das nur im Spagat – ein Bein in der Firma, das andere im trauten Heim. Die Anforderungen, die das moderne Leben an uns stellt, treten also nicht etwa an die Stelle der alten Programmierungen, sondern addieren sich zu ihnen hinzu. Trotz der zunehmenden Zahl berufstätiger Frauen bleibt die »Familienarbeit« nach wie vor überwiegend an uns hängen.

Doch auch er kann sich der Doppelbelastung nicht ganz ent-

ziehen, soll er doch nicht nur seine Rolle als Versorger wahrnehmen, sondern zudem den Vorzeige-Gatten und Papa optimus geben. Beide sind also in ihrem jungen Elterndasein enorm gefordert.
Während wir Frauen von der Natur aber zur Rund-um-die-Uhr-Betreuung des Nachwuchses abgestellt und vorübergehend von allen weiteren Gedanken an Fortpflanzung befreit sind, gerät der Mann durch seinen ungeminderten Triebdruck zusätzlich unter massiven Stress: Wie anstrengend diese Dauer-Balz ist, fanden kürzlich britische Verhaltensforscher am Beispiel von Wurm-Männchen der irgendwie anrüchig klingenden Gattung »caenorhabditis elegans« heraus:
Sie teilten ihre männlichen »Probanden« in zwei Gruppen ein und ließen die eine Gruppe hinter den Weibchen herkriechen. Sie waren ununterbrochen zu Gange. Ganz wie im echten Leben! Der anderen Gruppe nahmen sie die Weibchen weg. Die sexuell aktiven Männer-Würmchen wurden höchstens zehn Tage alt, die unfreiwillig Enthaltsamen lebten doppelt so lange. Die Weibchen brachten es auf sechzehn Tage – mit und ohne Sex.
Ähnlich sieht es bei den Beutelmäusen aus. Kastriert man sie, leben sie viele Jahre in Frieden. Tut man es nicht, müssen sie sich wochenlang fünf bis elf Stunden täglich paaren, bis sie irgendwann völlig entkräftet dahinscheiden. Und bei den Menschen-Männchen? Da ist es im Prinzip wie bei den Tieren, sagt zumindest der britische Professor. Ständig hinter dem Einen herzuhecheln verkürzt das Leben. Haben Sie sich nicht auch schon immer gefragt, warum Männer ein niedrigeres Durchschnittsalter erreichen als wir?

Macho oder Muttersöhnchen?

Bei allen Ausreißtendenzen und allem Schielen nach Frauenreizen hat der Mann dennoch nicht generell etwas gegen ein gemütliches, warmes Nest einzuwenden. Im Gegenteil! Er braucht schließlich ein Basislager für seine Exkursionen. Wenn es nach ihm ginge, würde er am liebsten das Dasein eines Katers führen: Zu Frauchen nach Hause kommen, wenn der Magen knurrt, sich nach dem Fressen (natürlich nur, wenn und solange ihm danach zu Mute ist) ein paar Streicheleinheiten von ihr holen und sich dann wieder frisch gestärkt auf die Jagd begeben.

Ganz so aus der Luft gegriffen ist seine Vorstellung vom idealen Zuhause nicht, ist sie ihm doch von Kindesbeinen an vertraut. Oder war es etwa daheim bei Muttern nicht genauso? Hat sie – die erste Frau in seinem Leben – ihm nicht die Häppchen bissgerecht auf dem Teller angerichtet und ihm die makellos gebügelte Unterwäsche schön ordentlich ins Schrankfach gestapelt? Wer das einmal erlebt hat, will solchen Komfort nie wieder missen! Es lebe die Frau, die dem Mann den Rücken freihält für die wirklich wichtigen Dinge im Leben!

Aber gibt es da nicht noch andere Männer? Solche, die uns Frauen die Hand reichen und uns unterstützen, wo sie nur können? Die klaglos Verantwortung übernehmen in der Familie und auch an Küchenspüle und Waschmaschine ihren Mann stehen? Ja, zweifellos gibt es auch solche Exemplare und viel beneidet ist das Weib, das so einen Mustergatten an Land gezogen hat. Schließlich liest er ihr jeden Wunsch von den Augen ab.

Aber sind die Frauen solcher Männer wirklich glücklicher und zufriedener? Anfangs schon. Mit den Jahren aber kann sich das ändern. Betrachtet man diese Typen, von denen mancher die Emanzipation der Frau ernster nimmt als die Frauen selbst, kann man sich gelegentlich des Eindrucks nicht erwehren, als sei ihnen irgendwie das Rückgrat gebrochen. Dass die traditionelle Rolle des Mannes als Vater und Versorger nicht mehr trägt, hat diese Männer so verunsichert, dass ihr innerer Computer abgestürzt ist und sich das genetische Programm von ihrer Festplatte heruntergelöscht hat. Damit aber ist nicht nur das typische Macho-Verhalten, sondern gleichzeitig jede Form der männlichen Ausstrahlung getilgt. Lassen wir so einen Kerl auf uns wirken, fallen uns allenfalls Stichworte wie schwammig, fad und angepasst ein.

Weil sich kaum eine Fremd-Frau für so einen Mann interessiert, kann es passieren, dass er seine Götter-Gattin mit der Zeit in die Rolle der Gaia hebt – jener Bewahrerin und unangreifbaren Mutter, in deren Schoß er gern zurückkriechen würde. Ehe er sich versieht, fällt er in seiner Entwicklung so weit zurück, dass er sich im Kreise jener Männer wiederfindet, mit denen er eigentlich nichts, aber auch gar nichts zu tun haben wollte: den Ewiggestrigen, die das klassische Rollenverständnis nie ad acta gelegt haben. Für sie war und ist schon immer klar: Frau mit Kind ist gleich Mama. Meine Mama!

Sie sind die Typen, die irgendwann den Vornamen ihrer Frau vergessen und sie Mutti nennen. Wenn sie nach dem Mittagsschläfchen verknautscht erwachen, würden sie am liebsten eine Zeit lang auf ihrem Schoß sitzen, bis die Welt wieder in Ordnung ist. Die weibliche Brust begehren sie mehr zum Nuckeln als um ihres erotischen Reizes willen.

Mag sein, dass eine solche Mama-Sohn-Beziehung dauerhaften Bestand haben kann und sich die beiden im Alltag perfekt miteinander arrangieren – er hört schön brav auf sie und kriegt dafür sein täglich Lob; und sie fühlt sich gebraucht, wenn sie ihm morgens die farblich aufeinander abgestimmte Kleidung herauslegen und dafür sorgen kann, dass er auch immer ein frisches Taschentuch dabeihat.

Aber ob sie den beiden auch wirklich die große Erfüllung bringt? Im ehelichen Bett dürften die Laken eher selten zerwühlt sein. Ihr nämlich geht es wie Brunhilde im »Nibelungenlied«. Als diese erfuhr, dass Gunther sie – die unbezwingbare Jungfrau – dereinst im fernen Island nur mit Siegfrieds tatkräftiger Unterstützung hatte aufs Kreuz legen können, hängte sie den Ärmsten in der Hochzeitsnacht in den Schrank. Er mochte noch so geil auf sie sein, es half ihm alles nix. Ob unter Brunhildes Fuchtel oder der Kuratel der Mama-Frau – beim Muttersöhnchen-Mann sieht es mit dem Sex frei nach Karl Valentins Motto aus: »Können wollen täte er schon, aber trauen dürfen tut er sich nicht.«

Der Fluch der Stärke

König Gunther aus dem eben erwähnten »Nibelungenlied« ist jedoch schon lange tot. Lassen wir ihn ruhen. Wenden wir uns lieber wieder den »ganz normalen« Männern zu, die draußen im Revier den großen unwiderstehlichen Helden geben. Auch sie kneifen daheim erstaunlich oft den Schwanz ein.

Glaubten wir Frauen in den wilden Jahren nach 68, mit der Umkrempelung der familiären Weltordnung dem lebensuntüchtigen Bübchen-Mann mit Ödipus-Komplex endgültig den Garaus gemacht zu haben, schleicht er sich heute unversehens durch die Hintertür wieder herein. Je mehr es uns gelingt, uns von unserer Rolle als Heimchen am Herd zu verabschieden, je emanzipierter, selbstständiger und stärker wir sind, desto mehr weicht der Mann zurück. Je größer wir uns machen, desto kleiner duckt er sich vor uns hin – und mit ein wenig Geschick können wir ihn genau so hindressieren, wie wir ihn haben wollen.

Erotisch reizvoll macht ihn das sicher nicht. Nun könnte man meinen, das sei den meisten von uns ohnehin nicht so wichtig.

Sind wir nicht bislang die Bremserin in Sachen Sex gewesen? Ob das auf der Besucherritze im Ehebett schlafende Kind, unregelmäßige Periodenblutungen oder regelmäßige Migräneschübe – um logische Erklärungen für unsere Enthaltsamkeit sind wir noch nie verlegen gewesen. Wenn er uns mit frühmorgendlichen Annäherungsversuchen im Schlaf zu übermannen versucht, pressen wir unwillig knurrend die Schenkel zusammen. Unsere Paarungsbereitschaft ist mit dem ersten Babyschrei auf den Nullpunkt gesunken.

Doch vergessen wir nicht: Wir haben ihn damals um seiner guten Gene willen erwählt. Er ist gewissermaßen ein handverlesenes Einzelstück. Unser Mann fürs Leben. Der Mann, von dem wir uns – um ihn zu testen – erobern ließen. Und was ist aus ihm geworden? Entweder hat sich seine kraftstrotzende Männlichkeit angesichts unseres haushälterischen Allround-Talents in ein bequemes Laisser-faire nach dem Motto »die Gute wird's schon richten« gekehrt, oder er ist zum vorsichtigen Taktierer geworden, der auf Zehenspitzen um uns herumschleicht, um nur ja keine Störung des Hausfriedens zu riskieren.

Auf der Suche nach dem Weg des geringsten Widerstands macht er einen großen Bogen um jedes heikle Thema. Lieber verbiegt er sich, als Profil zu zeigen. Aus Liebe ist Gewohnheit geworden. Er braucht uns – aber anmachen tun wir ihn nicht mehr. Genauso wenig wie er uns! Die ganze Zeit über haben wir uns einen Mann gewünscht, der so ist, wie wir ihn haben wollen. Der uns alles Recht macht und mit uns an einem Strang zieht (sprich: nach unserer Pfeife tanzt).

Jetzt, wo wir ihn haben, gefällt er uns nicht. Wir haben dem Tiger die Reißzähne gezogen, nur um dann zu merken, dass er mit entschärftem Gebiss nicht mehr reizvoll für uns ist. So wenig, wie wir Frauen den Luder/Leader-Spagat hinbekommen, so wenig schafft der Mann es offenbar, die Rolle von Raubtier und Frauenversteher unter einen Hut zu kriegen.

Es scheint: Ein wenig Macho braucht die Frau. Unsere Hormone wollen die seinen spüren. Nur dann prickelt es. Nur dann spüren wir den Kick. Aber das ist uns zu diesem Zeitpunkt meist noch nicht bewusst. Gut Ding braucht eben Weile.

Die wundersame Verwandlung des Mister X

Wenn wir bisweilen den Kerl in unserem Mann vermissen, heißt das noch lange nicht, dass es ihn nicht mehr gibt. Männer sind wie Dr. Jekyll und Mr Hyde: Zwei Seelen wohnen in ihrer Brust. Daheim zeigen sie die ungekünstelte Seite, und selbst die Eitelsten unter ihnen laufen in labberigen Trainingshosen oder Boxershorts mit Mickymausaufdruck herum. Es sieht sie ja keiner – oder besser: keiner, auf den es ankommt. Sie rülpsen und furzen nach Herzenslust (man will ja schließlich keine Stockung im System riskieren), lassen ihre Schmutzwäsche am Ort des Kleiderwechsels fallen, trinken das Bier aus der Flasche und schlafen mit offenem Mund vor dem Fernseher ein.

Doch welch erstaunliche Metamorphose durchlaufen sie, bevor sie allmorgendlich das Haus verlassen. Da wird geduscht, das Haar gegelt, der Markenanzug aus dem Schrank geholt. Mit prüfendem Blick drehen sie sich noch einmal vor dem Spiegel, bevor sie nach dem Autoschlüssel greifen, uns einen Kuss auf die Wange hauchen (wie überraschend gut er duftet!) und von dannen ziehen. Was dem Hirschen die zwölf Enden, sind dem Mann von Welt Schlips, Kragen, lederne Aktentasche und der Handyknopf im Ohr. Eine stattliche Limousine bringt noch einmal mindestens vier Zusatzzacken im Geweih. So gerüstet kann er sich auf den Brunftplatz begeben.

Schlurfte er noch am Abend zuvor pflichtbewusst mit Gattin und Kind durch den Park, so wippt er jetzt federnden Schrittes zum Kaffeeautomaten, um den sich die Kollegen versammelt haben. Hier wird mit dem Pappbecher in der Hand die Welt neu geordnet, werden große Strategien entworfen und noch größere Visionen in den blauen Dunst gemalt. Auf den ersten Blick ist zu sehen: Hier sind Männer beisammen, die den Durchblick haben. Die wissen, wo es langgeht. Die Tacheles reden, wenn es darauf ankommt.

Just in diesem Moment kommt die attraktive Sachbearbeiterin aus Zimmer 317 über den Flur. Mit sensiblen Nüstern nehmen die Männchen ihre Witterung auf, und zeitgleich reagieren sie: Brust raus, Bauch rein. Aber bitte lässig, unverkrampft. Der, der das Wort hat, nutzt gnadenlos den Vorteil aus; erhebt die Stimme, übergießt die anderen mit noch brillanterem Redefluss. Die anderen machen wichtige Gesichter.

Jetzt ist die Dame auf Kontaktdistanz herangekommen. Männermünder verziehen sich zum Grinsen. Augen funkeln, Köpfe nicken. (Der Pfeifimpuls wird mühsam unterdrückt. Man hat ja schließlich Stil.) Im Nu sind Oberweite und Popo taxiert. Man(n) schaut in die Runde und tauscht Kennerblicke aus. Sie grüßt betont cool und klackert auf hochhackigen Schuhen vorbei. Die geballte Männerkraft, die sie im Nacken spürt, lässt ihre Hüften eine Spur auffälliger schwingen. Sie ist schließlich auch nicht aus Eis.

Kaum ist sie um die Ecke verschwunden, fällt der erste Kommentar. Anzüglich. Auszüglich. Bissig oder jovial herablassend. Man belässt es bei Andeutungen, stellt mit wissendem Gestus Halbsätze in den Raum. Was da zum Ausdruck kommt, ist nur die Spitze des Eisbergs. Der größere Teil der Fantasien spielt sich in Zeiten der political correctness im Kopf ab. Laut ausgesprochen wird das nicht, wo man sie mal vernaschen könnte – auf dem Motorradsitz, dem Schreibtisch des Chefs, im Aufzug zur Kantine. Strapse, Lack und Leder – das ganze Repertoire. Man ist schließlich nicht in der Kneipe.

Die unterste Schublade des Männer-unter-sich-Jargons bleibt zu!
Aber die Gedanken sind frei.
Noch ein Weilchen stehen die Herren beisammen, schlürfen sinnierend den letzten Schluck Kaffee und eilen dann an ihren Schreibtisch zurück. Man hat ja so viel zu tun. Der Stress! Ja, wenn bloß dieser Stress nicht wäre.
Die Ehefrau: Sie sitzt zur selben Zeit auf der Bank am Spielplatz und hört zu, wie sich andere Mütter über die Vor- und Nachteile von Unisex-Windeln oder die Tiefenreinigungswirkung von Gallseife unterhalten. (»Stell dir vor, ich hab sogar die Grasflecken damit rausbekommen!«) Gelangweilt gähnt sie, lässt ihre Blicke schweifen. Da entdeckt sie ihn – diesen Typen drüben am Zaun, der zu ihnen herüberschaut. Als er merkt, dass sie ihn sieht, guckt er weg.
»Ist das etwa so einer, der die Kinder hinter die Büsche ...?!« Allein der Gedanke jagt ihr einen Entsetzensschauer über den Rücken. Hinter vorgehaltener Hand raunt sie den Mit-Müttern ihren Verdacht zu, und vorsichtshalber werden die Kinder zurückgepfiffen. Sie sollen doch lieber in Reichweite die Sandförmchen füllen. Sicher ist sicher.
Der fremde Mann wird als Bedrohung erlebt. Dem Diktat der Gene folgend, beschützen wir Frauen unsere Brut wie eine Löwin ihr Junges. Dass seine Aufmerksamkeit uns gelten könnte und der Kerl einfach gern eine schöne Frau anschaut, auf die Idee kommen wir nicht. Wir denken nicht an Sex. Noch nicht ...

3. Kapitel:
Gleichgewicht des Schreckens

Nach allem, was wir bisher gesehen haben, wird Sex offenbar zum größten Feind weiser Partnerschaftsentschlüsse. Er ist zwar einerseits der Magnet, der Mann und Frau zusammenführt, andererseits aber auch der Keil, der uns – kaum ist der Akt vollbracht – entzweit. »Die ewige Liebe währt zwei Jahre«, so lautet ein altes sizilianisches Sprichwort. Wie wahr: Beziehungen, die Bestand haben, scheinen in der Tat nicht unbedingt wegen der Anziehungskraft zwischen den Geschlechtern zu florieren. Dass sie halten, liegt eher an unserem Widerwillen gegen Veränderungen.

So wie sich die Supermächte in Zeiten des Kalten Krieges in einem fein austarierten Gleichgewicht des Schreckens gegenüberstanden und uns damit eine der längsten Friedensperioden in unserer Geschichte bescherten, so stellt sich in vielen Ehen irgendwann zumindest zeitweise eine relativ stabile Balance ein. Die Machtkämpfe sind ausgefochten, die Hackordnung steht fest. Großes Herzflimmern kriegt keiner von beiden, wenn er den anderen sieht, aber man hat sich arrangiert.

Konflikte werden auf kleinerer Flamme gekocht, zum einen schlicht deswegen, weil unser Umgangston weniger gereizt ist (der Nachwuchs ist größer geworden und reißt uns nicht mehr jede Nacht aus dem Schlaf) und zum anderen, weil wir es uns mit dem Partner nicht wirklich verscherzen wollen. Einander zu verlieren, davor scheuen wir nämlich beide zurück – nicht als Geliebte, sondern als Fixpunkte im Alltag. Man kennt den anderen, weiß um seine Schwächen, ist bisweilen genervt, meckert ab und zu herum. Aber man hat sich ja so aneinander gewöhnt!

Außerdem sind an das Zusammenleben ja auch ganz handfeste materielle Interessen geknüpft: der gemeinsame Hausstand, vielleicht auch eine Eigentumswohnung oder gar ein Häuschen im Grünen; nicht zu vergessen der Steuervorteil. Dazu Renten- und Unterhaltsansprüche. Und dann sind da auch noch die Kinder ... Bei einer Trennung stünde dies alles auf dem Spiel.

Brüderchen und Schwesterchen

Nach einigen Ehejahren kommen Paare in das seltene Beziehungsstadium, in dem die Vernunft eine Chance hat, die Oberhand über die Emotionen zu gewinnen. Das hat einen einfachen Grund: Der Unruhestifter Sex spielt im Innenverhältnis zwischen den beiden Partnern (aber auch nur dort!) keine so bedeutende Rolle mehr. So kehrt, wie dereinst zwischen den Supermächten, Frieden ein.

Auch die Biochemie des Körpers befördert die Harmonie. Ähnlich wie in der Anfangszeit der Beziehung ein Neurotransmitter- und Hormon-Cocktail das Herz zum Pochen und das Blut zum Kochen brachte, lässt nun ein neuer Stoff gute, wenn auch nicht unbedingt leidenschaftliche Gefühle zwischen den Partnern aufkommen: Mit der Ausschüttung des Botenstoffs Oxytocin wird ebenjene Art von Zuneigung ausgelöst, wie sie auch Eltern gegenüber ihren Kindern empfinden. Oder wie sie unter Geschwistern vorkommt, die auf einer Wellenlänge liegen. Hänsel und Gretel lassen grüßen.

Und das Liebesleben? Bei manchen Paaren schläft es ganz ein. Bei anderen etabliert sich ein ritueller Vereinigungsrhythmus – rituell deshalb, weil es oft immer zu den gleichen Gelegenheiten »passiert«: freitags abends, um das Wochenende einzuläuten. Sonntags morgens, wenn wir noch im Halbschlaf sind und uns darum nicht so wehren. (Es fügt sich gut, dass er sich dann nicht so auf den Akt zu konzentrieren braucht, weil sein bester Freund zu so früher Stunde ohnehin ans Aufstehen denkt.) Einmal die Woche oder alle vierzehn Tage – wenn's hochkommt. Hillary Clinton verkündete auf Befragen von Journalisten mit spontaner Offenheit: »Weihnachten ist öfter.«

Wenn es dann klappt, sinkt er mit den Worten »Das sollten wir öfter tun« auf uns zusammen. Wir schwören einander, dass es inniger war als je zuvor, die Körper vertraut, jeder wisse, was der andere braucht. Eine ruhigere, entspanntere, unverkrampftere Art der Liebe. (Ganz böse Zungen würden behaupten: eine langweiligere, weil zur Routine gewordene.)

Keiner muss dem anderen etwas vormachen. Na ja, manchmal seufzen wir vielleicht doch ein wenig, wenn uns nicht nach Seufzen ist, nur um ihn bei Laune zu halten. Es sei denn, wir hielten es mit den bissigen Playboy-Karikaturen. Dann würden wir *Harper's Bazar* lesen und fragen: »Bist du bald fertig, Schatz?«

Sex als Regelvollzug. Wer hat darauf schon Lust? Längst hat der Alltag alle Gedanken an erotische Handlungen überlagert. Tagsüber geht jeder seiner Wege, abends trifft man sich vor dem Fernseher. Im Urlaub fährt man jedes Jahr in dasselbe Hotel und trifft immer die gleichen Leute. Alles ist eingespielt. Geregelt. Da weiß man, was man hat.

Gerhard Polt zeichnet in seiner Kult gewordenen Gesellschaftssatire »Man spricht deutsch« ein wunderbares Abbild dieser Idylle, verlagert das, was sich normalerweise verborgen hinter den vier Wänden des trauten Heims abspielt, an den Adria-Strand, so dass wir ungeniert zuschauen können.

Als Erwin Löffler verbringt er an der Seite von Gattin Irmgard den letzten wohl verdienten Urlaubstag am Teutonengrill. Während sich die beiden zwischen Verkehrsberichten von Bayern Drei, Bildzeitung und Sonnencreme in der Beobachtung ihres in Sichtweite abgestellten, weil bereits bepackten Wagens

abwechseln, fällt mal er, mal sie in den trägen Dösschlaf der Sonnenanbeter. Und wovon träumen sie?
Er erlebt romantische Abenteuer mal mit einer vollbusigen Blondine, mal mit einem italienischen Rasseweib. Und sie lässt sich vom italienischen Kioskbesitzer zur Miss Paradiso küren und von reichen Herren im Cabrio oder der Motorjacht in eine Glamourwelt entführen.
Er braucht sie, weil sie Herrin über die Kühltasche ist. Sie braucht ihn, um ihn nach der Postleitzahl von Günzenhofen zu fragen. Was die zwei verbindet, ist die Verteidigung ihres Territoriums gegenüber »den Italienern«, die Beaufsichtigung ihres wohl genährten Sohns Heinz-Rüdiger und die Suche nach den Autoschlüsseln: »Du hast sie zuletzt gehabt!«

Die Uhr tickt

Mitten in das mehr oder weniger paradiesische Beziehungseinerlei sät das biologische Programm erneut den Samen des Aufruhrs. Im Visier sind diesmal ganz besonders wir Frauen: Das Drama beginnt, sobald wir auf die vierzig zugehen. Dann nämlich funkt uns unser Unterbewusstsein ständig das Signal, dass sich unsere fruchtbaren Jahre dem Ende entgegenneigen. Schon ab neunundzwanzig macht sich der Verfall der Eierstöcke bemerkbar, danach sinkt die Wahrscheinlichkeit, schwanger zu werden, mit jedem Lebensjahr weiter ab. So treiben die Hormone uns zu neuen Ufern. Haben wir bereits Nachwuchs in die Welt gesetzt, wird unser Nest jetzt womöglich bald wieder leer, und so lautet unser genetischer Auftrag, noch einmal für eine zweite Brut zu sorgen. Sind wir noch kinderlos, heißt es: Jetzt oder nie!
Um uns die Sache schmackhaft zu machen, beschert uns die Natur gleichzeitig den Höhepunkt unserer sexuellen Empfin-

dungsfähigkeit. Endlich haben auch wir Lust – bloß nicht auf den eigenen Mann. Von dem fühlen wir uns schlichtweg als Frau nicht wahrgenommen. Wir, die einstige Starbesetzung für die Rolle des Pflänzchen-rühr-mich-nicht-an, werden auf einmal empfänglich für fremde Reize.
Plötzlich spüren wir am eigenen Leib, wie es ist, immer nur das Eine im Sinn zu haben. So kommt es, dass wir Frauen nur in den seltensten Fällen vom eigenen Mann erotisch erweckt werden. Ob in der Realität oder in unserer regen Fantasie – auf die Gipfel der Lüste lassen wir uns von anderen führen. Dies ist die Zeit, in der sich weibliche Seitensprünge häufen (Umfragen zufolge gehen immerhin sechzig Prozent aller deutschen Frauen gelegentlich oder regelmäßig fremd) und in der wir Damen der Schöpfung zu Beziehungsflüchtlingen werden (das zweite statistische Scheidungshoch fällt auf das fünfzehnte Ehejahr).
Eigentlich trauen wir uns erst jetzt wirklich ungeniert, in Richtung Knackarsch und Wölbung unter dem Reißverschluss zu gucken. Was wir da sehen, gefällt zumindest den allermeisten von uns. Das Beste von allem: Bei der Auswahl unserer Liebhaber brauchen wir keinerlei Versorgungsgedanken zu berücksichtigen, und so können wir uns den attraktivsten Typ aussuchen, der uns am meisten anmacht. Die Machos mit geöltem Leib – einst geschmäht und verachtet, jetzt haben sie Hochkonjunktur. Es sind nicht die Achtzehnjährigen, die den California Dream Boys am lautesten zujubeln!
Warum dieser plötzliche Gesinnungswechsel? Woher kommt unser Faible für Virilität? Wissenschaftler haben herausgefunden, dass sich die unbewussten Partnersuchbilder unter dem Einfluss der Hormone wandeln und so den jeweiligen biologischen Bedürfnissen Rechnung tragen. Darum fühlen wir uns, wenn wir bereits einen Partner haben, zu eher kantigen, maskulin wirkenden Typen hingezogen – auch jene von uns, die

nach eigenen Angaben mit ihrer Beziehung zufrieden sind. Der Macho wirkt potent. Von seinen Genen verspricht sich unser Unterbewusstsein die gesünderen Kinder.
Für Softies hingegen haben wir dann wenig übrig. Von denen fühlen sich eher die Singles unter uns angesprochen, die Ausschau nach dem Mann fürs Leben halten, denn weichere Züge deuten auf den besseren Versorger hin.
Interessanterweise verschwimmen diese typischen, von der Natur eingeimpften Vorlieben, wenn wir die Pille nehmen, gerade so als wüssten die Hormone, dass es ohnehin keinen Sinn macht, sich mit der Partnerwahl Mühe zu geben. Wo doch – zumindest im Hinblick auf die Fortpflanzung – die Trefferquote sowieso gen Null tendiert.

Der Drang zur späten Blüte

Ob zum ersten oder x-ten Mal verheiratet, ob Single oder Lesbe – quer durch die Reihen packt uns Frauen der Vermehrungseifer. (Früher sprach man unverblümt von »Torschlusspanik«.) An prominenten Beispielen für dieses Phänomen und seine Folgen mangelt es nicht. Die Schauspielerin Veronika Ferres gebar mit 35 ihre Tochter Lilly Katharina. Die Pop-Ikone Madonna war 38, als ihre Tochter Lourdes auf die Welt kam; und mit 41 schenkte sie ihr mit Sohn Rocco noch ein Brüderchen. Oscar Lafontaines Frau Christa Müller bekam ihren Carl-Maurice mit 40. Und Gabi Bauer, Ex-Moderatorin der Tagesthemen, brachte mit 38 gleich Zwillinge zur Welt.
Aus familienplanerischer Sicht erscheint der Zeitpunkt auch optimal, um noch ein Kind in die Welt zu setzen. Ob mit oder ohne Partner – die mageren Gründerjahre sind in der Regel vorbei. In puncto Karriere ist geschafft, was zu schaffen war,

und nach jahrelanger Berufstätigkeit kann sich manche von uns gut vorstellen, auch einmal eine Weile auszusteigen und sich als Mama zu vergnügen.
Sie stellt sich das wunderbar romantisch vor – als eine Art Dauerurlaub mit niedlichem Kuschelkind auf dem Arm. Einschlägig erfahrene Freundinnen können sie mit ihren Storys von den Schrecken der Kinderaufzucht kaum beirren. Die waren eben zu jung und unerfahren, um mit dem Sprössling fertig zu werden, denkt sie. Bei ihr wird das alles natürlich viel reibungsloser laufen ....
Also dann! Sollte doch nicht so schwer sein, sich ein Baby machen zu lassen ... Doch kaum ist der Entschluss gefasst, geraten die fortpflanzungsbereiten Weibchen in ein Dilemma: Etwa ab dem dreißigsten Lebensjahr nimmt die Zahl der qualitativ einwandfreien und damit fruchtbaren Eizellen immer mehr ab. Nicht umsonst legt die Natur uns Frauen ausgerechnet jetzt ein gesteigertes Lustempfinden in den Schoß: Wir sollen es so oft wie möglich treiben, damit die Trefferquote steigt! Und je heftiger der Orgasmus, desto wahrscheinlicher eine Schwangerschaft, saugen doch die Kontraktionen des Muttermunds die Spermien richtiggehend in die Gebärmutter hinein.
Klappt die Befruchtung auf konventionelle Weise nicht, nehmen manche von uns einiges in Kauf, um der Natur doch noch zum Zuge zu verhelfen. Von Kamasutra-Studien zur Ermittlung der Erfolg versprechendsten Stellungen bis hin zu aufwändigen Temperaturmessungen – nichts bleibt unversucht. Wenn gar nichts anderes hilft, muss zur Not ein Baby aus der Petrischale her. Haben sich die Kinderwunsch-Spezialisten nicht etwa mit dem Mythos umgeben, die totale Kontrolle über die Fortpflanzung zu haben? Jetzt haben sie Gelegenheit, ihre Fähigkeiten unter Beweis zu stellen. Wenn's ein Normalmann nicht bringt, dann vielleicht ein Gott in Weiß.

Mutterschaft? Nein danke!

Die Mehrzahl von uns Frauen will aber mit Ende dreißig bestimmt alles andere, bloß kein Kind in die Welt setzen. Entweder, weil wir schon mit Nachwuchs gesegnet sind und uns Spannenderes vorstellen können, als uns noch einmal mit Fläschchenwärmer und Windelpaketen zu befassen. Oder weil wir aus Überzeugung auf Mutterfreuden verzichtet haben, da diese Rolle einfach nicht unseren Vorstellungen vom Leben entspricht. Für die verzweifelten Fortpflanzungsversuche gleichaltriger Geschlechtsgenossinnen haben wir, falls wir zu dieser Frauenfraktion zählen, allenfalls ein müdes Lächeln übrig.
Und doch: Unterschwellig treibt auch uns der Druck zur Vermehrung. Besonders die Noch-nicht-Mütter unter uns – und von ihnen gibt es immer mehr – fühlen sich magnetisch zu sprungbereiten Männchen hingezogen. Die Gene fordern ihren Tribut. Sie wollen vererbt werden. Um jeden Preis. »*It's now or never*«, trällern sie uns schmachtend wie Elvis ins Ohr.
Auch wenn wir unsere Gefühle kaum vom Kopf her steuern können, sind wir dennoch in dieser Lebensphase für Mutter Natur keine leichte Beute mehr. Weil wir aus eigener Erfahrung wissen oder bei Freundinnen hautnah miterlebt haben, was es mit dem Kinderkriegen und -großziehen auf sich hat (und nicht zuletzt auch wegen der Angst vor AIDS), haben wir die Kondome schon in der Handtasche, wenn wir begehrliche Blicke in Nachbars Garten werfen – und erst recht, wenn wir gelegentlich über den Zaun klettern.
Manch eine denkt jetzt: Warum in die Ferne schweifen, wenn das Gute liegt so nah? Wenn wir uns noch nicht mit unserem Mann verewigt haben, könnte unsere Hormonaufwallung den Ehealltag noch einmal aufmischen und uns eine Art zweiten Frühling bescheren. Statt ein Kind in die Welt zu setzen, stürzen wir uns dann in unserem Drang zur Schaffung von etwas

Gemeinsamem womöglich in ein anderes Abenteuer – den Kauf eines Hauses, den gemeinsamen Sprung in die Selbstständigkeit, das Engagement für ein neues Projekt ... Irgendein »Baby« wird sich schon finden lassen.

Ersatzmann

In anderen Beziehungen ist das Phänomen des »Nebeneinander statt Miteinander« so fest zementiert, sind die Ehe-Gleise so fest in separaten Bahnen eingefahren, dass eine solche Annäherung praktisch unmöglich erscheint. Hier entsteht der Eindruck, als würden Frau und Mann ihren Alltag auf verschiedenen Planeten zubringen. Er besteigt morgens nach dem Frühstück sein Spaceshuttle und bricht auf, um den Weltraum zu managen.
Dass er seine Aufgabe als alter Hase im Geschäft mindestens so bravourös bewältigt wie der legendäre Star-Trek-Captain Kirk, geht an uns unbemerkt vorüber. Wir bekommen von seinen Heldentaten gar nichts mit. Wir sehen sie nicht, und wir fragen nicht mehr danach. Die Bewunderung zollen ihm andere (hoffentlich). Wenn er uns abends wirklich einmal davon erzählt, welche Abenteuer er am Kommandostand zu bestehen hatte, hören wir, die wir ihm dereinst jedes Wort wie Nektar von den Lippen sogen, nur mit halbem Ohr zu. Zu oft haben wir geduldig seinen Berichten gelauscht, zu wenig Bezug haben wir zum Raumschiff Enterprise.
Auch er hat keine Ahnung, womit wir unseren Tag verbringen. Klar, er weiß, dass wir vormittags im Reisebüro (oder wo auch immer) jobben. Aber was wir da eigentlich machen, kümmert ihn nicht. Er fragt nicht nach, will es auch gar nicht wissen. Es gibt für ihn Wichtigeres zu tun. Was ist schon unsere kleine Welt im Vergleich zu seiner universellen Mission. Unser Alltag liegt nicht auf der Route zu seinen Sternenzielen.

Für ihn zählt nur eins (so hart das klingen mag, in Zeiten der Emanzipation): dass die Versorgungsstation funktioniert – dass immer ein frisch gebügelter Raumanzug im Schrank hängt, dass das Klopapier nachgefüllt ist und dass abends das Essen auf dem Tisch steht. Vor allem aber soll gute Stimmung herrschen, denn er braucht Harmonie, um Kraft für den nächsten Tag zu schöpfen. Stress und Konflikte hat er im Job genug, und Diskussionen mit der eigenen Frau sind das Letzte, was er gebrauchen kann.
Wenn er nach getaner Tat wieder an der Heimatplattform andockt, haucht er uns (aus alter Gewohnheit) einen Kuss auf die Wange.
»Hallo, Schatz.« Gefolgt von der rein rhetorischen Frage: »Wie war dein Tag?«
So hoch schweben seine Gedanken im All, dass er kaum mitbekommt, wie abends ein Dritter zu uns ins Doppelbett steigt und sich wie selbstverständlich zwischen unseren Beinen breit macht: Kater Karlo, sein heimlicher Nachfolger.
Der räkelt sich und schnurrt genießerisch, so als wüsste er, dass er längst der eigentliche Herr im Hause ist. Ohne zu murren, dient Frauchen ihm. Will er zur Tür hinaus, braucht er nur lauthals zu miauen. Schon springen wir auf. Kaum sitzen wir wieder, schreit er erneut. Jetzt will er wieder herein. Wieder eilen wir herbei. Wir können den Ärmsten doch nicht draußen frieren lassen. Egal wie oft er das Spiel wiederholt, nie verweigern wir uns ihm. Zehnmal. Zwanzigmal. Ganz wie es ihm beliebt. Ist er mäkelig mit dem Fressen, muten wir ihm selbstverständlich kein Dosenfutter mehr zu, sondern feilen so lange an unseren Kochkünsten, bis die Füllung des Napfs selbst seinen gehobenen Gourmet-Ansprüchen gerecht wird.
Man stelle sich unsere Reaktion vor, wenn sich der Gatte einmal in ähnlich fordernder Weise mit seinen kulinarischen Ansinnen an uns wenden würde. Er braucht noch nicht einmal zu miauen. Ein herrisches »Du weißt doch, dass ich Schlem-

mertöpfchen mit Ente hasse!« genügt, und wir würden ihm zweifellos den Napf überstülpen. Mitsamt dem Futter.
Aber Kater Karlo ist eben kein Mann. Er ist Tier und darf Tier sein, darf uns halb tote Vögel und angenagte Mäuse auf den Wohnzimmerteppich legen. Darf nächtelang wegbleiben und, wenn er mag, im Stehen pinkeln. Artgemäß. Alle Schandtaten sind vergessen, wenn er uns das nächste Mal schnurrend um die Beine streicht, denn dann wissen wir: Er liebt nur mich.

Austauschprogramm

Ob Katze, Hund oder Kanarienvogel – das Tier im Haus ersetzt so mancher Frau den Mann. Es ist schlichtweg der bereitwilligere Schmuser, und erotische Weiterungen brauchen wir von ihm auch nicht zu fürchten.
Der einen von uns genügt das. Der anderen nicht. Letztere will sich ihre vom Vermehrungsdrang befeuerte Sehnsucht nach Nähe doch lieber mit Menschen-Männchen stillen. Auf Abwechslung aber ist auch sie gepolt – auch und vor allem, wenn die Zeugung von Nachwuchs mit dem eigenen Gatten nicht geklappt hat, denn dann begegnen ihm ihre unbewussten Auswahl-Sensorien mit äußerster Skepsis.
Wer uns so lange nicht geschwängert hat, wird es auch in absehbarer Zeit nicht hinkriegen. Mit Vernunftgründen – etwa, dass wir jahrelang die Pille geschluckt haben – braucht man unserem Unterbewusstsein nicht zu kommen. Kinderlosigkeit durch Verhütung ist eine Erfindung der Neuzeit und in der Evolutionsbiologie einfach nicht vorgesehen. Sind wir also, warum auch immer, nicht schwanger geworden, muss jetzt – zumindest wenn es nach der genetischen Programmierung geht – ein neuer Mann her.

Die Peitsche, mit der wir vorangetrieben werden, heißt: Langeweile. Im alltäglichen Einerlei ist der Partner auf Normalmaß geschrumpft. Das Blickfeld wird nicht mehr von seinen menschlichen Stärken, sondern seinen nervigen Angewohnheiten dominiert. Der Lack ist ab, und wir fühlen uns hohl und unerfüllt. Es drängt uns zu neuen Ufern.
D.H. Lawrences Lady Chatterley verguckt sich in dieser Lebensphase in den Wildhüter, als sie zufällig mit ansieht, wie sich dieser nach vollbrachter Arbeit mit entblößtem Oberkörper am Brunnen wäscht. Allein das Spiel seiner Muskeln und die Zartheit seiner weißen Haut betören sie so, dass sie alle Bedenken und viktorianische Prüderie in den Wind schreibt. Die »erste Brut« ist ihr auf Grund einer Kriegsbeschädigung ihres gut betuchten Gatten versagt geblieben. Im Ehebett läuft nichts. Sie ist erotisch ausgehungert wie eine sibirische Wölfin im Winter. Da ihre Gene noch nicht zum Zug gekommen sind, schreien sie bei ihr nun umso lauter nach Verewigung.

Die heilige Hur'

Wir Frauen als Wilderin in fremden Gärten? Kann doch gar nicht sein! Wie oft haben wir unserem Mann bittere Vorwürfe gemacht, es mit der Treue nicht so ernst zu nehmen. Dass er hinter jedem Rock herschauen muss, nahmen wir als Beweis für seine mangelnde Reife. Und jetzt das! Jetzt rührt sich das Verlangen in unseren eigenen Adern, bleibt unser Blick länger als nötig an der Hochglanz-Werbung für Herrendessous hängen.
So manche von uns (ob nun schon Mutter oder nicht) erschrickt als Enddreißigerin über die Vehemenz ihrer erotischen Träume, Sehnsüchte und Wünsche. Wie es in uns aussieht, vertrauen wir häufig nicht einmal unserer besten Freundin an. Ja, wir gestehen es uns selbst oft nicht ein. Nun schmelzen wir auf

einmal bei sentimentalen Sehnsuchtsfilmen in Kino und Fernsehen völlig dahin:
Wir leiden mit Meryll Streep, wenn sich diese in »Jenseits von Afrika« als unglücklich verheiratete Karen Blixen unsterblich in den Safari-Jäger Denys Finch Hatton alias Robert Redford verliebt. Auch in der tragischen Geschichte der unerfüllten, zu Tode gelangweilten Farmersgattin Francesca in »Die Brücken am Fluss« wird die Schauspielerin zu unserer viel beweinten Identifikationsfigur: Als eines Tages – der Rest der Familie ist zum Viehmarkt unterwegs, und sie ist »Strohwitwe« – der Fotograf Robert (Clint Eastwood) vor ihrer Tür steht, passiert, was nicht passieren darf und doch passieren muss. Sie wird schwach und erlebt vier rauschhafte Tage – und geht doch nicht mit ihm fort, sondern entscheidet sich für ihre Familie, treu bis in den Tod, in der erdrückenden Enge von Iowa.
Noch lange nach dem Abspann fragt sich so manche von uns, ob es wirklich richtig war zu bleiben. Ob sie nicht hätte gehen sollen, so eine Chance – so ein Abenteuer. Ausbrechen, den ganzen Kram hinwerfen. Wenn morgen vor unserer Tür so einer auftauchen würde, wir wüssten nicht …
Wenn wir aber dann wirklich den Seitensprung wagen, tun wir es mit unendlich schlechtem Gewissen. Schwer lastet das noch immer intakte gesellschaftliche Tabu der Ehebrecherin auf uns. Ist der Ruf des Mannes ruiniert, lebt er folglich ungeniert. Eine Frau aber hat nicht fremdzugehen! Tut sie es doch, gilt das auch heute noch als verwerflich. Es ist kein Zufall, dass unsere Sprache kein weibliches Äquivalent zu »Kavaliersdelikt« vorsieht. Und auch nicht zu »ein Gentleman schweigt und genießt«. Riskieren wir Frauen ein erotisches Abenteuer, geraten wir moralisch häufig so sehr unter Druck, dass wir unsere Affäre nicht nur nach außen hin vertuschen, sondern auch vor uns selbst bemänteln. Eigentlich, so haben uns die Moralapostel aller Zeiten eingeredet, eigentlich dürfen wir es ja nur ohne

Lust machen – zu reinen Fortpflanzungszwecken oder um dem eigenen Manne zu Willen zu sein. (Um auf Nummer sicher zu gehen, schält man Frauen in manchen Kulturkreisen die empfindlichen Zonen gar mit dem glühenden Messer aus.) Entweder Heilige oder Hure, dazwischen gibt es nichts. Und als Heilige dürfen wir per definitionem ausschließlich an geistiger Erfüllung interessiert sein.

Nur einen einzigen Grund kann es geben, warum wir vom Pfad der Tugend abweichen: Es muss Liebe sein. Die ganz große Liebe. Dann ist »es« einfach stärker als wir. Dann können wir nicht anders. Aber mit einem anderen Mann einfach nur unseren Spaß haben, das können – das dürfen – wir nicht.

Die ratlosen Ratgeber

Je mehr wir uns innerlich von unserem Mann entfernen, desto mehr plagt uns das schlechte Gewissen. Wenn er wenigstens ein Ekel wäre! Wenn er sich besaufen, uns prügeln oder uns in aller Öffentlichkeit abkanzeln würde. Dann hätten wir wenigstens einen Grund, ihn vor die Tür zu setzen! Aber so?

Haben wir – rein äußerlich betrachtet – nicht alles, was wir uns nur wünschen können? Die Wohnung ist komplett (und im Übrigen ganz nach unserem, nicht seinem Geschmack) eingerichtet, und das Auto kommt auch nicht mehr aus der Schnäppchenecke des Gebrauchtwagenmarkts. Zweimal im Jahr jetten wir ins Urlaubsparadies. und beim Friseur können wir uns teure Strähnchen leisten.

Und jetzt das? Jetzt lassen wir uns auf eine Affäre mit einem anderen ein? Oder träumen zumindest davon? Was ist nur mit uns los?!

Während der Traumprinz uns im Halbstundentakt per SMS umgarnt, uns im Internet-Chat becirct oder – ob real oder als Fanta-

siegestalt – durch unsere Tagträume geistert, versuchen wir – von Schuldgefühlen zerfressen – die Kluft zwischen uns und unserem Göttergatten in Psychokursen und in Therapiestunden zu kitten. Worte wie kreative Partnerwerdung, Konfliktvernetzung und interpersonelle Kommunikation schlagen uns entgegen. Doch unsere Gefühle bleiben, und die Ratlosigkeit wächst.
Wir stürmen in die Buchhandlung. Abteilung: Eheratgeber. Allein nach den Titeln zu urteilen, hält das Regal ein ganzes Arsenal von Wunderwaffen gegen Bettfrust und Partnerschaftsprobleme parat. Am neuesten Schrei – natürlich aus Amerika – bleibt unser Blick hängen: »Sexuelle Intelligenz«. Das klingt nach dem passenden Schlüssel zum Glück. Gekauft! Doch was wir noch in derselben Nacht lesen, macht uns auch nicht weiser: Sexuell intelligente Menschen, so heißt es dort, würden keine stabile Partnerschaft durch Seitensprünge gefährden. Da haben wir es weg, unser Fett.
Welch frommer Wunsch! Als ob sich Paar- und Bettprobleme mit dem Kopf lösen ließen! Sei es auch noch so unintelligent: Der Trieb lodert unbeeindruckt weiter, und es wird immer Frauen geben, die mit dem Bademeister durchbrennen, die sich im Griechenlandurlaub Hals über Kopf in den Rezeptionisten des Hotels verlieben, die hoffnungslos dem Mann der Schwester oder dem besten Freund des Mannes verfallen.
Der Geist ist willig, aber das Fleisch ist schwach. Geilheit macht kopflos. Für Sex und das, was wir gemeinhin Liebe nennen, gelten die Gesetze der Biologie und nicht die des Intellekts.

Frauenlust und Männerfrust

Nehmen wir einmal an, es kommt nicht zum Supergau in der Beziehung: Wir treffen keinen Traumprinzen, der uns auf seinem Schimmel entführt. Wir lassen unseren Mann nicht sitzen, sondern träumen nur, gucken nur. Vielleicht werden wir auch das eine oder andere Mal schwach.

Dann allerdings ziehen wir den Bauch beim Sex nicht mehr ein, denn wenn wir schon fremdgehen, wollen wir unsere Lust auch genießen. Der Ehemann ahnt's und kriegt die Krise. Wenn er nach anderen Weibchen schielt, ist das ja legitim, steht ihm als altem Jäger und Sammler doch quasi ein Freibrief zu, seinen Samen wie mit der Schrotflinte (also breitflächig) zu verschießen.

Aber seine Angetraute?! Liebt sie ihn etwa nicht mehr? Ist sie etwa nicht mehr mit ihm zufrieden? Warum läuft sie ständig im Minirock rum? Aus dem Alter ist sie doch längst raus! Und warum rennt sie plötzlich zum Italienischkurs in die VHS? Sie fahren doch nie nach Italien …

Ängstlich schaut er in den Spiegel. Er sieht doch noch ganz passabel aus. Wenn bloß der Bauch ein bisschen flacher und die Denkerstirn nicht ganz so hoch wäre … (Die vereinzelten grauen Haare, die ihn anlachen, zupft er kurzerhand aus.)

Das mulmige Gefühl, das ihn beschleicht, wird zusätzlich von einem Angstgespenst der besonderen Art geschürt: Der vierzigste Geburtstag rückt bedrohlich nahe! Wie hat er selbst gelästert, wenn wieder einmal einer seiner Kollegen oder Kumpel (sprich: Nebenbuhler im Revier) über die berüchtigte Klippe sprang! Und jetzt er selbst?! Während er nach außen hin den Unbeteiligten spielt, sieht er vor seinem geistigen Auge, wie der Abreißkalender Tag um Tag dünner wird. Fällt das letzte Blatt, stürzt er ins Loch des Alters, so viel ist gewiss.

Und dann das: Er muss mit ansehen, wie der junge Spund aus der Finanzbuchhaltung – allerhöchstens fünfundzwanzig, noch grasgrün hinter den Ohren – sich lässig auf der Schreibtischkante der Sekretärin niederlässt, ihr dreist in den Ausschnitt starrt und sie mit gurrender Stimme zum gemeinsamen Abendprogramm einlädt. Das Allerschlimmste dabei: Sie, die ihn

selbst immer so betont sachlich-höflich-kühl behandelt, lächelt gewinnend und sagt zu!!!
Er muss etwas tun! Er stürzt ins Fitness-Studio. Gleich drei Stunden martert er sich an den Maschinen und ist frustrierter denn je, turnen doch ringsum lauter Adonis-Typen mit Waschbrettbauch, gegen die er keinen Blumentopf gewinnen kann. Zu allem Übel kann er nach der Tortur vor lauter Muskelkater eine Woche lang kaum laufen.
Verknittert wie er sich fühlt, denkt er zum ersten Mal an Lifting. Zwar sollen gerade ein paar Fältchen dem Männergesicht das gewisse Etwas geben. Wirken nicht die tiefen Furchen von Mick Jagger und Clint Eastwood ausgesprochen attraktiv? Aber in seinem eigenen Spiegelbild ist ihm Straffheit lieber. Zumindest braucht er etwas Neues zum Anziehen – ein jugendlicheres Outfit muss her. Was er im Schrank hat, ist doch Schnee von gestern. Vielleicht sollte er auch zum Männerarzt gehen und sich Hormonpillen verschreiben lassen ... Aufmerksam (aber heimlich) liest er jeden Artikel über Viagra, der ihm in die Hände fällt. Rein vorsorglich, versteht sich. Nicht, dass er es etwa nötig hätte, aber man(n) kann ja nie wissen.
Als wir ihm die Prospekte für den all-inclusice Relax-Urlaub in der Dominikanischen Republik präsentieren, winkt er ab. Das sei doch bloß was für Senioren. Ein bisschen Action müsse schon sein. Paragliding, Bungee-Jumping, Canyoning ... Oder drei Wochen mit der Harley durch Kalifornien ... Er brauche Herausforderung. Wir könnten ja einstweilen beim Damenprogramm mitmachen.
Zum Glück ist es bis zum Urlaub noch eine Weile hin. Da kann er vorher noch seinen Speck abtrainieren, er will sich im Ausland schließlich nicht blamieren. Also muss dringend ein Hometrainer her. Und ein neues Mountainbike. Und Inlineskates.
Zur Sicherheit bestellt er auch gleich noch einen neuen Porsche ...

4. Kapitel:
Zeit für den Wechsel

An welchen äußerlichen Gründen wir es auch festmachen mögen – am ewig gleichen Einerlei oder den Macken des Ehemanns –, spätestens wenn die Brut flügge geworden ist, landet so manche von uns unversehens in einer großen Sinnkrise. Romantische Schwärmereien für amerikanische Leinwandhelden können uns ebenso wenig wie gelegentliche Seitensprünge darüber hinwegtäuschen, dass unser Alltag eher grau und unscheinbar als bunt und schillernd ist. Die Realität holt uns ein, und die konnte noch nie mit den Hochglanzfotos der Lifestyle-Journale mithalten.

Bislang waren wir zu beschäftigt, um – wie unser Gatte sagen würde – auf dumme Gedanken zu kommen. Natürlich hätten wir ab und zu größte Lust gehabt, ihm den ganzen Kram hinzuschmeißen. Aber wir gehören zur Zweidrittelmehrheit der Frauen, die es dennoch nicht taten. Vielleicht, weil wir tief in unserem Inneren – unter dicken Schichten von Alltagsschrott begraben – eben doch die Gewissheit in uns tragen, dass er trotz all seiner Schwächen unser Mann fürs Leben ist. Vielleicht aber auch nicht. Vielleicht blieben wir nur um der Kinder willen.

Doch die – so scheint es – brauchen uns jetzt nicht mehr. So haben wir erstmals wieder etwas, das vorher absolute Mangelware war: Zeit. Nutzen wir sie für ein kleines Gedankenspiel. Stellen wir uns vor, wir wären Anfang fünfzig. Eines schönen Morgens, nachdem alle anderen aus dem Haus sind, bleiben wir noch ein Weilchen am Frühstückstisch sitzen, um ganz für uns allein eine letzte Tasse Kaffee zu genießen und unsere Situation Revue passieren zu lassen.

Dass es jemals so etwas wie eine rosarote Brille gegeben haben soll, ist uns längst entfallen, und so trübt nichts mehr unseren kritischen Blick. Auf einmal sehen wir das schmutzige Geschirr auf dem Tisch ebenso wie die angegilbte Tapete an der Wand dahinter. Apropos Gilb: Die Vorhänge müssten auch mal wieder gewaschen werden. Und auch sonst ist er überall drin.

Kontostand: minus

Mit dem Stand des (vom Göttergatten zugebilligten) Familienbudgets sind wir bestens vertraut. Wir brauchen den Umschlag mit den Kontoauszügen gar nicht aufzumachen, um zu wissen, dass Ebbe in der Kasse herrscht. Die Kinder sind zwar inzwischen ausgewachsen und gehen die meiste Zeit über ihre eigenen Wege. Aber den Monatsscheck nehmen sie dennoch gerne an. Und der Hunger treibt sie regelmäßig ins Nest zurück. (Trifft sich gut, dass man bei der Gelegenheit dann gleich die schmutzige Wäsche mit abliefern kann.)

Nirgends schmeckt's so gut wie bei Mama, und nie ist ihr Appetit so groß gewesen. In ihrer Art, am Wochenende überfallartig hereinzubrechen und den Kühlschrank kahl zu fressen, erinnern sie erschreckend an einen Schwarm afrikanischer Heuschrecken. Von Lebensmitteln einmal abgesehen: Mit niedlich bedruckten T-Shirts aus dem Großmarkt-Sonderangebot kann man ihnen auch nicht mehr kommen. Wenn schon Geschenke, dann doch lieber den Multimedia-PC oder die Handtasche von Gucci. Kurz: Der Nachwuchs kostet.

Das spärliche Salär, das wir uns, wenn überhaupt, per Teilzeitjob verdienen, reicht gerade, um unseren immer teureren Erhaltungsaufwand zu bestreiten. Preiswerte Teenie-Outfits wollen einfach nicht mehr recht zu uns passen, und auch Pflegeserien für die reife Haut sind nicht ganz billig …

So paradox es klingen mag: Oft haben selbst jene unter uns, deren Mann relativ gut verdient, im eigenen Portemonnaie chronische Leere. Sie konnten es sich damals am ehesten leisten, wegen der Kinder aus dem Job auszusteigen oder zu reduzieren, und so haben gerade sie in vielen Fällen den Karrierezug an sich vorüberfahren lassen. Später zu vernünftigen Bedingungen wieder einsteigen zu können erweist sich dann meist als grandiose Illusion.

Was heißt schon später? Wenn das Kind drei Monate, sechs Monate, ein Jahr alt ist? Um es in der Krippe abzugeben, haben wir es nicht in die Welt gesetzt! Und danach? Wir fühlten uns immer so gebraucht, wer hätte sonst die aufgeschürften Knie verpflastern und bei den Hausaufgaben helfen sollen? Und wer die viele Hausarbeit erledigen? Unser Mann etwa? (Bei diesem Gedanken entfährt uns ein Lachen, das mehr als tausend Worte sagt.)

Die Wege, die uns Frauen in der Berufswelt nach den »Kinderjahren« noch offen stehen, führen nur in den seltensten Fällen in den Olymp der Chefetagen hinauf. Selbst wenn wir ein abgeschlossenes Hochschulstudium haben, führen sie uns eher ins Reich der untergeordneten Zuarbeiterinnen, der Outsourcing-, Halbtags- oder Aushilfskräfte. Letzteres bedeutet: 325 Euro. Im Monat. Er verdient mindestens das Zehnfache. Das heißt: Wie unsere Ahninnen in grauer Vorzeit sind wir darauf angewiesen, dass er seine Beute mit uns teilt. (Obwohl sich die zur Not noch von selbst gesammelten Beeren und Wurzeln hätte durchbringen können.)

Klar, wir haben vorher gewusst, dass wir für den Nachwuchs einiges würden aufgeben müssen. Doch was das wirklich heißt, merken wir erst jetzt: Wir sind vom Mann abhängig, sind Haushaltsgeldempfängerin. Wie unsere Mutter und unsere Großmutter sind wir auf die Großzügigkeit des »Familienvorstands« angewiesen.

Woran denkst du gerade?

Wo wir gerade beim »Familienvorstand« sind. Wie steht es eigentlich mit unserer Beziehung? Worüber reden wir eigentlich mit unserem Mann? Wer was wann wo besorgt; ob man das Sofa noch mal neu beziehen lassen oder doch ein neues kaufen sollte; welche Prüfungen die Kinder demnächst zu absolvieren haben oder wie geeignet bzw. ungeeignet deren Liebesgesponse sind.

Auch wenn wir ganz allein zusammen Essen gehen (was jetzt, wo wir keinen Babysitter mehr brauchen, womöglich wieder etwas öfter geschieht), kommen wir über den üblichen Familien-Smalltalk kaum hinaus. Selbst das Lästern über andere hat irgendwie seinen Reiz verloren: Keiner unserer gemeinsamen Bekannten kann noch mit irgendeiner Schwäche aufwarten, die wir nicht schon bis zum Erbrechen durchgehechelt und belächelt hätten. Für große Sensationen ist keines der befreundeten Ehepaare mehr gut, denn längst sind auch sie auf der Loriot-Couch gelandet. Zudem ist das euphorische Gefühl verblasst, dass wir selbst es so viel besser machen als alle anderen.

So passiert es immer öfter, dass wir uns in solchen Situationen schweigend gegenübersitzen, weil uns der Gesprächsstoff ganz ausgeht.

»Woran denkst du gerade?«, fragen wir, um die Lücke zu füllen.

»Ach, an nichts Besonderes …«, erwidert er und schaut gedankenverloren zu der jungen Blondine am Nebentisch hinüber.

Wen wundert's, dass sich uns Frauen in dieser Situation immer und immer wieder ein und dieselbe Frage aufdrängt: »Ist das etwa alles gewesen?«

Erkundigt man sich aber beim Herrn der Schöpfung, wie es in seinem Leben aussieht, antwortet er: »Großartig!« Stolz steht er auf dem Gipfel seines Ruhmes. Hat er nicht alles erreicht, was er erreichen wollte? Hat er nicht in jeder Hinsicht gepunktet? Haus, Frau, Kind(er), Karriere und ... Geld!
Klar, auch er spürt, wie der Nachwuchs gerade jetzt das Budget strapaziert. Erst der Führerschein zum Achtzehnten, dann das Gölfle zum Abi. Und jetzt noch das Auslandsstudium. Das schlägt ganz schön zu Buche.
Aber deshalb wird er noch lange keinen Kleinwagen fahren, denn er braucht schon etwas Potenz unter der Haube! Es ist ganz selbstverständlich, dass unser Auto das bescheidenere ist und unter der Bezeichnung »Zweitwagen« läuft. Und das, obwohl wir damit den Großeinkauf transportieren müssen, während er nur ein schlankes Aktenköfferchen spazieren fährt. Als Jäger und Sammler muss er schließlich mobil sein.
Seine Ehe?
»Glücklich«, antwortet er wie aus der Pistole geschossen. Es sei doch selbstverständlich, dass die Familie bei ihm ganz oben auf der Prioritätenliste stünde. Für wen sonst würde er sich sechzehn Stunden am Tag abrackern? Aber wenn er von seiner Familie spricht, meint er seine Firma.
Überraschend ist das nicht, denn als Balz- und Brunftplatz ist das moderne Industrieunternehmen nahezu ideal und wird vielleicht nur noch übertroffen von der politischen Bühne: An kaum einem anderen Ort kann der Mann die Rolle des Selbstdarstellers so gut ausleben wie hier. Nirgends kann er das Prachtgefieder besser spreizen, nirgends sich so gut profilieren. Und das muss er tun, um die eigene Position zu sichern. Umso besser, wenn er im Berufsleben kräftig die Ellenbogen gebrauchen kann. Ein gekonnter Stoß, und schon hängt der Rivale in den Seilen.

Und noch einen nicht zu unterschätzenden Vorteil bietet ihm sein Job. Nicht nur, dass auf den Fluren seiner Arbeitswelt ein reger Wildwechsel von auffällig hübsch zurechtgerichteten, jung-dynamischen Weibchen herrscht, die ihn – jetzt, da er auf der Hierarchieleiter ein gutes Stück vorangekommen sein dürfte – mit erwartungsvollem Lächeln begrüßen. Der Beruf bietet ihm auch das ideale Alibi für Seitensprünge.
Während vor allem die »Nurhausfrauen« oder Teilzeitkräfte unter uns mühsam nach Ausreden suchen müssen, um uns für ein Stelldichein vom häuslichen Herd zu stehlen, braucht er nur jammernd mit dem Terminkalender zu fuchteln: »Noch nicht mal am Wochenende lassen sie einen in Ruhe! Jetzt hat uns die Zentrale auch noch am Samstag eine Tagung reingedrückt. Da muss ich schon freitagabends anreisen. Aber was soll ich denn machen ... Du weißt ja, wie es ist!«
Wissen wir nicht, aber was sollen wir denn machen?

Andere Umstände?

Sitzen wir am Wochenende wieder einmal alleine zu Hause, packt uns plötzlich das heulende Elend. Was ist geworden aus all unseren Träumen und Visionen? Von wegen trautes Heim, Glück allein. Die Kinder sind weg. Der Liebhaber (wenn wir denn einen haben) will auch nicht mehr von uns als ein gelegentliches Schäferstündchen. Und unser Mann ist entweder unterwegs oder döst auf der Couch vor sich hin.
Alle anderen ringsum scheinen bestens versorgt und rundum zufrieden zu sein. In der Lotterie des Lebens haben wir offenbar die einzige Niete gezogen. Da haben wir extra eine Familie gegründet, um nicht allein dazustehen, haben alle verwöhnt und es jedem recht gemacht – und jetzt? Jetzt fühlen wir uns

wie ein von seinem Schwarm vergessener Zugvogel, der auf der Überlandleitung sitzen geblieben ist.
Unruhig springen wir auf. Warum ist es hier drin bloß so heiß? Die Schweißperlen stehen uns auf der Stirn. Verwundert registrieren wir, dass sich die Heizkörper eher kühl anfühlen. Ob wir etwa Fieber haben? Wir greifen uns an die Stirn. Bestimmt! Kein Wunder, dass wir uns so jämmerlich fühlen. In dem Moment klingelt das Telefon. Der Göttergatte ist dran. Noch ehe er sein Anliegen vorbringen kann, schluchzen wir los.
»Was ist denn bloß mit dir?« Er bemüht sich, einfühlsam zu klingen. Aber er hasst es, wenn Frauen weinen. »So schlimm wird's doch nicht sein. Hast du etwa deine Tage?«
Doch apropos Tage: Wir haben sie eben nicht! Auch das macht uns Sorgen. Unsere Regel ist schon eine ganze Woche überfällig. Irgendetwas ist nicht in Ordnung mit uns. Ob uns etwas Ernstliches fehlt? Oder – wir trauen es uns kaum zu denken – ob wir etwa schwanger sind?! Vor unserem geistigen Auge sehen wir all die Paare aus unserem Bekannten- und Verwandtenkreis Revue passieren, die nach langen Ehejahren noch einmal einen Nachzügler in die Welt gesetzt haben. Bloß das nicht!
Noch am selben Tag machen wir einen Termin beim Frauenarzt aus. Natürlich sei es dringend! Mit klopfendem Herzen sitzen wir im Wartezimmer, rutschen unruhig auf dem Stuhl hin und her. Doch dann kommt es ganz anders. Der Gynäkologe tätschelt uns beruhigend den Arm. Die anderen Umstände, die uns zu schaffen machen, verheißen keine Mutterfreuden. »Sie sind in den Wechseljahren«, eröffnet er uns und lächelt beruhigend auf uns ein.
Als wir das Wort hören, tut sich ein riesiges Loch unter uns auf.

Durch diese hohle Gasse ...

Dass so manche Frau bei der Nachricht, sie sei in den Wechseljahren, völlig verstört aus der Frauenarzt-Praxis kommt, ist mehr als verständlich. Wechseljahre – das hat mit Altern zu tun. Damit in einem Atemzug genannt zu werden fühlt sich in Zeiten, in denen Jugendlichkeit über alles geht, fast wie eine Ohrfeige an. Vermittelt nicht allein der Begriff das Gefühl einer Krankheitsdiagnose? Er hört sich doch an wie der Sammelname für allerhand peinliche Leiden vom Gedächtnisschwund bis hin zu Hämorrhoiden und Inkontinenz.

Dass alle Frauen irgendwann in die Wechseljahre kommen (oder besser: ins Klimakterium – das ist zwar das Gleiche, klingt aber nicht so brutal), ist uns klar. Aber wir selbst?! Panik macht sich breit, denn wir erkennen: Wir sind keine Ausnahme, auch wir kommen an die Reihe. Ob wir wollen oder nicht, durch diese hohle Gasse unseres Daseins müssen wir gehen und sehen uns dabei in unseren Schreckensvisionen am anderen Ende als »Seniorin, durchaus noch unternehmungslustig« herauskommen, gut zu Fuß, mit kreppbesohltem Schuhwerk und zartlila eingetöntem Grauschopf im Lockenwickellook.

Verstärkend wirken sich auch diesmal wieder die unbewussten Botschaften unseres biologischen Programms aus. Und die funken unablässig, dass es mit der Fruchtbarkeit nun bald ein Ende hat. Endgültig. Unwiderruflich. Das ist traurig, so wie jeder Abschied. Traurig für jene von uns, die die Mutterschaft erlebt haben, noch mehr aber für jene, die diesen Kelch – ob freiwillig oder unfreiwillig – an sich vorübergehen ließen.

Dieser Wehmut ist mit rationalen Erklärungen nicht beizukommen. Sie wurzelt in den in uns allen verankerten archaischen Bildern von der Frau als Gebärerin und Nährerin. Können wir kein Leben mehr spenden, verlieren wir, so scheint es, unsere Daseinsberechtigung. Nicht weil andere uns für überflüssig halten würden, sondern weil wir selbst am Sinn unseres Lebens zweifeln.

Theoretisch lebenslang

Unserem Angetrauten können wir während unserer Wechseljahre mit unseren Ängsten und Nöten kaum kommen. Er merkt zwar, dass wir verändert sind, wird das aber in aller Regel darauf zurückführen, dass wir nun langsam schrullig werden. Sich mit den Feinheiten der weiblichen Psyche zu befassen ist seine Sache nicht, denn als Mann und Jäger muss er den Blick stets in die Weite richten. Über die unheimlichen Niederungen der Seele schaut er dabei geflissentlich hinweg.

Für unsere »Launen« hat er darum wenig übrig. Was wir als gutes Gespräch bezeichnen würden, empfindet er als lästige Beziehungsdiskussion. Wenn er abends nach Hause kommt, schwebt ihm wahrlich anderes vor, als den Frauenversteher zu spielen.

Und außerdem: Wechseljahre, Falten, alt werden – das sind doch alles Dinge, an denen sich sowieso nichts ändern lässt. Was soll er zu einem solchen Lamento also sagen – für ihn als Mann sind Probleme da, um gelöst zu werden. Wo ist der Baum? Ich reiße ihn dir aus! Aber hier gibt es nichts zu lösen. Wozu das Ganze dann … Widerwillig schüttelt er sich – wohl auch, weil irgendwo in ihm eine Stimme nagt, die ihn penetrant an seine eigene Vergänglichkeit erinnert.

Aber das würde er nie zugeben.

Er und alt werden? Davon kann doch nicht die Rede sein. Er büßt schließlich seine Vermehrungsfähigkeit nicht ein. Zwar ist sein Allerbestes auch nicht mehr das, was es einmal war: Etwa ab dem 35. Lebensjahr nimmt die Spermiendichte und -beweglichkeit kontinuierlich ab. Aber Frauen schwängern kann er theoretisch lebenslang. Es dauert nur etwas länger.

Tabuzone

Es ist natürlich eine Mär, dass dem Mann das Alter nichts anhaben kann. Die Zeichen spürt er genau wie wir – und sie hinterlassen einen ebenso bitteren Beigeschmack. Wie sehr ärgert es ihn, dass er nun zum Lesen der Speisekarte eine Brille braucht und dass das Haar langsam schütter wird. Nur: Er redet nicht darüber. Er schweigt solche Dinge lieber tot, weil er mit einem Eingeständnis seiner altersgemäßen Verfallserscheinungen den Rivalen eine Steilvorlage zu seiner Entmachtung geben würde. Vergessen wir nicht: Er muss das stärkste Männchen im eigenen Revier bleiben, um den Begattungsanspruch zu behalten. Ein alternder Löwe wird gnadenlos ins Abseits gedrängt.

Vor diesem Hintergrund erscheint es nur natürlich, dass der Mann in Bezug auf seine Alterszeichen auch andere mit einem Schweigegebot belegt. Wer dieses ungeschriebene Gesetz bricht, wird gnadenlos in die Schranken gewiesen. Da versteht er keinen Spaß. Wie todernst ihm die Sache ist, durften wir vor nicht allzu langer Zeit miterleben, als Kanzler Schröder mit einer Unterlassungsklage gegen die Presseagentur ddp vorging. Stein des Anstoßes war ein Bericht, in dem eine Imageberaterin bemäkelte, dass er seine grauen Schläfen weggetönt hätte.

Ob der Mann nun tatsächlich, wie er durch seinen Anwalt zu Protokoll geben ließ, zu den fünf bis sechs Prozent der Bevölkerung gehört, die laut Wella-Studie ihre Haarfarbe bis ins Alter behalten, oder ob er – wie von der Gegenseite unterstellt – mit

Chemie nachhilft, ist in unserem Zusammenhang eher nachrangig. Aber die Geschichte zeigt, dass jugendliches Image ein ebenso kostbares wie leicht zerbrechliches Gut ist. Allein die Mutmaßung, dass daran etwas gemauschelt und der eine oder andere verräterische Silberfaden wegretuschiert sein könnte, bringt es bedrohlich ins Wanken. »Aha!«, könnte man denken. »Auch an ihm nagt der Zahn der Zeit.« Schon hören wir die Hufe der Rivalen scharren, die gerade in der politischen Szene mit Argusaugen auf jede kleinste Schwäche des Gegners lauern. Haben sie eine gefunden, schlagen sie schonungslos in die Kerbe hinein, um ihn vom Feld zu jagen.

Wir Frauen haben es zumindest in dieser Hinsicht leichter. Natürlich rivalisieren auch wir und können uns nicht wahllos jeder Geschlechtsgenossin offenbaren. Aber wir haben eben doch in der Regel mindestens eine gute Freundin. Mit der können wir uns zusammentun, uns verbünden und über Probleme sprechen. Wenn wir Angst vor dem Alter haben, die Leere in unserem Leben spüren und mühsam nach neuen Wegen suchen, dann können wir uns unser Leid von der Seele reden und uns beraten.

Und Männer? Sie müssen ihre Sorgen und Nöte mit sich allein ausmachen. Gerade vor ihren Geschlechtsgenossen müssen sie mit solchen Informationen hinter dem Berg halten, um sich nicht angreifbar zu machen. Selbst der engste Vertraute könnte, wenn es darauf ankommt, unter dem Druck der Hormone zum Rivalen werden. Und auch Frauen gegenüber müssen sie sich sorgsam bedeckt halten, um nicht als Sexpartner auf der Streichliste zu landen.

Einsame Cowboys. Das ist der Preis ihrer Geilheit ...

Grau meliert – gut situiert

Was das Alter anbelangt, scheinen Männer eine wesentlich bessere Interessenvertretung zu haben als wir. So wird beispielsweise der ehemalige James-Bond-Darsteller Sean Connery gerade wegen seiner grauen Haare vielfach als »the sexiest man alive« gepriesen. Eine Frau mit schlohweißem Schopf dagegen erntet bestenfalls Kommentare wie »interessant«, »charaktervoll« oder »ausdrucksstark«. Meist aber wird sie in die Ecke der Emanzen (hat aus Prinzip was gegen das Färben) oder Bieder-Muttis (ist ohnehin jenseits von Gut und Böse – wozu da noch Geld für den Friseur ausgeben) gestellt.

Grau meliert beim Mann heißt gut situiert, und das bedeutet: als Geschlechtspartner attraktiv. Hier ist jemand, der reiche Beute ins Haus bringt. Bei so einem erfahrenen Jäger braucht die Sippe bestimmt nicht zu hungern. Bei der Frau dagegen bedeutet es: jenseits des gebärfähigen Alters. Nicht mehr auf dem Markt.

Wie viele von uns Frauen müssen sich an ihrem fünfzigsten Geburtstag den Spruch anhören: »Jetzt wird dich dein Mann bald gegen zwei Fünfundzwanzigjährige tauschen.« Tapfer lachen wir mit. Wirklich lustig aber finden wir es nur selten, denn was da so flapsig daherkommt, bringt die weibliche Urangst exakt auf den Punkt: dass uns unser Angetrauter auf dem Altar des Triebes opfern und sich eine Jüngere suchen könnte. Taugen seine Treueschwüre etwa nichts, weil er nicht Herr seiner Entschlüsse ist?

Zwei grundverschiedene Wesen

Während der Mann linear veranlagt ist und unter dem Einfluss des Testosterons immer nur das Eine im Sinn hat, sind wir komplexer. Frauen wollen alles. Einen romantischen und zugleich alltagstauglichen Liebhaber, einen treuen Ehemann, goldige Kinder, ein schönes, ganz nach ihren Wünschen gestaltetes Zuhause, eine erfüllende Aufgabe ... Eher mehr, aber bloß nicht weniger!

Der Mann vollbringt all seine Leistungen hingegen einzig und allein mit Hinblick auf die Verbesserung seiner Paarungschancen. Ob er Rekorde bricht, zum Mars fliegt oder Weltenformeln entwirft – er tut dies letztlich nur, um sich auf dem Markt der Eitelkeiten zu positionieren. Frauen hingegen schöpfen ihre Glückserlebnisse aus dem Wechselspiel des Lebens selbst. Wir sind durch und durch zyklische Wesen und das nicht nur wegen der Monatsregel. So, wie sich unser Körper durch komplizierte hormonelle Wandlungsprozesse im Lauf der Jahre deutlich sichtbar verändert und sich unsere Brüste von der Knospe erst zum Apfel und dann zur Birne wandeln, so teilt uns auch unser genetischer Auftrag ständig neue Rollen zu: Anglerin, Nestbauerin, Mutter, Verführerin ...

Während wir also komplexe Reifeschritte vollziehen, bleibt er, was er von dem Augenblick an war, als er sich mit etwa vierzehn Jahren das erste Pin-up-Girl als Onaniervorlage an die Innenseite seiner Schranktür heftete: scharf auf jeden Rock.

Wenn unsere fruchtbaren Jahre zumindest in physischer Hinsicht während der Wechseljahre zu Ende gehen, bekommen wir den Kopf frei für andere Dinge: Wir können unsere Lust leben, müssen es aber nicht. Diese Freiheit schafft Muße, um uns zurückzulehnen und unser Leben aus der Distanz Revue passieren zu lassen.

Während wir das tun, werden wir (hoffentlich) langsam weise – und schaffen so die beste Voraussetzung dafür, dass es in unserer Beziehung trotzdem klappt.

TEIL II

FRAUEN WERDEN WEISE – UND DIE MÄNNER?

»Auf ihren Lippen liegt ein frei gewordenes Lachen
wie ein helles Erwachen,
das Drachen verscheucht.
So sind die Frauen, die sich nicht zerstören ließen,
Und die Kraft, die sie bewiesen,
bildet das Weltbild neu.«

Erika Pluhar
(Schauspielerin, Autorin und Sängerin)
Lieder 1986

5. Kapitel:
Die Reise der Heldin – ein Exkurs nur für Frauen

So wie es aussieht, ist es im wahren Leben wieder einmal ganz wie im Märchen: Unsere Reise führt durch einen Zauberwald voller Merkwürdigkeiten, Abenteuer und Versuchungen, bis wir schließlich vor dem Eingang der bereits erwähnten »hohlen Gasse« anlangen – ein schattiger Weg ins Ungewisse, so wird es auch Ihnen vielleicht erscheinen, wenn Sie dereinst selbst an dieser Stelle stehen. Zurück können Sie nicht, der Lauf der Zeit treibt Sie voran. Zünden Sie also Ihre Laterne an und leuchten Sie in das Dunkel hinein. Im trüben Schein des Lichts werden Sie sehen, dass sich der Pfad schon nach wenigen Metern in drei Richtungen verzweigt. Sie müssen sich also entscheiden, denn nur einer der Wege führt zum lohnenden Ziel – in unserem Fall zu jenem besonderen Schatz, den wir Weisheit nennen, und damit zur Antwort auf die Frage, wie es in unserer Beziehung trotzdem klappen kann.

Sie haben Glück: Es stehen hier drei Frauen bereit, um die Routen für Sie auszukundschaften. Und da seit den Gebrüdern Grimm einiges Wasser ins Tal geflossen und die Neuzeit angebrochen ist, können Sie wie im Film mitverfolgen, wie es unseren Heldinnen unterwegs ergeht. Für welchen Weg werden Sie sich entscheiden, wenn es so weit ist?

Der erste Weg: Forever young

Auf einem massiven Findling neben der ersten Abzweigung prangt in goldenen Lettern die Aufschrift »Funtastic World of Youth and Beauty«. Daran vorbei führt ein von akkurat getrimmten Buchsbäumen gesäumter, weiß gekiester Pfad mit elegantem Schwung in eine gepflegte Parkanlage hinein. Einen Augenblick bleibt unsere Kundschafterin stehen und lässt ihren Blick über das weitläufige Gelände schweifen.

Als sie es plötzlich hinter sich knirschen hört, fährt sie zusammen, doch es ist nur eine Joggerin, die hier frühmorgens ihre Runden dreht.

»Wohl neu hier?«, fragt die Frau, während sie mit katzengleicher Geschmeidigkeit vorüberzieht. »Was stehen Sie hier so rum? Los, los, folgen Sie mir! Zum Empfang!«

Erschrocken setzt sich unsere Heldin in Bewegung, immer hinter der Läuferin her. Was für eine perfekte Figur sie hat! Kein überflüssiges Gramm quillt aus ihrem hautengen Outfit hervor. Sie selbst keucht bald, dass ihr die Lungenflügel schmerzen.

»Der Check-in ist dort drüben.«

Na, Gott sei Dank! Schweißgebadet steht sie vor dem Eingang. Was für ein beeindruckendes Gebäude! Sie kommt sich fast schäbig vor angesichts der schlichten Eleganz aus Edelstahl und Glas. Innen thront auf der geschwungenen Theke eine üppig blühende Orchidee im schlichten Silbergefäß. Wie in dieses Bild hineindekoriert wirkt die coole Blonde, die höflich hinter ihrem Flachbildschirm hervorlächelt.

»Was kann ich für Sie tun?«

Ohne ihre Antwort abzuwarten, fügt sie hinzu:

»Muscle Toning und Slimming. Das sehe ich gleich. Nehmen Sie einen Moment Platz. Sie werden von einer unserer Mitarbeiterinnen zum Wiegen abgeholt.«

Die arme Frau schluckt. Vor der Unbarmherzigkeit der Waage fürchtet sie sich schon allein im stillen Kämmerlein und erst recht vor den unbarmherzigen Augen einer unparteiischen Fremden! Doch dann fällt ihr die Joggerin mit dem perfekten Körper wieder ein. Ein paar Pfund abzunehmen könnte vielleicht wirklich nicht schaden. Besonders an den Oberschenkeln. Das ist schon immer ihre Problemzone gewesen.

»Aber für Schuhe und Kleidung ziehen Sie doch noch zwei Kilo ab?«, erkundigt sie sich zaghaft bei der drahtigen Person, die mit hochgezogenen Brauen auf die gnadenlos genaue Digitalanzeige starrt.

»Trotzdem«, entgegnet diese streng. »Ein Body-Mass-Index von 24,3 – da ist noch einiges zu tun! Nehmen Sie das Ein-Jahr-rundum-fit-Programm zum Sonderpreis?«

Selbst der übersteigt hoffnungslos ihr Budget. Aber was bleibt ihr anderes übrig?

»Da können Sie auch jederzeit in unsere Saunalandschaft. Zahlen Sie bar oder mit Kreditkarte?«

Die Trainerin drückt ihr das Aufgaben-Chart in die Hand: Laufband, Spinning, Step-Aerobic, Dehnen, Radeln, Schwimmen. Nicht zu vergessen die Arbeit an den Geräten. Zwei Stunden täglich. Minimum. Sie nickt tapfer. Schließlich will sie nicht in die Breite gehen wie ihre Mutter. Darum macht sie erst mal an der Boutique Station und kauft sich neue Jazzpants, ein Tankini-Top und Aerobic-Schuhe, wählt die Kleidung schon mal eine Nummer kleiner als sonst, wo sie doch bald abnehmen wird ... Alles Markenware, sündhaft teuer, aber in ihrem alten Trainingsanzug und den runtergelatschten Sneakers kann sie sich hier wirklich nicht blicken lassen.

Als sie an der Kasse steht, wird ihr flau im Magen. Vielleicht liegt es daran, dass sie den ganzen Tag noch nichts gegessen hat.

»Probieren Sie doch einen unserer leckeren Vital-Snacks in der Fitness-Bar.«

Sie entscheidet sich für das Komplettmenü: Karottensticks an Low-Cal-Dressing, Weizengras-Burger im Sprossenbeet und zum Abschluss einen Sojamilch-Cappuccino. Sehr übersichtlich die Portionen. Aber leicht und gesund.

Nur noch fünf Minuten bis zum Workout mit Tiffany. Jetzt aber schnell ins Studio gejoggt, ganz beschwingt fühlt sie sich. Da bleibt ihr Blick wie gebannt an einem Türschild hängen: »Faltensprechstunde ohne Voranmeldung«. Beraten lassen könnte sie sich ja mal. Ganz unverbindlich ... Trainieren kann sie später immer noch.

Eine gepflegte, schlanke Erscheinung kommt ihr entgegen. Sie hat einen alterslosen Marmorteint, eine Knotenfrisur und kein einziges graues Haar. Ihr weißer Kittel ist lässig geöffnet. Frau Dr. Glatt persönlich. Sie lächelt kühl.

»Also, Ihr Gesicht sollten Sie sich unbedingt machen lassen. Zumindest die Krähenfüße und die Lippen. Diese Labialfalten machen Sie fürchterlich alt.«

Sie tritt einen Schritt zurück, mustert sie prüfend und kommt dann auf Beste-Freundin-Manier ganz dicht an sie heran:

»Mal ganz unter uns – diese unschönen Reiterhosen würde ich mir an Ihrer Stelle auch mit absaugen lassen. Mit Bewegung allein kriegen Sie das nie in den Griff. Zeigen Sie mir doch mal Ihre Beine ... Ach, Besenreiser haben Sie auch jede Menge. Die müssen dringend gelasert werden. Lassen Sie sich von meiner Assistentin einen Termin geben.«

Sieht sie wirklich schon so schlimm aus? Ein Blick in den Spiegel verrät: Noch schlimmer! So kann sie wirklich nicht länger rumlaufen.

Privatleistungsvereinbarung. Aufklärung über mögliche Komplikationen. Schnell, schnell! Wo ist der Kugelschreiber? Sie unterschreibt, ohne hinzuschauen.

Narkosekater.
Das Gesicht verquollen.
Lippen wie ein Ballon.
Der Körper grün und blau.
Die Beine gewickelt bei dreißig Grad im Schatten.
Schönheit muss leiden.
Besonders, wenn sie in die Jahre kommt.
»Wenn alles abgeheilt ist, sehen Sie aus wie Joan Collins. Stellen Sie sich vor, die ist 1933 geboren. Siebzig Jahre alt und noch so ein Gesicht, so eine Figur ... Blendend, einfach blendend.«
Mühsam humpelt sie über den Klinikgang. Bloß nicht das Gesicht verziehen, das könnte neue Mimikfältchen geben. Sie sehnt sich nach Ruhe. Wo geht es nur zum Park? Sie findet ihn nicht, landet dafür aber vor einer anderen Türe. »Spätes Glück« steht darauf. Neugierig schiebt sie sie auf und blickt in ein Wartezimmer. Auf edlen roten Ledersesseln sitzen zwischen kostbaren chinesischen Vasen lauter ältere Damen, die in Hochglanzillustrierten blättern. Sie haben tiefe Runzeln im Gesicht und erstaunlich dicke Bäuche.
Ein freundlich lächelnder Mann mit Schnurrbart und silbergrauem Haar stürzt auf sie zu. »Gestatten, Severino. Antonio Severino.« Ein fester Händedruck. Ein tiefer Blick in die Augen.
Hat sie den Namen nicht schon einmal gehört? Richtig! Das ist doch der berühmte römische Fortpflanzungsmediziner, der die biologische Uhr zurückdrehen kann, indem er Sechzigjährigen zur Schwangerschaft verhilft. Jetzt versteht sie, was mit dem späten Glück gemeint ist.
Wirklich ein Bild von einem Mann! Und dieser charmante italienische Akzent! Er lächelt. Sie strahlt.
Wie könnte sie ihm widerstehen ...

Der zweite Weg: Mutters Tröster

Der Eingang zu der zweiten Abzweigung wirkt viel normaler, viel alltäglicher als der erste. Drei ausgetretene Steinstufen führen auf einen schmalen Trampelpfad hinab, und von da an geht es in sanftem Schwung immer leicht bergab. Das kommt unserer Heldin sehr entgegen, denn auf abschüssigem Gelände geht es sich leichter. Gerade in Zeiten wie diesen, in denen frau ohnehin ein schweres Bündel zu tragen hat, ist das nicht zu verachten. Sie ist schon wirklich eine arme Sau! Das Alter hat sie erwischt. Sie will aber nicht!

Ein Spiegel steht am Wegesrand. Missmutig starrt sie hinein. Sie hat die düstere Depri-Brille auf, und darum sehen die feinen Linien, die sich im Laufe der Jahre in ihr Gesicht eingegraben haben, wie tiefe Furchen aus. Schnell guckt sie wieder weg und lässt sich auf eine Bank fallen. Gedankenverloren greift sie zu der Frauenzeitschrift, die wie zufällig darauf herumliegt: Lauter Girlies in Kleidchen mit Spaghettiträgern. Haut und Knochen mit makellosem Teint und perfektem Make-up. Und sie? Prüfend kneift sie sich in den Bauch, um die Dicke der Speckfalte zu testen. Kaliber Rettungsring. Hoffnungslos! Seufzend lässt sie das Heft wieder sinken.

Doch was sieht sie da? Kaum ein paar Meter weiter ist ein Tisch zwischen den Bäumen aufgebaut. Und wie sie näher kommt, erkennt sie, dass er über und über mit lauter süßen Köstlichkeiten beladen ist. Und in der Mitte prangt ein Schild: »Schokolade macht glücklich!« Erst greift sie vorsichtig zu, dann immer beherzter. Der Hosenbund kneift, aber was soll's. Ist doch sowieso alles zu spät mit ihrer Figur. Wozu sich da noch kasteien? Sie muss sich einfach voll stopfen, denn sie kann diese Leere in ihrem Inneren nicht länger ertragen.

Eine Praline, eine zweite, dritte, vierte hinterher, erst einzeln, dann eine Hand voll. Ach, und die Plätzchen, die sehen auch so verlockend aus! Wie wär's mit dem saftigen Streuselkuchen dort drüben? Ein großes Stück, aber bitte mit Sahne, wenn schon, denn schon ... Und überhaupt, sind dicke Menschen nicht glücklicher als die dürren? Ein wenig Glück könnte sie wahrlich gebrauchen!

Sie isst und probiert so lange, bis die Spannung der Bauchdecke ins Schmerzhafte geht. Dann packt sie sorgsam ein paar Schokoriegel ein, denn der Weg ist weit. Ein bisschen Proviant kann da nicht schaden. Wer weiß, wann sie das nächste Mal etwas bekommt.

Gestärkt bricht sie auf, doch schon nach wenigen Metern bleibt sie stehen, denn das Kreuz tut ihr weh. Sie keucht und schwitzt, obwohl es immer noch abwärts geht; der Magen drückt, Sodbrennen treibt ihr Säure in die Kehle hinauf. Sie hätte doch nicht so viel essen sollen! Warum kann sie dumme Kuh sich bloß nicht beherrschen?! Jetzt hat sie bestimmt wieder drei Pfund zugelegt! Wenn sie so weitermacht, kann sie sich bald in einen Sack hüllen. Der würde auch die Cellulite verdecken. Wie sie ihren Körper hasst! Die schlaffe Haut, die hängenden Brüste ...

Früher, als sie noch jung war ... Allein der Gedanke daran, wie sie damals aussah, treibt ihr das Wasser in die Augen. In diesem Augenblick hört sie Stimmen. Schnell wischt sie sich ihre Tränen wieder ab. Was würden denn die Leute sagen, wenn sie sie so heulen sähen! Erleichtert sieht sie, wie zwei alte Freundinnen um die Ecke kommen.

»Na«, sagt die eine. »Du siehst ja nicht gerade toll aus! Ist dir schlecht?«

Sie nickt mit leidender Miene. »Muss mir irgendwie den Magen verdorben haben.« Von ihrer Schokoladenorgie erzählt sie lieber nichts.

»Was du brauchst, ist ein ordentlicher Schnaps!«

Sie will noch protestieren, doch da haben die beiden sie schon links und rechts untergehakt und führen sie weiter den Weg entlang. Ein bisschen steiler geht es jetzt bergab, aber die Freundinnen stützen sie, und es dauert auch nicht lang, bis sie zu einem Biergarten kommen, ein kühles Plätzchen im Schatten der Kastanienbäume gefunden haben und sich zuprosten. Die beiden anderen trinken mit, aus purer Solidarität versteht sich, sie werden sie doch nicht allein leiden lassen. Erst ein Schnaps, dann zwei, dann hören sie auf zu zählen.

Während sie trinken, klagen sie sich gegenseitig ihr Leid. Von ihren Krankheiten erzählen sie sich, die eine hat's im Knie, die andere plagt das Rheuma, und die Dritte hat Wasser in den Beinen. Ja, wenn sie noch mal dreißig wären …

Da schlägt die Kirchturmuhr zur vollen Stunde.

»Du meine Güte, jetzt ist es aber spät geworden«, ruft die eine.

»Ich muss auch los!«, ruft die andere. »Ich hab gleich einen Termin beim Arzt. Ich will mir was gegen meine Wehwehchen verschreiben lassen. Geh doch auch mal hin! Ein sehr einfühlsamer Mann! Würde dir bestimmt gut tun. Nur ein paar Meter weiter, direkt an diesem Weg …«

Dann verschwinden die beiden, und ehe sie sich versieht, hockt unsere Heldin allein am Tisch. Die Freundin hat Recht. Sie sollte sich mal untersuchen lassen. So kann das nicht weitergehen. Mühsam rafft sie sich auf, der Boden wankt unter ihren Füßen – da sieht sie schon das Praxisschild.

»Sie haben Glück«, flötet die Sprechstundenhilfe. »Gerade hat eine Patientin abgesagt, da kann der Herr Doktor Sie auch ohne Termin empfangen.« Schon eilt er herbei in wehendem Kittel. »Kommen Sie, gnädige Frau, … das haben wir gleich …« Und flugs hält sie ihr Rezept in der Hand, ein Mittel zum Durchschlafen und eins für die Psyche. Dreimal täglich je eine Tablette.

Sie ist völlig erschöpft, als sie am Ende des Weges ein Gebäude ausmacht, das ihr so vertraut vorkommt wie ihr eigenes Zuhause. Magnetisch zieht es sie dorthin. Sie schlittert halb den Pfad hinunter, so steil ist er hier. Ein Pfeil führt sie weiter – »Zum Wohnzimmer« steht darauf.

Keuchend schleppt sie sich zur Couchgarnitur. Dort lässt sie sich sinken, verschwitzt wie sie ist. Sie schaut sich um. Vor ihr auf dem Tisch stehen eine Flasche Wein und eine Großpackung ihrer Lieblingschips. Sie legt die Pillenschachteln dazu, greift nach der Fernbedienung und zappt sich zur Lindenstraße durch. Sollen die im Fernsehen doch an ihrer Stelle leben – die können es sowieso besser, die sind schöner und klüger als sie. Und überhaupt: Hier drin ist's so gemütlich.

Der dritte Weg: Alles Wesentliche ist unsichtbar

Die dritte Abzweigung ist als Einzige mit einem Gatter verschlossen – darauf hängt ein Schild mit der Aufschrift: »Der Weg zur Weisheit«. Doch wie sehr sich unsere Heldin auch müht, es lässt sich nicht aufstoßen. Weder Griff noch Schloss sind zu sehen. Und Drüberklettern geht auch nicht, denn die Latten sind zu hoch und laufen nach oben hin gefährlich spitz zu.

»Das fängt ja gut an«, denkt sie. Sie versucht es mit Gewalt, wirft sich mit ganzer Wucht dagegen. Autsch! Die Schulter schmerzt, das Tor ist immer noch zu.

Da kommt ein Wanderer vorbei und lächelt sie freundlich an.

»Wissen Sie, wie das Gatter aufgeht?«, fragt sie ihn.

»Welches Gatter?«, fragt er und geht hindurch, als ob da gar nichts wäre.

Sie traut ihren Augen nicht, ist völlig frustriert.

»Irgendwie muss es doch aufzukriegen sein. Ich muss doch da rein! Ich will doch weise werden.« In ihrer Verzweiflung ruft sie es laut in den Himmel: »Ich will weise werden!!«
Sie traut ihren Augen nicht, denn kaum hat sie es ausgesprochen, öffnet sich leise knarrend das Tor, als sei es nie verschlossen gewesen. Sie holt tief Luft. Dann geht sie mit klopfendem Herzen hindurch und findet sich in einem von Fackeln erleuchteten Tunnel wieder, dessen Wände mit lauter Spiegeln besetzt sind, so dass ihr von allen Seiten ihr eigenes Bild entgegentritt. Doch in dem flackernden Licht der tanzenden Flammen wirken diese Reflexionen sonderbar fremd und unheimlich. »Begegne dir selbst«, schallt es in einem vielstimmigen Singsang aus großen Lautsprechern zu ihr herab.
Mit einem mulmigen Gefühl geht sie weiter und gelangt in eine große, kuppelartige Höhle, von der sternförmig unzählige Gänge abzweigen. »Entscheide dich«, flüstert eine Stimme, die gespenstisch im Gewölbe hallt, doch ein Abzweig sieht wie der andere aus ... Sie zögert, dann fasst sie sich ein Herz und geht einfach in irgendeinen Gang hinein. Sie will hier raus, will endlich weiter, denn sie hat schon zu viel Zeit verloren!
Wo führt der Gang wohl hin? Was sie wohl erwarten wird? Als sie einen Lichtschein in der Ferne sieht, beschleunigt sie ihren Schritt. Fast fühlt sie sich wie Lara Croft, die unschlagbare Kämpferin der virtuellen Welten, ist bereit, sich mit Furcht erregenden Aliens oder Feuer speienden Drachen zu messen. Komme, was da wolle.
Doch was sich ihr am Ausgang des Tunnels bietet, sieht nicht nach großem Abenteuer aus. Es ist die gleiche staubige Landstraße, über die sie bis an das Gatter gekommen ist. Stunde um Stunde läuft sie nun, durstig, hungrig, die Sonne brennt ihr auf der Haut. Da sieht sie am Wegesrand einen alten Mann mit dunkler, zerfurchter Haut, weißem wallendem Haar und

langem Bart sitzen. Neugierig kommt sie näher. Mit vergeistigtem Blick schaut er zu ihr auf.
»Was suchst du?«, fragt er sie.
»Die Weisheit.«
»Da hast du aber Glück! Ich bin ein indischer Heiliger und eigens von den verschneiten Höhen des Himalaja hierher gekommen, um euch Menschen im Westen die Erleuchtung zu bringen. Den Rest des Weges kannst du dir sparen, denn bei mir bekommst du alles, wonach du suchst.«
Erleichtert lässt sich unsere Heldin neben ihn ins Gras sinken.
»Wenn du bereit bist, öffne ich deinen kosmischen Energiekanal. Über den schließt du dich an den Strom der Weisheit an. Natürlich musst du mir erst ein Opfer bringen. Es reicht, wenn du mir zehntausend gibst.«
»Zehntausend?!« Sie ist entsetzt.
»Wenn dir das zu viel ist, kannst du ja weitergehen.« Er deutet mit ausladender Geste über die staubige Straße hinweg zum dunstigen Horizont. Dann schließt er die Augen und fängt an, fremdländisch klingende Worte vor sich hin zu murmeln. Sie schaut auf den Weg. Wer weiß, wo der endet ... Aber zehntausend ... Und ob das mit der Einweihung wirklich funktioniert? Sie hat da ihre Zweifel ... Nein! Nein! Kopfschüttelnd erhebt sie sich und geht.
»Überleg es dir gut«, ruft ihr der alte Mann nach. »Du weißt nicht, was du verpasst. So schnell findest du die Weisheit woanders nicht. Und bei mir bekämst du noch ein eigenes Mantra dazu, das dir alle Türen öffnet.«
Da fällt ihr das Gatter wieder ein, durch das der Fremde einfach so hindurchgegangen war. Es funktioniert also doch!
»Also gut«, sagt sie.
»Dann knie dich vor mich hin und bringe mir dein Opfer dar.«
Sie gehorcht, gibt ihm das Geld, und er summt leise vor sich hin. Lange.

Der Rücken tut ihr weh.
»Das ist immer so, wenn der kosmische Kanal aufgeht.«
Die Beine schlafen ihr ein.
»Das ist normal, wenn dich die niederen Energien verlassen.«
Er klingelt mit einem Glöckchen.
»So, das wär's.«
Sie spürt nichts. »Und mein Mantra?«
»Ach ja. Hätte ich beinahe vergessen: ›Murghs‹.«
»Murghs?«
»Ja.«
»Und jetzt?«
»Jetzt schließ dich an den Strom des Wissens an.«
»Und wie geht das?«
»Zehntausend, und ich sag es dir.«
Wütend springt sie auf und rennt davon. Wie konnte sie bloß auf so einen Scharlatan hereinfallen?! All das schöne Geld! Und so viel Zeit verloren! Warum stellt sie sich bloß so dumm an? Jetzt muss sie sich aber beeilen. Im Dauerlauf keucht sie den Weg entlang, den Blick auf den Horizont fixiert. Die Silhouette eines Berges schält sich aus dem Dunst. Sie läuft und läuft und läuft. Im Schatten eines Baumes bleibt sie schließlich stehen, ringt schwer nach Luft. Sie kann nicht mehr, muss ein wenig ruhen, lässt sich auf den Boden sinken und fällt sofort in einen tiefen Schlaf.
Als sie die Augen wieder aufschlägt, fährt sie zusammen. Rings um sie herum sitzen lauter fremde Menschen – Frauen, Männer und Kinder. Sie starren sie unverwandt an. Träumt sie etwa? Zaghaft richtet sie sich auf. Da werfen sich die Leute ehrfürchtig zu Boden.
»Oh, du große, weise Göttin! Dein Wunsch ist uns Befehl.«
In einer goldenen Sänfte tragen sie sie über verschlungene Pfade weit von der Straße weg in ein entlegenes Dorf, wo ihr die Frauen sogleich ein duftendes Bad bereiten. Sie ölen ihren

Körper, kämmen ihr das Haar und hüllen sie in edle Gewänder. Und ganz gleich ob Mann oder Weib, groß oder klein, jung oder alt – alle liegen ihr zu Füßen. Jeden Wunsch liest man ihr von den Augen ab; und jedes ihrer Worte wird gierig aufgesogen. So viele Menschen können nicht irren! Sie muss wohl wirklich etwas Besonderes sein! Sie! Die große, weise Göttin. Hoch oben auf ihrem Thron sitzend, nimmt sie huldvoll die Ehrbezeugungen ihrer Bewunderer entgegen. In immer größeren Scharen drängen sie zu ihr hin.

Vom frühen Morgen bis in die späte Nacht dauert das Defilee der Gläubigen:

Gib uns Kraft!

Gib uns Heilung!

Gib uns Wohlstand!

Gib und Glück!

Gib uns, gib uns, gib uns!

Tausend Hände strecken sich nach ihr aus, greifen nach ihr, wollen sie berühren. Tausend Münder nähern sich ihr, um ihr die Füße und Hände zu küssen. Sie kommen näher und immer näher.

Da auf einmal packt sie die Panik. Sie springt auf und läuft schreiend davon. Gefolgt von der Meute, hetzt sie durchs Dorf, hinein in den Schutz des Waldes. Weg, nur schnell weg! Eine Lichtung. Ein See. Kopfüber springt sie hinein und taucht hinüber zum anderen Ufer. Gerettet!

Doch kaum hat sich das Pochen ihres Herzens gelegt, da überkommt sie tiefe Verzweiflung. Wo ist sie überhaupt? Wie soll sie zu ihrem Weg zurückfinden? Orientierungslos streift sie durch die Wildnis, sucht nach Wegmarken, an die sie sich erinnern könnte. Immer wieder versperrt ihr Astwerk den Weg, sie verheddert sich in Dornen, läuft mal um mal im Kreise.

Beinahe hätte sie aufgegeben, hätte vor Erschöpfung auf den Waldboden sinken und sterben mögen. Doch plötzlich sieht sie

Licht durch die Bäume schimmern. Sie geht darauf zu und hat bald den Waldrand erreicht. Hoch oben auf einer Anhöhe steht sie nun, vor ihr liegt ein weites Tal. Und dort unten in der Tiefe entdeckt sie ihn – ihren Weg, wie er sich durch die Landschaft schlängelt. Sie folgt ihm mit dem Blick, wie er im Wald verschwindet, dann wieder hervortritt, immer höher hinauf – immer näher zu ihr hin.

Das kann doch nicht sein ... Sie geht ein paar Schritte, erst langsam, dann schneller, die Aufregung lässt ihr Herz höher schlagen. Ja, wirklich! Da ist er! Da ist sie so lang durch den Wald geirrt, glaubte sich schon verloren, und dann führt der Zufall sie ausgerechnet hier aus dem Dickicht heraus, wo sie über ihren Weg förmlich stolpern muss! Beflügelt läuft sie weiter ... Doch kaum hat sie ihn gefunden, da verläuft er im Sande – oder besser: im Kies.

Irritiert lässt sie sich sinken, fährt mit der Hand durch die kleinen, unscheinbaren, grauen Kiesel, als wollte sie zwischen ihnen nach einer Fortsetzung graben. Einen fischt sie gedankenverloren heraus. Ganz glatt fühlt er sich an und liegt gut in ihrer Hand. Es ist der Stein der Weisen, nur sie ahnt es nicht.

Ganz ruhig wird es mit einem Mal in ihr, vergessen all die Hast, und wie sie so da sitzt, hoch oben über der Welt, und ihren Blick gedankenverloren in die Ferne schweifen lässt, taucht plötzlich ihr eigener Lebensweg vor ihr auf. All die Freuden und Mühen der Vergangenheit fallen ihr ein und all die Menschen, denen sie unterwegs begegnet ist. Auch an ihren Mann muss sie denken, wie sie ihn damals kennen lernte, wie verliebt sie in ihn war, wie dringend sie ihn haben wollte und auch, wie sie jahrelang seine schmutzigen Socken vom Fußboden aufgelesen hat.

Mit der Zeit wird er sich bessern, dachte sie anfangs. Hat er aber nicht.

Sie fing an zu mahnen: »Du willst doch den Kindern auch ein

gutes Vorbild sein.« Dann zu nörgeln: »Heb doch bitte deine Strümpfe selbst auf. Ich bin schließlich nicht deine Putzfrau!« Geändert hatte sich nichts. Es wurde eher schwieriger.
»Du hast dich so verändert«, warf er ihr vor.
»Du bewegst dich keinen Zentimeter«, schimpfte sie zurück.
Sie fühlt den Stein der Weisen in der Hand und muss auf einmal lachen. Was für ein alberner Streit! Da zanken sich zwei Erwachsene ein halbes Leben lang um ein paar schmutzige Strümpfe!
Zwar kann er auch in anderer Hinsicht manchmal ein ziemlicher Quälgeist sein – aber er hat es bestimmt auch nicht immer leicht mit ihr gehabt. Sie selbst kann schließlich auch ganz schön nervig sein …
Und seine Seitensprünge? Sie lächelt. Das geile Würmchen caenorhabditis elegans fällt ihr wieder ein, das nur ein paar Tage zu leben hat, weil es sich so sehr in der Hatz nach den Weibchen verzehrt.
Ein winziges Fünkchen Mitgefühl fängt in ihr zu glimmen an, und ihr wird auf einmal ganz warm ums Herz. »Es ist spät geworden«, denkt sie und steht auf. »Höchste Zeit, mich auf den Heimweg zu machen.«
Den Stein der Weisen nimmt sie mit. Und in ihr keimt die Ahnung, dass es irgendwie doch klappen könnte zwischen ihnen – obwohl (oder vielleicht gerade weil) sie Menschen mit Fehlern sind.

6. Kapitel:
Auf den Spuren der Weisheit

Weise – wer ist das schon? Konfuzius oder Laotse fallen uns ein, auch Hildegard von Bingen und Theresa von Avila, große Seelen wie Mahatma Gandhi, manchen von uns vielleicht auch der Dalai Lama – Ausnahmepersönlichkeiten, die uns unerreichbar scheinen.
Oder aber wir denken an Märchenfeen und Elfenköniginnen. Allesamt nicht von dieser Welt! Ebenso wenig wie die Kräuterhexen und Magierinnen, die sich auf dem Markt der esoterischen Eitelkeiten selbst das Qualitätssiegel ans Revers heften, nach dem Motto: »Weise Frau, 20 Jahre alt, mit hoher feinstofflicher Sensibilität, deutet für Sie treffsicher die Zukunft.«

Eine Frage der Definition

Was ist also unter Weisheit zu verstehen? Und wie können wir in unserer Beziehung weise werden? Wenden wir uns auf der Suche nach einer Antwort zunächst zwei sehr unterschiedlichen Frauen zu, und lassen Sie mich bei einem ganz nahe liegenden Beispiel anfangen – bei meiner eigenen Großmutter. Nicht etwa, weil sie, mit den Augen eines Außenstehenden betrachtet, eine so besonders spektakuläre Person gewesen wäre. Im Gegenteil, sie war eine Frau aus dem »einfachen Volk« und ist darum eine gute Stellvertreterin für einen Frauentypus, den Sie bestimmt aus eigener Erfahrung kennen.
Meine Großmutter also. Mit ihrem zerfurchten Gesicht und dem langen, zum Dutt gesteckten weißen Haar erinnerte sie

mich an eine alte Indianerin. In ihrem Leben war sie kaum je aus ihrem oberbayerischen Dorf herausgekommen. Eine großartige Intellektuelle ist sie bestimmt nicht gewesen und mit dem Witwenbuckel und der knittrigen Pergamenthaut an Hals und Händen gewiss auch keine klassische Schönheit. Ein Hutzelweib, würden manche sagen.
1883 wurde sie in einem streng katholischen Milieu geboren. Weder das Elternhaus noch die Schulschwestern in dem eine Wegstunde entfernten Birkenstein ließen viel Raum für freie Entfaltung. Als sie zehn war, starb ihr Vater, und die Mutter musste den Bauernhof allein bewirtschaften. Als älteste Tochter stand sie dabei in der Pflicht.
Nach der Schule arbeitete sie erst als Hausmädchen, dann zog sie für Kost und Logis als Weißnäherin von Hof zu Hof und flickte, was sich noch irgendwie flicken ließ. Sie heiratete, brachte sechs Kinder zur Welt – eins starb bei der Geburt, ein zweites mit sieben, einer blieb im Krieg, eine ward des Lebens müde.
Als ich auf die Welt kam, war sie schon über siebzig und seit einigen Jahren verwitwet. Uns Kindern berichtete sie oft von den alten Zeiten, war dabei jedoch nie weinerlich oder klagend. Sie hatte allerhand spannende Geschichten für uns parat. Wie sie sich im Winter durch Dunkelheit und Schnee kämpfen musste, um zur Schule zu gelangen, und welch schrecklichen Ärger sie bekam, wenn sie dort nicht pünktlich eintraf; wie sie einmal von einer reichen Dame die sagenhafte Summe von einem Pfennig geschenkt bekam und im Devotionalienladen der frommen Schwestern die kleine Krippe mit dem winzigen, wächsernen Jesukind erstand, die sie alljährlich zum ersten Advent aus dem vergilbten Seidenpapier wickelte; wie sie einen verwilderten rot getigerten Kater mit viel Geduld und etwas Milch handzahm machte und dieser dann vom Jäger wegen Tollwutverdachts erschossen wurde, weil er sich zu dicht an Menschen heranwagte …

Wir hingen an ihren Lippen, bettelten sie darum, nicht aufzuhören. Wenn sie erzählte, hatten wir fast das Gefühl, selbst mit dabei gewesen zu sein. Wie gern philosophierte sie über Gott und die Welt. Obwohl sie einen tiefen Glauben hatte, waren ihre Auffassungen alles andere als moralinsauer und verstaubt! Mir ist meine Großmutter als überaus lebhaft, zugleich aber auch als milde und sanft in Erinnerung geblieben. Sie muss aber auch eine andere Seite gehabt haben, warum sonst hätte man an ihrem neunzigsten Geburtstag im Dorf gemunkelt, der Herrgott wolle sie allein wegen ihrer Sturheit nicht zu sich holen, um keine Störung seiner himmlischen Ruhe zu riskieren. Und doch strömten ganze Heerscharen herbei, um sie zu feiern. Weil sie die Menschen mochte, mochten die Menschen auch sie.

Als ihr einer der Redner bei seiner Geburtstagslaudatio aber das Attribut »weise« anhängen wollte, winkte sie ab. Ist das nicht typisch? Wenn alte, ausstrahlungsstarke Frauen auf ihr Leben zurückblicken, behaupten sie durch die Bank, *nicht* weise geworden zu sein.

So auch die Schauspielerin Lotti Huber – das geradezu perfekte Kontrastprogramm zu meiner Oma. Noch im hohen Alter avancierte sie zur Kultfigur der Berliner Künstlerszene, eine schräge, schrullige Person. Mit ihrer mal zur Löwenmähne auftoupierten, mal zum Turban getürmten Haarpracht, ihren spinnenbeinigen Kunstwimpern und grellrot bemalten Lippen war sie weder jedermanns/jederfraus Geschmack noch ein Paradebeispiel für das, was sich die meisten unter einer weisen Frau vorstellen. Und doch ... Ihr bewegtes Leben und ihre Autobiografie »Diese Zitrone hat noch viel Saft« sprechen eine andere Sprache:

Geboren wird Lotti 1912 in Kiel als Tochter reicher jüdischer Kaufleute. In ihrem Elternhaus gehen zahlreiche Künstler ein und aus, den jungen Carl Zuckmayer lernt sie dort ebenso

kennen wie Gustaf Gründgens. Sie, ein unangepasstes Kind, weigert sich, das damals übliche Korsett zu tragen, und fällt durch anzügliche Reden auf. »Darüber spricht man nicht«, ist eine der Standardermahnungen ihrer Mutter.
Ihren Berufstraum, Tänzerin zu werden, erfüllt sie sich gegen den Willen der Familie. (Statt aber wie ihre Kolleginnen im wallenden Gewand aufzutreten, tut sie es auch schon mal nackt.) In der Liebe sorgen die Nazis jedoch für ein jähes Erwachen aus ihren großen Träumen: Ausgerechnet in Hillert Lueken, den Sohn des damaligen Kieler Oberbürgermeisters Emil Lueken, muss sie sich verlieben. Die jüdische Künstlerin und der Arier aus gutem Hause – »Rassenschande« hieß so ein Verhältnis bei den Nationalsozialisten.
Sie brennt mit ihrem Mann nach Berlin durch, erlebt wilde Jahre in der pulsierenden Metropole und hat erste künstlerische Erfolge – bis nach einer rauschenden Nacht mit Hillert eines Morgens um fünf die Gestapo vor der Tür steht. Hillert kommt »unter ungeklärten Umständen« ums Leben, sie selbst wird ins KZ Lichtenburg verschleppt.
Doch sie hat offenbar einen guten Schutzengel. Nach einem Jahr gelingt es einer amerikanischen Organisation, sie freizukaufen. 1938 emigriert sie zunächst nach Palästina, wo sie sich im Ausdruckstanz perfektioniert. Bald aber merkt sie: Von »großer Kunst« kann man nicht leben. Sie ändert darum radikal ihren Stil, übersteigert die bislang so überaus ernst genommenen Posen zur Groteske und erntet Begeisterungsstürme in den Nachtclubs von Kairo – vor allem vom männlichen Publikum. Den Entschluss, ins Nachtleben einzusteigen – so ist in ihrer Autobiografie zu lesen –, hat sie nie bereut.
Von Ägypten aus geht Lotti Huber nach Zypern, dann nach London. Erst mit sechzig Jahren kehrt sie in ihre Wahlheimat Berlin zurück und fängt dort bei Null wieder an: Sieben Jahre lang hält sie sich als Übersetzerin von Trivialliteratur über

Wasser und verdient sich als Markenartikel-Promoterin ein wenig hinzu. Schließlich wird sie mit weit über siebzig von dem Regisseur Rosa von Praunheim entdeckt und mit Filmen wie »Unsere Leichen leben noch« und »Affengeil« berühmt. Nicht nur als Schauspielerin und Tänzerin tritt sie auf, auch als Sängerin, Entertainerin und Schriftstellerin macht sie sich einen Namen – ein echtes Allroundtalent, das auch und vor allem junge Leute begeistert.
Zu ihrem letzten großen Auftritt erscheint sie ganz in Weiß. Verschmitzt erklärt sie: »Das Baby trägt weiß, die Braut trägt weiß, und da, wo ich bald hintrottele, passt das auch.« Kurz darauf stirbt sie mit 85 an Herzversagen.
Zum Thema Weisheit ist in ihrer Autobiografie zu lesen: »Ich bin nicht die alte, weise Frau, die erhaben über dem Leben steht. Ich riskiere, ich fordere heraus, ich will mittendrin stehen. Ja, das Leben ist für mich eine großartige Reise – und ganz bestimmt kein Wartesaal. Jede Zeit ist meine Zeit!«
Auch sie also eine Frau, die sich selbst nicht für weise hielt …

Der gemeinsame Nenner

Was haben Lotti Huber und meine Oma gemeinsam? Auf den ersten Blick nicht viel, außer, dass sie sich im hohen Alter nicht für weise hielten: Hier die greise Landpomeranze aus dem Tausend-Seelen-Kaff, dort die in die Jahre gekommene, schrille Glamour-Diva aus der Hauptstadt an der Spree. Bajuwaren-Slang gegen Kodderschnauze. Rosenkranz gegen Riesenbrilli …
Doch wie wir aus Saint-Exupérys kleinem Prinzen wissen, ist alles Wesentliche unsichtbar. Auch der Stein der Weisen, den unsere dritte Heldin am Ende ihrer Reise in Händen hielt, war von außen nicht als solcher erkennbar. Und doch hat sie es

geschafft, auf der Suche nach ihm ihren ganz persönlichen Weg zu finden. Bei allen Schwierigkeiten und Verirrungen: Erst hat sie ihr Ziel klar formuliert und dadurch den Aufbruch geschafft. Sie hat den falschen Heiligen enttarnt und ist freiwillig von dem Sockel herabgestiegen, auf den die Schar ihrer Bewunderer sie gestellt hatte. Dass andere sie für großartig und weise hielten, konnte sie letztlich nicht voranbringen – eher schon die Erkenntnis, dass sie nicht göttlich, sondern menschlich ist. Nur wer um die eigene Fehlbarkeit weiß, der kann auch anderen ihre Unzulänglichkeiten verzeihen.

Das haben auch Lotti Huber und meine Großmutter verstanden. Der gemeinsame Nenner zwischen ihnen liegt nicht auf der äußeren Ebene. Schauen wir unter die Oberfläche, fallen allerhand Parallelen auf:

So verschieden sie auch sein mochten, beide Frauen strahlten eine großartige Gelassenheit aus. Sie hatten so viel gesehen, so viel Aufregung erlebt, die sich dann doch als Sturm im Wasserglas entpuppte, aber auch so viel wirklich Tragisches. Ob der grausame Tod des Geliebten, die Internierung im KZ, ob Armut und Entbehrungen oder der Verlust des Vaters und gleich mehrerer eigener Kinder – Anlässe zum Verzweifeln hätte es für beide wahrlich genug gegeben. Und doch kam bei keiner Verbitterung auf. Die Faszination vom Leben, der Humor, die Freude an den kleinen Dingen waren offenbar stärker als alle Widrigkeiten.

»Der Schnee lag hoch, und das Leben war karg. Aber zum Lachen hat es immer was gegeben«, sagte meine Großmutter in ihrer schlichten Art. Lotti, die Gebildete, formulierte es so: »Ich fühlte mich frei, wie ich mich mein ganzes Leben lang frei gefühlt habe. Auch in bösen Zeiten.«

Das Alter war für beide Frauen offenbar alles andere als ein Schreckgespenst. Lotti mit 84: »Mein Alter hat mit dem Abstand, den man von den Dingen hat, mit dem Wissen, das man über gewisse Dinge hat, einen unerhörten Reiz.« Und meine Großmutter strahlte über das ganze knittrige Gesicht, die Lippen von frischem Holundersirup dunkel verfärbt: »Dasitzen können, auf der Bank vor dem Haus, am helllichten Werktag im Sonnenschein, was könnt's Schöneres geben!«

Es liegt an uns, ob wir wie sie die schönen Seiten des Lebens genießen oder mit heraushängender Zunge im Hamsterrad des Jugendkults rennen wollen – ob wir das Leben mit all seinen Höhen und Tiefen auskosten und genießen oder uns vor lauter Verzweiflung über die schreckliche Welt (und den noch viel schrecklicheren Gatten) in unsere Höhle verkriechen. Ob dauerkonservierte Prinzessin oder depressive Jammerfigur – wer immer nur mit sich beschäftigt ist, wählt den Weg der Einsamkeit. Er hat in seinem Leben keinen Platz für andere – für den Partner nicht und auch sonst für keine Menschenseele.

A propos Einsamkeit: Allein waren beide Frauen selten, denn sie zogen viele Leute an. Weil sie so klug und allwissend waren? Nein! Weil ihnen bewusst war, dass sie eben nicht alles wussten! Weil sie fehlbar waren und es über die Jahre hinweg nicht vergessen hatten. Weil die Gelenke ihres Zeigefingers sich nicht schulmeisterlich versteift hatten. Weil sie seltener über andere lachten als über sich selbst. Weil sie sich nicht für weise hielten.

Aber es gibt da noch etwas, was die zwei Frauen verbindet: Beide liebten die Männer. Wie es in Großmutters Liebesleben ausgesehen haben mag, dazu ist mir wenig bekannt. Außer, dass ihr künftiger Gatte sie, nachdem er sie geschwängert hatte, erst einmal sitzen ließ. Ob sie Spaß beim Akt empfand, wer weiß? Über »so etwas« sprach weder man noch frau.

Aber wenn mein Vater – ihr Schwiegersohn – den Raum betrat, fingen ihre Augen zu funkeln an. Da strich sie sich das Haar zurecht und richtete ihren sonst so gebeugten Rücken auf. Ihre Zuneigung drückte sie nicht über die Versorgungsschiene aus, über die so manche Schwiegermutter die Gunst des töchter-

lichen Angetrauten zu erlangen sucht. (Motto: Ich stopfe dich mit meinem Weihnachtsbraten ab, also liebe mich!) Wenn er da war, brannte ihr eher der Kaiserschmarrn an, weil sie sich mit ihm so glänzend unterhielt – eine platonische Liebesbeziehung, die durchs Herz und nicht durch den Magen ging.
Auch Lotti Huber hatte Männer regelrecht bewundert, und sie wusste genau, was ihr gefiel. »Ich selbst hatte komischerweise nie junge Liebhaber«, meinte sie einmal in einem Zeitschriften-Interview. »Ich hatte gerne den *sophisticated Gentleman* mit den grauen Schläfen ... Männer, die wussten, worum es ging, und das nötige Know-how hatten.« Und in ihrer Autobiografie beschreibt sie, wie ein britischer Colonel – der spätere Ehemann Nummer eins – eine Seezunge zerlegt: ein erotischer Genuss!

Die Emanzen-Falle

Die große Hingabe an das andere Geschlecht lässt besonders jene von uns hellhörig werden, die durch frauenbewegte Zeiten gegangen sind. Schwingt nicht allein schon in dem Wort »Hingabe« ein verdächtiger Beigeschmack von typisch-weiblicher Dummheit mit?
In der Tat hatten weder die bayerische Oma noch die Glamour-Lotti mit Feminismus viel am Hut. Erstere lebte zu tief im weißblauen Hinterwald, um je davon gehört zu haben. Und Letztere fand nach eigenem Bekunden jede Form von Emanzen-Attitüde entsetzlich. Alice Schwarzer, die Speerspitze der deutschen Emanzipationsbewegung, hätte für jede von ihnen die passende Schublade parat: Die eine landet in der des Weibchens (Stempel: blöd), die andere in der des Lust-Objekts (Stempel: Verräterin an der weiblichen Sache).
Wie wir auch zu Alice Schwarzer stehen mögen – keine hat wie

sie unser heutiges Bild von den Geschlechtern geprägt. Als sie sich 1974 das legendäre »Hennen-Hack-Duell« (*Die Welt*) mit Esther Vilar lieferte und vor versammeltem Fernsehpublikum deren Buch vom dressierten Mann zerpflückte, katapultierte sie sich mit einem Streich ins Bewusstsein der bundesdeutschen Öffentlichkeit. Ein Jahr später brachte sie sich mit ihrem Werk vom kleinen Unterschied und seinen großen Folgen endgültig den Ruf als Männerschreck ein.

Wie keine Zweite polarisierte sie die Fronten: Ihre Gegner waren vor allem die Männer, die um Himmels willen alles beim Alten lassen wollten, ihre Befürworterinnen die unzufriedenen Geschlechtsgenossinnen, die das Heimchen-am-Herd-Spielen satt hatten. Dazwischen aber gab es das Heer der fügsamen Frauen, die sich bis dahin über die bestehenden Verhältnisse kaum Gedanken gemacht und Politik mit dem Satz »Davon versteh ich nichts!« lieber den Männern überlassen hatten. Genau sie aber waren die eigentliche Zielgruppe der streitbaren Emanze. Denn auch wenn sich diese braven Hausfrauen und Mütter offiziell noch hinter ihre Männer stellten und gegen die Schwarzer wetterten: Sie fingen doch an nachzudenken. Ist es tatsächlich allein den Frauen gegeben, Socken zu waschen und zu stopfen? Sind Männer wirklich unfähig, einen Putzlappen zu schwingen? Und wenn ja: Welcher Gendefekt hält sie davon ab?

Alice Schwarzer war es, die die Frauenbewegung aus ihrem Nischendasein herausgeholt und unters Volk getragen hat. Die meisten spürten, dass es höchste Zeit gewesen war, die alten Zöpfe des Rollenverständnisses abzuschneiden. Und zweifellos ist unter ihrer Ägide einiges bewegt worden – von der Liberalisierung des Paragrafen 218 über die verbesserten Bildungs- und Berufschancen bis hin zum gewachsenen Selbstbewusstsein der Frau in der Auseinandersetzung mit Männern.

Diese Fortschritte wurden nicht zuletzt deswegen erzielt, weil sich mit Alice Schwarzer eine beharrliche, unerbittliche Kämpferin an die Spitze der Emanzipationsbewegung setzte. Niemand gibt gern seine Pfründe auf, und um den Männern einen Teil ihres angestammten Reviers abzunötigen, brauchte es schon eine spitze Zunge und ein dickes Fell. Alice Schwarzer war unsere Frau fürs Grobe, und auch diejenigen unter uns, die sie nicht mögen, nehmen gern die Vorteile in Anspruch, welche sie für uns erstritt.

Dennoch: In unablässiger Dauerberieselung haben sie und ihre *Emma* nicht nur unser Bild vom guten alten Patriarchen mit der Beharrlichkeit des steten Tropfens unterhöhlt, sondern auch eine ganz neue Vorstellung entstehen lassen – nämlich die vom Mann als elendem, ausbeuterischem, Frauen verachtendem Schwein. Er ist böse. Immer. Überall. Vor allem beim Sex. Der Koitus, zu dem er sie dauernd zwingt, bringt ihr nur Verdruss und nur ihm Genuss. Wir Frauen hingegen sind gut – oder im schlimmsten Fall nur zu dumm bzw. ideologisch irregeleitet.

Auch wenn die schwarz(er)-weiß-denkenden Fundamental-Feministinnen inzwischen eine aussterbende Spezies sind und selbst die Jeanne d'Arc der Bewegung heute moderater klingt als noch in den siebziger Jahren (sollte auch sie etwa mit den Jahren weiser geworden sein?), ist das feministische Klischee vom Mann als Bösewicht mittlerweile so tief in uns verankert, dass wir es bei jeder Gelegenheit unhinterfragt aus dem Ärmel ziehen.

Wir werfen zwar nicht mehr laut johlend unsere Büstenhalter als Symbol für sexistische Unterjochung auf den Scheiterhaufen oder laufen aus Prinzip in Liebestötern Marke Doppelripp herum. Im Gegenteil: Wir leisten uns sogar gern wieder den Luxus von Spitzendessous. Aber nur, wie wir sogleich versichern, um uns selbst zu gefallen. Für den Mann tun wir es nicht! Wir doch nicht! Wo kämen wir denn da hin?

Dass die von der Chef-Emanze verordnete Vorstellung vom Mann als Triebtäter möglicherweise auf dem geistigen Nährboden des Lesbentums gewachsen sein könnte, erfuhren wir erst 1998 aus Bascha Mikas kritischer Alice-Schwarzer-Biografie, die deren Homosexualität ein ganzes Kapitel widmete – zu diesem Zeitpunkt hatten wir bereits an die dreißig Jahre Gehirnwäsche hinter uns. Alice Schwarzer hat sich vehement gegen die unautorisierte Offenlegung solch privater Details gewehrt, obwohl gerade sie mit Blick auf das Leben anderer das Private zum Politischen erklärt hatte.

Ob es nun stimmt oder nicht – Tatsache ist, dass der Feminismus in Deutschland weitgehend von der Lesbenbewegung geschluckt ist. Ein Blick ins Internet reicht, um zu sehen, wie sehr die »Frauenseiten« der feministischen Szene mit lesbischen Inhalten gefüllt sind.

Die Wurzeln dieses Phänomens reichen weit zurück: Schon die französische Urmutter der emanzipierten Frauen, Simone de Beauvoir, umgab sich lieber mit Frauen. Zu Lebzeiten gelang es ihr nicht, offen zu ihrer Homosexualität zu stehen, was in der damaligen Zeit sicher mehr als verständlich war. Immerhin sorgte sie für eine posthume Verbreitung der Wahrheit. Ob sie zu Sartre, den sie ihren männlichen Zwilling nannte, nur eine Brüderchen-und-Schwesterchen-Verbindung hatte und er ihr als Feigenblatt in Sachen geschlechtlicher »Normalität« diente, ist nicht bekannt. Ihre große Utopie von der Geschwisterlichkeit der Geschlechter deutet aber durchaus in diese Richtung.

Ob in der französischen oder deutschen Frauenbewegung: Es galt schon als Verrat an der Emanzipation, sich von einem Mann beim Reifenwechseln oder technischen Alltagsproblemen helfen zu lassen. Mit einem ins Bett zu gehen erschien gleich doppelt dubios. Lesbisch zu sein wurde zu einer Frage der Ideologie. Und bald gesellten sich zu den »Bauch-Lesben«, die vom Trieb auf Frauen gepolt waren, die »Kopf-Lesben«

hinzu, die aus Prinzip und schwesterlicher Solidarität keinen Mann an sich heranlassen wollten.
Nun ist die sexuelle Orientierung zwar jedermanns/jederfraus Privatsache, in diesem Fall aber ist sie schon pikant, haben sich doch ausgerechnet die großen Feministinnen in Sachen Sex als Fürsprecherinnen der gesamten Weiblichkeit ausgegeben. Wie aber können uns Frauen, die gar nicht wirklich mit einem Mann zusammenleben wollen, als Vorbilder in Sachen Beziehung dienen?
Die Kirchen haben wenigstens immer offen zu ihrer Auffassung gestanden, dass Sex eine schmutzige Angelegenheit sei. Wenn schon ins Bett, dann bitte nur zum Zweck der Zeugung. Mit Trauschein, aber ohne Licht und Lust. Und nachher ganz schnell waschen! Gegen solche offenen Attacken auf die Freuden der Liebe können wir uns wehren, indem wir ihnen eine ebenso klare Absage erteilen.
Die Frauenbewegung hingegen hat ebendiese Botschaft durch die Hintertür an uns herangetragen. Mann und Frau sollen gleich sein. Dazu muss ich ihn entmachten, ihn entmannen, ihm den Schwanz abschneiden. Gar nicht so übel, der Gedanke … Solange aber diese feministische Programmierung in unserem Unterbewusstsein wirkt, können wir uns ein gutes Verhältnis zu Männern abschminken. Die Kerle spüren doch, dass wir ein Messer im Ärmel haben oder jederzeit bereit sind, mit dem Mundwerk kraftvoll zuzubeißen!
Es ist kein Zufall, dass die Berliner Punkband *Die Ärzte* mit ihrem Song »Männer sind Schweine« vor allem bei uns Frauen einen Hit landeten. Ungewöhnlich groß war die Zahl derer, die den Liedtext binnen Tagen auswendig konnten und inbrünstig mitträllerten, wann immer er aus dem Radio dröhnte (was in jenem Sommer 1998 im Stundentakt geschah). Das, was die schrägen Typen der Band da so selbstironisch vorbrachten, sprach uns direkt aus dem Herzen:

Männer sind Schweine.
Traue ihnen nicht, mein Kind.
Sie wollen alle nur das Eine,
weil Männer nun mal so sind.

Noch lauter johlten wir mit, als es darum ging, wie sich der Traumprinz entwickelt, sobald wir die Hochzeitsnacht hinter uns haben:

Doch zeigt er dann sein wahres Ich,
ganz unrasiert und widerlich:
Trinkt Bier, sieht fern und wird schnell fett
und rülpst und furzt im Ehebett …

Mal ganz ehrlich, sind sie wirklich so furchtbar, unsere Männer? Und wenn ja: Warum leben wir dann überhaupt mit ihnen zusammen?
Die Mehrzahl von uns will auf einen Kerl an Tisch und im Bett einfach nicht verzichten. Wir meckern und nörgeln und lassen kein gutes Haar an ihnen, aber wenn es so aussieht, als könnten sie sich freiwillig aus dem Staub machen, kriegen wir die Krise und heulen Rotz und Wasser.
Wenn wir in Sachen Partnerschaft weise werden wollen und möchten, dass unsere Beziehungen halten, müssen wir uns aus der Emanzen-Falle befreien und uns von der Emanzipation emanzipieren. Wir müssen uns entscheiden, ob wir den Mann so haben wollen, wie er ist.
Betrachten wir ihn aber als Feind, dann sollten wir ihn verlassen, bevor er uns verlässt. Die von der Situation geforderte Habachtstellung törnt einfach zu sehr ab. Mit Frost im Herzen liebt es sich nicht gut.

Bühne frei!

Glauben wir den Feministinnen, ist es eine der ärgsten Todsünden der emanzipierten Frau, sich für einen Mann begehrenswert zu machen, würden wir uns doch dadurch zum Lustobjekt degradieren und uns in bedrohliche Nähe zu Verona Feldbusch begeben. Albernes Girlie-Gekichere, dümmlich geöffneter Kussmund, Stöckelschuhe, mit denen keine laufen kann – das ganze Repertoire der Schön-aber-dumm-Frauen fällt uns ein. Wer will schon mit so einer in einem Topf landen?
Doch wir sollten einen Schritt zurückzutreten und die Sache mit Abstand betrachten: Wer kämpft, so wissen wir aus Erfahrung, argumentiert gern mit plakativen Extremen, die mit der Wirklichkeit wenig zu tun haben. Zum einen stehen bestimmt nicht alle Männer auf alberne Barbie-Frauen à la Verona (wenn sie auch alle hingucken). Zum anderen läuft kaum eine von uns Gefahr, zur Sexbombe vom Dienst zu werden, nur weil sie sich die Wimpern tuscht oder sich gelegentlich in hochhackige Riemchenschuhe zwängt.
Sind wir endlich die prüden Gouvernanten los, die uns früher mit verkniffenem Mund die Moralkeule überzogen, um uns das Herausputzen auszutreiben, wollen uns dies heute die Vorkämpferinnen der Frauenbewegung verbieten, weil es »unserer gemeinsamen Sache« schadet. Unter einer Knute scheinen wir offenbar immer zu stehen …
Wir finden uns in einem Zwiespalt wieder: Auf der einen Seite vermitteln die Medien den Eindruck, dass nur die Schönen etwas gelten, und auf der anderen Seite wird begehrenswert zu sein zum Tabu erklärt. Wirklich zufrieden mit dem eigenen Körper sind aber sowieso die wenigsten von uns. Kaum eine sieht so aus wie die Magermodels, die uns aus allen Richtungen entgegenlächeln. Welche von uns findet sich selbst schon rundum attraktiv?

In ebendiese Kerbe schlagen die feministischen Solidaritätsaufrufe treffsicher hinein. Wo sowieso schon alles zu spät ist und ich sowieso furchtbar hässlich bin, kann ich mir die Mühen auch gleich sparen. Wozu noch die Beine rasieren, die Brauen zupfen, die Nägel lackieren? Warum nicht ein zweites Stück Torte bestellen? Die Männer sollen uns gefälligst ausschließlich um unserer inneren Werte willen lieben.

Ob wir aber die Schönheit zum Kult erheben oder uns ihr verweigern, sind zwei Seiten ein und derselben Medaille. In beiden Fällen bleiben wir an der Oberfläche hängen. Attraktivität ist doch mehr als eine gelungene Kombination optischer Reize! Wir sind in dem Augenblick begehrenswert, in dem wir uns selbst begehrenswert fühlen. Hören wir also endlich auf, unsere Schönheit mit dem Millimetermaß am Taillenumfang nachzumessen oder uns völlig gehen zu lassen! Suchen wir das rechte Maß. Kasteiung macht ungenießbar. Völlerei macht fett. Erheben wir lieber den Genuss zum Prinzip. Als Genussmensch lebt es sich leichter. »Mit einem zusammen auch«, fügen unsere männlichen Gefährten grinsend hinzu.

Ganz gleich, ob wir dem gängigen Schönheitsideal nun entsprechen oder nicht – macht es nicht ungeheuren Spaß, sich aufzuputzen? Sollen wir uns das nehmen lassen? Nein! Betreten wir die Bühne der Eitelkeiten und lassen wir uns das Rampenlicht auf den Bauchnabel scheinen! Haben wir Frauen durch Schönheit nicht auch Macht? Liegt in der Attraktivität nicht auch Stärke? Schließlich suchen wir die Männer aus – nicht umgekehrt! Kosten wir den Applaus und genießen wir ihre begehrlichen Blicke!

Wenn wir genau in uns hineinhören, werden wir irgendwann spüren, dass es an der Zeit ist, in der Loge Platz zu nehmen und das Podium für unsere Töchter frei zu machen. Von unserem bequemen Platz aus können wir ihnen beim Spielen zuschauen, stolz darauf, wie schön sie sind. Neidlos, denn wir haben unsere

Zeit gehabt. Wie sagte Lotti Huber so schön? »Neid ist, wenn der Mensch arm ist und nicht lebt, wie er wirklich möchte.«

Einbahnstraße zur Einsamkeit?

Eine weitere Vorstellung bringt die Feministinnen der alten Schule um ihre wohlverdiente Nachtruhe: der Albtraum, von einem Mann abhängig zu sein, da dies die Frau doch auf Nimmerwiedersehen im Lager der ausgebeuteten Sklavinnen verschwinden lässt. Allzeit stark sollen wir sein. Wie dereinst die gute Brunhilde im Nibelungenlied.

Aber meldet sich in uns nicht auch eine ganz andere Stimme? Eine, die sich nichts Sehnlicheres als eine Schulter zum Anlehnen wünscht? Die sich nach einem perfekten Mann verzehrt, der wirklich unserer Liebe wert ist? Der uns verehrt, bewundert und im Bett auf uns einzugehen weiß? Der mal leidenschaftlich und mal zärtlich ist, ganz wie es die Situation verlangt? Einen Typ, auf den Verlass ist und der zugleich für Spannung sorgt? Wenn uns so einer über den Weg liefe – den würden wir bestimmt nicht von der Bettkante stoßen.

Wo aber ist dieser überirdische Adonis, der uns die Welt zu Füßen legt? Das eine oder andere Mal glaubten wir schon, ihn endlich gefunden zu haben – bis die Seifenblase platzte, weil auch er durch den Rost fiel. Welches Glück, dass wir – emanzipiert wie wir sind – von ihm nicht abhängig waren. Da steht einer Trennung nichts im Wege. Wie viele von uns haben das Spiel nicht nur einmal, sondern gleich mehrmals durchexerziert.

Also auf zu neuen Ufern! Damit es diesmal nicht schief geht, machen wir uns systematischer an die Sache heran und lesen alle Frauenzeitschriften, die uns in die Hände fallen. Darin lauter Fragebögen. Checklisten. Übersichten über Mängel und

Problemkreise. Perfekt. Sogar der Warnhinweis auf »toxische Schwiegereltern« ist nicht vergessen worden. Prima. Damit wird es bestimmt klappen!
Das Problem ist nur: Der Typ, mit dem wir uns per Zeitungsannonce verabredet hatten, war die totale Nullnummer. Da brauchen wir mit dem Abhaken der positiven Eigenschaften gar nicht anzufangen. Der hat einfach keine. Pech gehabt! Der Nächste steht auf Latex. Der Übernächste ist eigentlich schon fast von seiner Frau getrennt und verbringt nur noch den Urlaub mit ihr. Einer sucht eine herzensgute Ersatzmutter für seine drei Kleinkinder, ein anderer borgt sich unser Handy, weil er keine Einheiten mehr auf seiner Karte hat. Und ob wir ihm sein Bier bezahlen könnten, er habe vergessen, Bargeld zu holen ...
Wo sind bloß die guten Männer geblieben? Wir finden sie einfach nicht! Selbst die Typen, die anfangs vielversprechend wirken, halten keiner Prüfung stand. Und so stellt sich für eine wachsende Zahl von Frauen in mittleren Jahren nicht die Frage, wie sie mit ihrem Partner auf Dauer glücklich werden können. Sie grübeln vielmehr verzweifelt, wie und wo überhaupt ein geeigneter Kandidat zu finden ist.
Erica Jong, die in den siebziger Jahren mit ihrem Roman »Angst vorm Fliegen« für Aufruhr sorgte (die Heldin der Geschichte, Isodora Wing, ringt nicht nur um Selbstverwirklichung, sondern auch um das Recht der Frauen auf Spontansex), ist eine der prominenten Vertreterinnen der Frauenbewegung, die selbst genau in dieses Dilemma geraten ist. Auch sie sei, so schreibt sie in einem Spiegel-Spezial-Essay, mit der Vorstellung von der Frau als dem schwachen, auf männliche Unterstützung angewiesenen Geschlecht aufgewachsen – und sei sich dann zunehmend ihrer Stärke bewusst geworden: »Wir merkten, dass wir eher imstande waren, Männer unter unsere Fittiche zu nehmen, als welche zu finden, die uns unter die ihren nahmen.«

Dreimal hat sie den Sprung in die Ehe gewagt, dreimal endete der Traum vor dem Scheidungsrichter. Ihre Vision vom perfekten Mann – eine Kombination aus hübschem Jüngling und Daddy zum Anlehnen – ist unerfüllt geblieben. Die Messlatte lag einfach zu hoch. Doch: »In dem Maße, wie ich mir über die Schwächen meines eigenen Charakters klar wurde, wuchs meine Bereitschaft, einen Partner zu wählen, der ebensolche Schwächen hatte.« Und: »Früher war ich fasziniert von den Dingen, an denen Beziehungen zerbrechen. Heute finde ich spannender, was sie erhält.«
Hier fällt mir der Satz eines Mannes ein, der im Umgang mit dem anderen Geschlecht alles andere als rücksichtsvoll und umsichtig war: John F. Kennedy. Doch was er mit Blick aufs Gemeinwesen sagte, entbehrt einer gewissen Weisheit nicht: »Frage nicht, was dein Land für dich tun kann. Frage, was du für dein Land tun kannst.« Wenn wir »Land« durch »Beziehung« ersetzen, könnten wir dem Traum vom dauerhaften Liebesglück ein gutes Stück weit näher rücken.

Die böse, böse Schlange

Weisheit, Gelassenheit, Nachsicht – die Schlüssel für eine gelungene Partnerschaft baumeln direkt vor unserer Nase. Warum greifen wir nicht danach? Was hält uns zurück? Irgendetwas in uns wehrt sich doch noch …
Wir haben im Laufe der Jahre viel erfahren und gelernt, haben uns im Strom des Lebens die Ecken und Kanten abgeschliffen (freilich ohne dabei profillos zu werden!). Wir könnten milde und versöhnlich werden, das Schwarz-Weiß-Denken von gut und böse hinter uns lassen und uns in die unendlich variantenreiche Sphäre der Zwischentöne begeben.
Dennoch haben wir Angst, den Schritt zur Weisheit zu tun.

Instinktiv spüren wir: Wer einmal in den Apfel der Erkenntnis gebissen hat, der kann nicht mehr zurück. Tun wir es, müssen wir nämlich das gemütliche Paradies der Naivität, der einfachen Lösungen, der schnellen Wertungen verlassen und uns der rauen Wirklichkeit stellen. Wir müssen Verantwortung für uns selbst übernehmen und können, wenn es uns schlecht geht, die Schuld nicht mehr bei anderen suchen – den bösen Männern, den undankbaren Kindern, der unbarmherzigen Leistungsgesellschaft ...

Andererseits: Wer nicht naiv ist, traut sich mehr (zu) und ist nicht so leicht zu manipulieren. Nicht ohne Grund wird die Schlange von den christlichen Kirchen verteufelt: Dumme Schäfchen hüten sich leichter. Weise Frauen schubst keiner herum. Sie kämpfen nicht und gehen trotzdem ihren Weg. Und sie sind bereit, ihren Einsatz zu bringen – auch und gerade in Sachen Beziehung.

7. Kapitel:
Der Ein-Prozent-Mann

Die Klischeevorstellung von der Schlechtigkeit des Mannes aufzugeben ist alles andere als einfach, selbst für jene unter uns, die nachsichtig(er) und weise(r) geworden sind. Schließlich haben wir Augen im Kopf und eine blank geputzte Brille auf der Nase. Wenn wir das uns angetraute Prachtstück (so wir eines haben) auf der heimischen Ofenbank hocken sehen, mag es zwar einen überaus harmlosen Eindruck machen. Viel zu harmlos, finden wir manchmal. Aber draußen, auf freier Wildbahn, bleibt uns dennoch sein lüsterner Blick nicht verborgen ...
Stecken wir ihn also zurück in die Schublade der gängigen Rollenvorurteile, bevor er größeren Schaden anrichtet ... Doch Halt! Wir tun ihm unrecht! Zugegeben, er will immer nur das Eine. Aber muss das unbedingt schlecht sein?

Als die Frau den Mann erschuf

Erinnern wir uns: Als wir Frauen in den siebziger Jahren auszogen, die Kerle das Fürchten zu lehren, taten wir das nicht ohne Erfolg. Und wie sie vor uns zitterten! So sehr, dass eine erkleckliche Zahl von ihnen ihre Fehler einsah und Besserung gelobte. Auch Männer wollen schließlich geliebt werden. So lernten sie nicht nur bügeln und stricken, sondern auch ihre Gefühle zu zeigen – in Männergruppen tauschten sie sich bald nach bester weiblicher Manier über ihre Probleme aus. Es dauerte nicht lang, und sie bekamen diesen verständnisvollen

Ich-weiß-wovon-du-redest-Blick. So geschah es, dass aus so manchem wilden Eber mit der Zeit ein rosa Hausschwein wurde.
Zuerst freuten wir uns über die gelungene Transformation. Dann fingen wir an zu gähnen. Entsetzt mussten wir feststellen, was für einen Langeweiler wir uns herangezüchtet hatten. Da aber saßen wir schon in der Falle, denn sich einen Typen erst passgenau zurechtzubiegen, um ihn dann eiskalt fallen zu lassen, schien uns schlichtweg unfair. Schließlich entsprach das Produkt, das wir geschaffen hatten, haargenau unseren Wünschen. Aber wie der Volksmund sagt: »Der Mensch begehrt, was er nicht hat. Was er besitzt, wird ihm zur Last.«
Also zurück ins Umerziehungslager! Der »neue Mann« muss her. Einer, der seinen Mann auch steht. Hatte sich das 68er Modell in puncto Körperhaltung und Gesichtsbehaarung stark dem Neandertaler angenähert, soll es jetzt was fürs Auge sein. Als Erstes schicken wir ihn zum Friseur. Dann ins Fitness-Studio. Trainingsziel: schmale Hüften, breites Kreuz und Waschbrettbauch. Nicht ganz so muskulös wie ein Bodybuilder soll er sein. Wir mögen es glatter, dezenter. Leibwächterlook.
Die Häkelpullunder, Frotteesocken und Schlabberhosen müssen auch verschwinden. Ebenso wie die Leisetreter. Anzug ist wieder gefragt und poliertes Schuhwerk im Oxford-Design. Wir bringen ihm bei, die richtige Krawatte zum Hemd zu wählen und sich Fuß- und Fingernägel zu maniküren. Und die eine oder andere von uns entschließt sich, seinen Rasierapparat zu kassieren und ihn nur alle drei Tage einmal zur Benutzung freizugeben. Sie steht auf den virilen Touch.
Bei der Männergruppe melden wir ihn selbstverständlich auch ab, seinen Weltschmerz hat er lang genug bearbeitet. Dafür buchen wir diverse Kurse: »Essen ohne Kleckern« gehört zum

Basispflichtprogramm. »Niveauvolles Plaudern I und II« auch. Ebenso wie »Sensibilität im Umgang mit menstruierenden Frauen«. Und natürlich: »So bleibe ich ewig treu«.
Geschafft!
Treten wir also zurück, und betrachten wir unser Werk. Nicht schlecht! Mit dem Ergebnis kann frau sich sehen lassen!
Neu gestylt schicken wir ihn zur Arbeit. Weg mit den Schlaffis, die auf unsere Kosten den Hausmann spielen. Mäuse soll er heimbringen! Je mehr, desto besser! Und siehe da: Im neuen Outfit macht er prompt Karriere. Bravo! Wir können uns selbst auf die Schulter klopfen. Hinter jedem erfolgreichen Mann steht eben doch eine kluge Frau.
Und welchen Traumprinzen modellieren Sie sich zurecht? Einen wie Richard Gere? In dem Film »Untreu« können Sie zusehen, wie er in der Rolle des Edward Sumner mit seiner Frau Connie (Diane Lane) den großen Traum vom Eheglück lebt. Ein hübsches Haus in bester Villenlage, ein wohlgeratener (wenngleich ein wenig altkluger) Sohn, ein Hund mit Wuschelpelz und treuem Blick – die Idylle ist perfekt. Bis der Wind des Schicksals das Luxusweib einem ganz anderen Typ von Mann vor die Füße weht. Olivier Martinez, alias Paul Martel. Franzose, gut gebaut und ungezähmt. Frech. Zupackend. Ein wenig chaotisch. Nicht immer nur nett. Ein Weiberheld. Aber wenn er mit ihr zusammen ist, will er nur das Eine. Mit ihr.
Eine Geschichte, wie sie tausendfach in Romanen erzählt, in Hollywood verfilmt und vom wahren Leben geschrieben wurde. Auf der Leinwand zeigt sich der direkte Vergleich: hier der Mustergatte, den wir uns hingezüchtet haben. Und dort der ungeschliffene Rohling. Neben dem, was die Natur geschaffen hat, wirkt der allzeit rücksichtsvolle, aufopfernde, gut aussehende, verlässliche Partner aus unserem Zuchtlabor beinahe

so langweilig wie das ausrangierte Vorgängermodell. Selbst, wenn es Richard Gere ist.
Als unser großer Beschützer hält er jede Aufregung von uns fern. Wie ein rohes Ei trägt er uns auf Händen. Bloß keine Erschütterung riskieren! Bloß keinen Nervenkitzel, keine Gefahr, keine Spannung. Herausforderungen nimmt er uns ab, wir lehnen uns bequem zurück.
Was bleibt? Shopping, Golfen ... Die Wohnung im jahreszeitlichen Wechsel umdekorieren – zu Ostern Häschen mit Kunstmoos, im Sommer variierende Windlicht-Arrangements und handgepflückte Wiesenblumensträuße, zu Halloween der Kürbiskopf und schließlich der Höhepunkt des Jahres: das Fest aller Feste. Schmücken wir den Baum diesmal in gold oder rot?
Eine Zeit lang mag frau das aushalten. Aber irgendwann ist Schluss mit lustig! Und wonach verzehren wir uns, während wir wie eine hospitalismuskranke, eingesperrte Löwin hinter den Gitterstäben unseres selbst errichteten goldenen Käfigs auf und ab laufen? Nach einem geilen Kerl, der seine gute Erziehung (falls er je eine solche genossen hat) vergisst! Der uns so überrumpelt, dass wir das Neinsagen vergessen, und der uns mit dreister Unverschämtheit aufs Laken zerrt. Nach einem, der nur das Eine will!

Unverbildet

Irgendetwas müssen unsere Versuche zur Besserung des Mannes doch gebracht haben. Mag sein, dass ein gelegentlicher Seitensprung mit einem stürmischen Wüstling seine besonderen Reize hat. Aber hat nicht so ein kultiviertes, in Beziehungsdiskussionen rund geschliffenes Exemplar letztlich mehr zu bieten – auch und gerade im Bett? Wir Frauen rufen doch

immer nach einem einfühlsamen Liebhaber. Nach einem, der auf uns eingeht und sich Zeit für uns nimmt. Und genau das haben wir ihm doch beigebracht. Oder nicht?
Von Kurt Starke, einem Sexualwissenschaftler aus Leipzig, können wir erfahren, ob sich unsere Mühen gelohnt haben. Dem Lauf der Geschichte ist zu verdanken, dass er im eigenen Land ein optimales Forschungsfeld zur Beurteilung ebendieser Frage fand. Bis zum Fall der Mauer teilte der eiserne Vorhang Deutschland in zwei getrennte geografische Zonen auf und schuf damit das, was nach Darwin die Grundvoraussetzung zur Bildung neuer Arten ist: Der Homo sapiens spaltete sich auf in den Wessi und den Ossi.
Im Verbreitungsgebiet des Ossis herrschte ein System, in dem zumindest die berufliche Gleichstellung der Geschlechter nicht diskutiert, sondern praktiziert wurde. Ökonomisch waren beide gleichermaßen unabhängig, das heißt: Alle hatten gleich wenig. So kämpfte die Frau nicht gegen den Mann, sondern mit ihm, um die Versorgungsengpässe möglichst gekonnt zu umschiffen. Sex war in der Öffentlichkeit kein großes Thema. Für den außenstehenden Beobachter mutete der Alltag eher trist, farblos und bieder an. Die miefig-provinziell wirkende Atmosphäre ließ mehr auf Verklemmtheit als auf prickelnde Erotik schließen.
Währenddessen erlebte der Wessi nach dem Wiederaufbau erst das Wirtschaftswunder und dann die sexuelle Revolution. Dank Oswald Kolle und Beate Uhse wurde das Liebesleben zum Medien-Dauerbrenner: Aus allen Richtungen wurde er mit Informationen darüber bombardiert, wann, wo und wie »es« am besten zu machen sei. Tabus wurden reihenweise gebrochen, und seine von der streitbaren Alice aufgestachelte Frau rang ihm das Privileg ab, beim Akt oben liegen zu dürfen. Gleichzeitig konfrontierte sie ihn mit Grundsatzfragen: ob Sex nicht als Erfindung des Patriarchats generell abzuschaffen sei

oder ob sich das Ganze nicht wenigstens ohne Penetration bewerkstelligen ließe.
Der Wessi – ein diskussionserprobter, in allen Betten versierter Weiberheld? Und der Ossi – einer von gestern, der geblieben ist, wie die Natur ihn schuf? Dann ist er doch bestimmt einer, der immer nur seine eigene Lust im Kopf hat und bei dem keine Frau auf ihre Kosten kommt. Einer, der zu blöd ist, den G-Punkt seiner Gespielin zu finden (wahrscheinlich hat er noch nicht einmal von dem Wort gehört). Und selbstredend auch einer, der wahllos mit jeder Frau ins Bett springt, weil es ihm ja schließlich nur um Triebabfuhr geht.
Doch siehe da: Die vergleichenden Untersuchungen, die der Sex-Professor aus dem Osten angestellt hat, sprechen eine ganz andere Sprache. Aus ihnen nämlich geht hervor, dass der Ossi im Bett offenbar nicht nur spontaner, agiler und fantasiereicher ist als sein so sorgsam geschulter Geschlechtsgenosse aus dem Westen, sondern dass er den Akt zudem auch gern in die Länge zieht. Er arbeite nicht verbissen schweigend auf den Orgasmus hin, so der Wissenschaftler, sondern genieße das Liebesspiel als sinnlich-erotisches Gesamterlebnis. Der ideale Ort für Sex werde rechts der Elbe weiterhin in der Liebesbeziehung gesehen, und dort geschähe orgiastisches Erleben in einer ganz anderen Qualität.
Die Wessis hingegen hätten im Zuge der sexuellen »Befreiung« der 68er eher auf das Sammeln von Quantitäten gesetzt. Und: Eindeutige Ost-West-Unterschiede seien nicht nur bei erwachsenen Männern, sondern schon bei Jugendlichen (auch bei denen aus der Großstadt) festzustellen: In den alten Bundesländern gebe es mehr Berührungsängste im sexuellen Kontakt und sei die Furcht, vor dem Mädchen/der Frau zu versagen, wesentlich ausgeprägter. Einzig die Kenntnis der wunderbarsten technischen, sexologischen Tricks und Details, so die weit verbreitete Meinung, könne vor einer Blamage bewahren. »Die

psychologisierenden, von den herrschenden Geschlechterbildern geschurigelten jungen Männer«, so schreibt der Professor, »sagen dann auch eher, ich lasse das lieber.«
Statt unsere Kerle zu guten Liebhabern zu machen, haben wir Wessi-Frauen ihnen, so scheint es, die Freude am Sex ausgetrieben: Die Jungs in Frankfurt/Main fangen später an und tun es seltener als die in Frankfurt/Oder. Und wenn sie es machen, dann haben sie es vor lauter Angst furchtbar eilig. Der Fünf-Minuten-Akt ist ihnen wohl doch nicht von der Natur in die Lenden gelegt worden. Wir haben sie – freilich ohne es zu wollen – dazu erzogen.
Bevor wir also ein neues Schöpfungs-Experiment starten und ein weiteres Fiasko riskieren, sollten wir – aus Erfahrung klug geworden – unsere Männer vielleicht doch besser so nehmen, wie sie sind, und ihre Steuerung ihnen selbst und ihrem Trieb überlassen. Es wäre sicher naiv zu glauben, dass sie sich dann über kurz oder lang in einen jener unwiderstehlichen Hollywood-Naturburschen verwandeln würden, die sich auf Frauen verstehen, ohne Frauenversteher zu sein. Aber vielleicht wären sie irgendwann nicht mehr ganz so verkorkst in ihrem Umgang mit uns. Und das wäre schon der halbe Weg in Richtung Beziehungsglück.

Inneres Radar

Wie es bei ihm auch in der Praxis mit dem Vögeln aussehen mag – ob er es oft, weniger oft oder gar nicht tut; ob er kann oder nicht kann, jung oder alt ist; ob er naiv-unbefangen oder theoretisch verquast an die Sache herangeht – das Thema Sex ist im Kopf des Mannes immer präsent. Dabei macht der konkrete Akt selbst bei den aktivsten Vertretern des Geschlechts allenfalls einen winzigen Bruchteil des Lebens aus. Rechnen

Sie selbst: Vierundzwanzig Stunden hat der Tag, das sind 1440 Minuten. Würde er es 14,4 Minuten – also ein knappes Viertelstündchen – täglich treiben, wäre das gerade mal ein Prozent.

Jeden Tag eine Viertelstunde Sex – im Durchschnitt wohlbemerkt. An 365 Tagen im Jahr. Ob fit oder krank. Im Urlaub oder daheim. Gut gelaunt oder vom Frust gebissen. Die Zwanzigjährigen könnten das bringen, vorausgesetzt, sie haben eine Freundin, die frisch in sie verliebt und robust gebaut ist. Über die gesamte geschlechtsaktive Zeit gerechnet, ist der Wert eher üppig angesetzt. Aber seien wir großzügig. Eine Viertelstunde. Ein Prozent.

Und was macht der Mann mit den übrigen 23 ¾ Stunden? Womit bringt er die verbleibenden 99 Prozent zu? Er treibt es in Gedanken. Er treibt es im Traum. Er macht es sich selbst. Alles andere – arbeiten, essen, schlafen, fernsehen, Sport treiben ... – findet parallel dazu auf einer anderen Ebene statt.

Im Kopf des Mannes sieht es aus wie in einer Flugleitzentrale. Während er an seinem Arbeitsplatz sitzt und hochkonzentriert plant und dirigiert, dazwischen ab und zu hektisch einen Kaffee runterkippt, sich mit Kollegen berät und Piloten anfunkt, hat er die Radarschirme ständig im Blick. Nur geht es in dieser Leitzentrale nicht um Flugverkehr, sondern um ... Weibchen. Ganz links unten fliegt eines ein. Uninteressant. Titten zu flach. Befehl zum Sinkflug erteilen! Auf Schirm drei eine Wuchtbrumme. Wenn die sich über dich beugt, wirst du von den wogenden Massen erstickt. Ausweichmanöver einleiten! Rechts oben ein Gouvernantentyp. Der würde ich gern mal das Kostüm vom Leibe ... und den strengen Knoten lösen. Die könnte ich mir ruhig mal näher heranzoomen ... Wobei ... Guck sich das einer an! Da, in der Mitte ... eine Blondine! Wroooom!!!

Nicht, dass wir Frauen etwa anders funktionieren würden –

auch wir kennen dieses unablässige Gedankengeplätscher, doch in unserem Fall dreht es sich eher um uns selbst und um den Eindruck, den wir auf andere machen: Sitzt die Frisur noch? Ich hätte mir doch noch die Haare waschen sollen! Ach du meine Güte, bei den Stretch-Jeans sieht man ja die Slipkontur durch. Hätte ich bloß daran gedacht, einen String-Tanga anzuziehen!
In Mußestunden sind wir jedoch durchaus auch offen für anderes. Wie gern sitzen wir im Terrassencafé und lassen die Passanten auf uns wirken. In einer solchen Situation starren wir auch gern einem vielversprechenden Männchen nach. Aber wenn wir unter Anspannung stehen, wenn eine Sache uns voll in Beschlag nimmt, haben wir für solche Dinge einfach keinen Kopf.
Nehmen wir zum Beispiel an, wir sitzen vor Gericht. Einen Anwalt gibt es nicht, und wir müssen unsere Sache darum selbst vertreten. Wir haben uns gut vorbereitet, und doch packt uns das Lampenfieber. Endlich ist es so weit: Wir schreiten zum Plädoyer und halten eine geniale Rede. Danach sinken wir siegesgewiss und doch völlig erschöpft auf unseren Platz und warten mit bangem Herzen auf den Richterspruch.
Haben wir während unseres Plädoyers registriert, dass der Gerichtsdiener einen Knackarsch hat? Ist uns aufgefallen, dass auf der Zuschauertribüne ein Typ saß, der fast wie Johnny Depp aussah? Haben wir bemerkt, mit welch sinnlichen Lippen der von der Gegenpartei bestellte Sachverständige seine Dreistigkeiten verlas? Nein, haben wir garantiert nicht! Unter Stress blenden wir solche Wahrnehmungen aus und starren mit dem berühmten Tunnelblick schnurstracks auf unser Ziel.
Bei einem Mann in der gleichen Situation dagegen bleibt trotz aller Anspannung und Konzentration das Radarsystem ständig aktiv. Er scannt Zuschauerraum und Richterbank nach Weibchen mit der von ihm präferierten Oberweite ab, nimmt eine Kurzbewertung der dort anzutreffenden Kleidungsstile

vor (bieder/schlampig/lässig/sexy) und spielt diverse erotische Szenarien durch (mit der zweiten Beisitzerin in der Aktenkammer ...). Unterdessen wirkt er nach außen je nach Naturell gelassen oder nervös – auf jeden Fall aber voll auf die Sache fokussiert.

Dabei ist das Radar des Mannes längst nicht nur personenfixiert. Alles, was er sieht, jedes Wort, das er hört, wird automatisch durch einen Filter geleitet, in dem noch die minimalste Verknüpfung zum Thema Sex hängen bleibt. Sieht eine Frau in einem Möbelhaus einen Tisch stehen, überlegt sie, wie dieser in ihrem Esszimmer wirken würde. Ein Mann stellt sich bei dem Anblick vor, wie sich darauf erotische Handlungen vollziehen ließen.

Jeder Gegenstand – ob Morchel oder Feige, Joystick oder Gipsrührschüssel –, alles wird automatisch auf mögliche Ähnlichkeiten mit Phallus oder Möse gecheckt. Und wenn Männer für Männer Reklame machen, drapieren sie die Busenwunder und Strapsmiezen, die in ihren Köpfen herumgeistern, gleich in natura um die beworbene Ware herum. Keine Luxus-Limousine ohne Chinchilla-Girl, keine Felgenpolitur ohne Boxenluder. Wenn diese Träume keine Bedeutung hätten, käme wohl niemand auf die Idee, sie verkaufen zu wollen.

Wie oft geraten wir in die mehr oder weniger peinliche Lage, im Freundes- oder Kollegenkreis völlig unbedarft einen Satz von uns zu geben, der die Männer in der Runde losprusten lässt. Wir Frauen sehen uns irritiert an. Erst nach einer Schrecksekunde begreifen wir, dass sich zwischen unseren so harmlos klingenden Worten wieder einmal eine Zweideutigkeit versteckt hatte. Jedes Mal nehmen wir uns (vergeblich) vor, künftig bei allen Kombinationen mit »können«, »stoßen«, »spritzen«, »stehen«, »stellen«, »legen« oder »liegen« besser Acht zu geben und die Begriffsfelder im Umkreis von »hart« und »schlaff« nach Möglichkeit ganz zu meiden.

Wo der Mann geht, steht oder liegt – das eine Prozent funkt unablässig in die 99 Prozent hinein. Immer und überall. Wird so ein Kerl nach einem Unfall ins Krankenhaus eingeliefert, schreitet er – bevor er in die Narkose sinkt – mit dem Blick noch rasch das Studentengässchen der OP-Schwester ab. Das ist die Geilheit des Mannes.

Fromme Wünsche

Es mag ganz vergnüglich sein, sich ab und zu mit erotischen Fantasien die Zeit zu vertreiben. Die vom Trieb geforderte Dauerwachsamkeit in Sachen Sex aber wird von Männern beileibe nicht nur als angenehm empfunden: Zum einen führt sie ihnen permanent vor Augen, wie sehr sie letztlich von ebendem Geschlecht abhängig sind, das sie so gern als das schwächere bezeichnen. Zum anderen blockiert sie jede Menge geistige Kapazitäten, die sich auch anders nutzen ließen. Wie viel mehr Raum gäbe es im Kopf eines Mannes, wenn bloß das eine, alles beherrschende Thema wegfiele? Kaum vorstellbar, zu welch gedanklichen Höhenflügen er ansetzen könnte! Vielleicht würde er dann endlich zu dem, was er so gerne wäre: zur Krone der Schöpfung.
Was haben Männer nicht alles versucht, um sich aus diesem inneren Belagerungszustand zu befreien! Die einen erklären die Frauen zur Feindin, verbannen sie ins Haus und verordnen ihnen für die wenigen erlaubten Freigänge das Tragen von Ganzkörperschleiern. Solchermaßen getarnt, so die Hoffnung, würden sie für das innere Radar unsichtbar.
Ergebnis: Die Kerle werden noch geiler. Die zart besaiteteren Charaktere fangen an, sich in poetischen Ergüssen über die Schönheit von Frauen-Augen zu ergehen. Die anderen lauern geifernd auf jedes Blitzen von Haut – und sei es nur an Händen

und Füßen. Mit Röntgenblick starren sie durch die wallenden Stofflagen hindurch, um wenigstens eine Ahnung von dem aufreizenden Hüftschwung der Passantin zu erheischen.
Je mehr die Frau und damit die Gedanken an Sex in der realen Welt an den Rand gedrängt werden, umso nachdrücklicher melden sie sich im Geist zurück. In dieser Hinsicht sind Männer wie Süchtige: Entzieht man ihnen ihre Droge, steigt die Gier ins Unerträgliche.
Diese Erfahrung müssen wohl auch jene Männer machen, die sich die Gedanken ans Vögeln mit geistiger Disziplin auszutreiben versuchen, um den Kopf für »Höheres« freizubekommen. Nehmen wir beispielsweise die Priester der katholischen Kirche: Sie heben die Frau als Mutter Maria auf den Sockel der Heiligkeit und machen sie so zur Unberührbaren. Die Lust auf Sex wird als »niederer Trieb« verdammt, böse das Weib, das dennoch lockt. Oh, führe mich nicht in Versuchung!
Das von Rom verordnete Zwangs-Zölibat soll die Geistlichen von dem einen Prozent befreien, das wie ein Tropfen Farbe die anderen 99 Prozent mit einfärbt. Doch da das Fleisch schwach ist – es schon immer war und immer sein wird –, wird so manche weiße Weste dann doch unschön besudelt. Immer wieder müssen wir aus den Medien von neuerlichem sexuellem Missbrauch durch einen Täter im Talar erfahren. Nachdem in den USA eine solche Skandal-Lawine losgetreten wurde, dass sich der bei derartigen Tabuthemen sonst eher diskret operierende Vatikan zur Einberufung eines offiziellen Krisengipfels genötigt sah, trauten sich auch hier zu Lande viele Opfer an die Öffentlichkeit. Das Fatale: Weil Frauen als »verbotene Früchte« gelten, müssen Kinder und Jugendliche herhalten.
Schnell wird von offizieller Seite betont, dass das Ganze nichts mit der zwangsverordneten Enthaltsamkeit zu tun habe und es solche Übergriffe auch anderswo gebe. Auffällig ist die Häufung der Fälle aber doch. Interessant auch die von Psychothe-

rapeuten geäußerte Vermutung, dass das Zölibat gerade solche Männer in den Priesterberuf locken könnte, die auf Grund von Entwicklungsdefiziten generell Angst vor dem Thema Sex haben und glauben, sich auf diese Weise vor einer Auseinandersetzung damit drücken zu können.

Ein Märchen

Wie sehr man den Trieb auch als Teufelswerk verflucht, er lässt sich nicht ausmerzen. Auch weglaufen bringt nichts. Der Schatten der Geilheit bleibt dem Mann auf den Fersen.

Stellen wir uns folgende Szene vor: Ein kleiner Wicht hat sich auf der Suche nach Misteln und Kräutern mit seinem langen Bart im Gebüsch verheddert und hängt hilflos schreiend fest. Just in diesem Augenblick naht unser Held. Er hat sich gerade fürchterlich mit seiner Frau gezofft, und so hat er sich mit seinem Mountainbike in den Wald geflüchtet.

Er hört die Hilferufe am Wegesrand, befreit den armen Zwerg aus seiner Falle, und schon hat er einen Wunsch frei.

»Ich will nie wieder was mit den Weibern am Hut haben! Nicht einen Gedanken will ich mehr an sie verschwenden!«, ruft er aus tiefster Überzeugung.

»Also gut«, nickt der Zwerg. »Ich will dir deinen Wunsch erfüllen. Aber damit es klappt, brauchst du den Beutel mit dem Zaubersalz, den ich am Waldrand am Fuße eines großen Eichenbaums vergraben habe. Er ist nicht schwer zu finden. Du darfst bloß nicht an kleine, grüne Elefanten denken, während du suchst. Das ist der Sperrzauber, den du überwinden musst. Aber das dürfte doch eine der leichtesten Übungen für dich sein ...«

Frohgemut zieht unser Held los. Endlich Ruhe haben! Endlich die ganze Nacht vor dem PC sitzen können, ohne dass einer

meckert. Endlich beim TV-Fußball die Füße auf den Couchtisch legen und die Chips verkrümeln dürfen. Endlich das Bier aus der Flasche trinken und anschließend lauthals rülpsen können. Er wähnt sich schon im frauenfreien Männer-Eldorado.
Das Dumme ist nur: Er bekommt die kleinen, grünen Elefanten einfach nicht aus dem Kopf. Sie flattern wie tausend Mini-Dumbos in seinen Gedanken herum.
Nachdem er eine Weile ziellos herumgewandert ist, hat er die Nase voll. So ein Quatsch! Was macht er eigentlich hier?! Sucht zwischen Wurzeln herum wie ein Trüffelschwein und denkt an grüne Dickhäuter.
Kopfschüttelnd sucht er sein Rad, findet es erstaunlich schnell, und als er auf dem Waldweg vor sich eine überaus attraktive Spaziergängerin sichtet, entfährt ihm ein anerkennender Pfiff. Da ist er auf einmal ziemlich erleichtert. Wäre doch echt schade gewesen …

Night-Talker

Nur ungern gewähren Männer Einblick in das Gefühls- und Gedankenchaos, das hinter ihrer berühmt-berüchtigten harten Schale tobt. Selbst mit ihrem besten Freund (sie nennen ihn Kumpel, das klingt weniger intim) reden sie lieber über Schumachers Siege, drahtlose PC-Vernetzungen oder ihre Sicht der Weltpolitik. Das Thema Frauen wird eher allgemein erörtert. Allein schon aus Gründen der Imagepflege. Man(n) steht schließlich über den Dingen.
Umso aufschlussreicher ist es, wenn die Telefon-Berater der Psycho-Hotlines aus dem Nähkästchen plaudern. Ich habe für dieses Buch Interviews mit mehreren männlichen »Kummerkasten-Betreuern« geführt. Vor allem des Nachts, wenn die Last der Gedanken am schwersten wiegt, nutzen Männer

solche anonymen Gesprächsangebote, um sich ihr Herz auszuschütten. Und was bewegt sie am meisten? Sex natürlich! In allen Varianten. Wie, wann, wo, mit wem, ob überhaupt und wenn ja, wie lange; Dreiecksgeschichten, Mann-Frau, Mann-Mann …

Viele der Anrufer scheuen in einem solch intimen Rahmen auch nicht davor zurück, über das zu reden, was Männer sonst nur ungern – und wenn überhaupt nur in Form derber Flachsereien – zur Sprache bringen: den eigenen Penis. Die meisten Anrufer haben ein überaus inniges Verhältnis zu ihrem »besten Stück«, um dessen Größe sie sich intensive Gedanken machen. Kaum etwas ist schlimmer, als wenn »er« zu klein, zu kurz oder zu dünn empfunden wird. Kaum etwas macht stolzer als »sein« stattliches Format. Und dann ist da natürlich die Frage nach der Potenz …

Dennoch zeigt sich, dass Frau und Mann bei aller Unterschiedlichkeit doch eines teilen: den Frust, der sich nach langen Jahren des Zusammenlebens einstellt. Während wir Frauen anfangen, von dem Prinzen zu träumen, der mit wehendem Cape auf seinem Schimmel herbeireitet, um uns aus unserem Alltagstrott zu befreien und in ein sinnlich-romantisches Traumparadies zu entführen, quält sich der Mann an unserer Seite damit herum, dass er zwar ununterbrochen an das Eine denkt, ausgerechnet im eigenen Ehebett aber keine Lust mehr darauf hat.

So berichten viele Anrufer, wie sie ihrer Partnerin überdrüssig geworden sind, obwohl sie an der Beziehung selbst nichts auszusetzen haben. Sie lieben ihre Frau, aber sie macht sie erotisch einfach nicht mehr an. Um eine Erektion zu kriegen, bedarf es regelrechter Fantasie-Akrobatik. Ekstase, Leidenschaft oder auch einfach Spaß an der Freude wollen nicht mehr aufkommen. Kurz: Alles stimmt – bloß nicht der Sex. Das Einzige, was dem Mann seine Geilheit austreiben kann, ist offenbar der Zwang zur routinemäßigen Pflichterfüllung.

Weil er die eigene Frau, besonders nach der Geburt eines Kindes, eher als Mutter denn als Sexpartnerin empfindet, wird die Ehe fast zu einem Zwangs-Zölibat. Doch wie war das noch mit den Süchtigen, denen man ihre Droge wegnimmt? Fremdgehen ist ein Weg, sie sich doch noch zu beschaffen. Der Gang zur Prostituierten ein zweiter. Wen wundert es da, dass es allein in unserem Land nach vorsichtigen Schätzungen gut 83 Millionen Prostituiertenkontakte pro Jahr gibt – das entspräche jährlich zwei Besuchen pro männlichem Bundesbürger, Greise und Säuglinge mit eingerechnet! Repräsentative Umfragen ergeben, dass mindestens ein Zehntel aller Männer – wahrscheinlich aber wesentlich mehr (die Forscher gehen von bis zu einem Drittel aus) – Erfahrungen als Freier gesammelt haben. Bei den Gesundheitsämtern sind hier zu Lande etwa 50 000 Vertreterinnen des ältesten Gewerbes erfasst. Dazu kommen die Nicht-Registrierten, die in Apartments arbeiten oder als Drogenabhängige den Straßenstrich bedienen. Damit gibt es in unserem Land mehr Prostituierte als Hochschulprofessoren (und zwar mindestens doppelt so viele) und mehr Freier als Studenten (fast dreimal so viele).

Fazit

Der Mann ist geil. Daran werden weder offene noch diplomatisch verbrämte Erziehungsversuche von uns Frauen etwas ändern. Inbrünstige Treueschwüre vor dem Altar vermögen ebenso wenig dagegen auszurichten wie die generelle Tabuisierung des Umgangs mit allem Weiblichen. Trotz Askese, Selbstkasteiung oder Stoßgebet, trotz Dauermeditation in zugigen Himalaja-Höhlen … Er denkt nur an das Eine. Und das Eine ist Sex.
Mahnungen nach dem Motto »Starr keinen anderen Weibern

nach!« sind folglich reine Zeitverschwendung. Sich darüber aufzuregen, dass er es dennoch tut, ebenso. Wie hieß noch das Gebet des deutsch-amerikanischen Theologen Reinhold Niebuhr:

»Gott gebe mir die Gelassenheit,
Dinge hinzunehmen, die ich nicht ändern kann,
den Mut, Dinge zu ändern, die ich ändern kann,
und die Weisheit, das eine vom anderen zu unterscheiden.«

8. Kapitel:

Beckenbauer forever!

Kaum fangen wir an, uns mit der Unabänderlichkeit der Triebhaftigkeit des Mannes abzufinden, kommt uns ein weiterer Punkt in den Sinn, der – neben der ehelichen Routine – einen gewissen Dämpfungseffekt haben sollte: das Alter. Irgendwann muss schließlich Ruhe einkehren, das Radar verblassen, der Minirock seinen Reiz verlieren. Oder?
Was sich im deutschen Durchschnittsschlafzimmer tatsächlich abspielt, wird wohl immer ein Geheimnis bleiben, denn leider können die Ergebnisse von Umfragen zu den erotischen Gepflogenheiten immer nur so gut sein, wie es die Eitelkeit der Teilnehmer zulässt. Aber über erotische Wunschvorstellungen geben Studien zur Erforschung der Alterssexualität, wie sie jüngst an der Universität Köln durchgeführt wurden, allemal Aufschluss. 8000 Männer wurden nach ihrem Geschlechtsleben befragt, und siehe da: über achtzig Prozent der 60- bis 69-jährigen und immerhin noch fast fünfundsiebzig Prozent der 70- bis 80-jährigen geben an, regelmäßig ihre Lust zu stillen (Selbstbefriedigung mit eingerechnet), wenn auch meist nur noch einmal pro Woche. Mit anderen Worten, der Trieb bleibt. Was nachlässt, ist allenfalls die Frequenz des Vollzugs.
Die folgende vom Volksmund gern erzählte Geschichte scheint also offenbar mehr dem Wunschdenken der Gattinnen als der Realität zu entspringen, sitzen doch an einem schönen Frühlingstag zwei greise Herren auf der Parkbank vor dem Seniorenheim und lassen sich die Sonne auf den Bauch scheinen. Als ein junges, knackiges Mädchen des Weges kommt, folgen sie ihm aus alter Gewohnheit mit den Blicken.

»Schöne Beine …«
»Ja. Mit der würd' ich gern spazieren gehen.«
»Und so schönes langes Haar …«
»Ja. Da würd' ich gern mal drüberstreicheln.«
»Mhhh. Das wäre schön.«
Eine Weile sitzen sie schweigend da, ganz in Gedanken versunken. Dann kratzt sich der eine nachdenklich am Kopf:
»War da nicht noch was?«
Und der andere grübelt: »Stimmt. Da war noch was. Wenn ich mich bloß erinnern könnte.«

Gnade der Triebminderung

Mag sein, dass die Natur im Laufe der Jahre ihren eisernen Griff etwas lockert und ihre Anforderungen an den Mann allmählich zurückschraubt. Aber das heißt noch lange nicht, dass sie ihn aus seiner Sklavenrolle entlassen würde. Ein bisschen schonen ist ja nicht schlecht – aber eben nur so viel, dass der Kerl nicht eines vorzeitigen Todes stirbt. Wer würde sich schon seine eigene Reproduktionsmaschine ruinieren …
Nun könnten wir Frauen meinen, dass es eine Gnade wäre, auf seine alten Tage hin ein bisschen weniger geil und dafür etwas fauler sein zu dürfen. Der Mann aber sieht das anders. Die vielen Bilder von wippenden Brüsten und wiegenden Hüften, die im Laufe der Jahrzehnte über seine inneren Radarschirme geflimmert sind, haben sich in seinem Hirn zu einer riesigen Vision von der Idealbesetzung seines privaten Erotiktraums kumuliert: jung, schön und (meistens) blond! Je weiter aber die Realisierung dieser Vision in die Ferne rückt, desto mehr verzehrt er sich nach ihr.
Statt sich also irgendwann zwischen dem fünfzigsten und sechzigsten Geburtstag aus der Rolle des jugendlichen Liebhabers

zu verabschieden und vom bequemen Altensitz dem Treiben der Junghengste zuzuschauen, mobilisiert so mancher alternde Recke in einem ungeheuren Kraftakt die letzten Reserven. Schließlich will er den jungen Grünschnäbeln das Maul stopfen und sie dorthin verweisen, wo sie hingehören – auf die Hinterbänke! Und das heißt: Ein neues Weibchen muss an Land gezogen werden. Kein abgehalftertes aus der zweiten Garde. Nein, ein junges, makelloses. Und zur Krönung muss dieses Weibchen geschwängert werden! Nur so zeigt er der Welt, dass noch genug Munition drin ist, in seiner alten Röhre.

Der Fluch des Mannes

Wir Frauen haben es bei der Fortpflanzung einerseits schwerer, andererseits leichter als der Mann. Uns wird die Auseinandersetzung mit dem Alter von der Natur aufgezwungen. Menopause. Fruchtbarkeit passé. Aus und vorbei! Keine leichte Lektion. Wenn die Eierstöcke ihre Hormonproduktion einstellen und wir damit aus dem Fortpflanzungszyklus entlassen werden, brauchen wir eine Weile, um uns innerlich wie körperlich auf diesen veränderten Zustand einzustellen. Nicht nur die Hormone fahren Achterbahn, unsere Stimmungen auch.

Wir müssen uns entscheiden, ob wir uns gehen lassen, depressiv werden und versacken; ob wir verzweifelt um den Erhalt unserer Jugendlichkeit kämpfen und schließlich zur Karikatur unserer selbst werden; oder aber ob wir uns auf den Häutungsprozess einlassen, der uns da abverlangt wird, um mit der Zeit an Reife, Gelassenheit und Souveränität zu gewinnen.

Das heißt nicht, dass wir ab einem bestimmten Alter auf Attraktivitätspflege verzichten müssten. Wir jagen bloß nicht mehr jedem Trend hinterher, bezeichnen Knitterstellen an den Augen als Lachfältchen und nicht als Krähenfüße und lassen uns keine Claudia-Schiffer-Lippen spritzen. Die Lust bleibt uns, aber der Trieb lässt allmählich nach. Endlich brauchen wir keinem Mann mehr hinterherzulaufen, der uns begattet. Wir können, wenn wir wollen, aber wir brauchen es uns nicht ständig zu beweisen.

Während wir unsere Empfängnisfähigkeit verlieren, kann er weiter zeugen, und das ist sein Fluch. Wir werden frei, er hingegen bleibt ein Gefangener seines biologischen Auftrags. Alterszeichen? Ach was! Er doch nicht! Wenn er merkt, dass sein »bester Freund« langsam müde wird, schiebt er es auf die Ehefrau. (»Sie macht mich eben nicht mehr an!«) Bei fremden Reizen reagiert er doch schließlich auch noch.

Wir Frauen können ganz nach Lust und Laune die Angel auswerfen, wenn ein attraktiver Fisch durch unsere Hoheitsgewässer schwimmt – der Mann *muss* es tun. Er *muss* ihn fangen. Sein Magen knurrt. Wie hat der britische Schriftsteller Henry Rider Haggard so schön gesagt? »Männer sind nur so lange treu, wie die Versuchung an ihnen vorübergeht.« Er braucht das Balzen und Erobern, um sich als Held zu fühlen. Tag für Tag muss er aufs Neue sein immer labiler werdendes Selbstbewusstsein stärken. Der Preis, den er dabei zu zahlen hat, wird immer höher, denn die Rivalen schlafen nicht. Jeder x-beliebige junge Spund hat es darauf abgesehen, sich mit ihm zu messen und ihn aus dem Revier zu jagen. Da heißt es, sich mit allen Mitteln zu behaupten.

Ich will nicht sagen, dass früher alles besser gewesen wäre, aber einfacher war es schon. Die Möglichkeiten, das Rad der Zeit anzuhalten oder gar zurückzudrehen, waren denkbar bescheiden. Ausgefallene Zähne wurden mit klappernden Prothesen ersetzt, nachlassende Sehkraft mittels Monokel kompensiert und Glatzenbildung durch gekonntes Anplätten quer

gelegter Seitensträhnen kaschiert. Aber das war es dann auch schon.
Keiner konnte den anderen ausstechen. Jeder musste sich mit den Gesichtszügen und den körperlichen Merkmalen zufrieden geben, die er hatte. Alterserscheinungen waren hinzunehmen, und darum machte sich auch kaum einer große Gedanken über das eigene Äußere. Schön mussten nur die Frauen sein. Ein Mann hatte schließlich anderes zu tun.
Heute ist das anders. Dem modernen Mann in den besten Jahren steht ein ganzes Arsenal von Abspeckhilfen, Vitaminpillen und Haarwuchsmitteln zur Verfügung. Zahngilb kann gebleicht, nachlassende Sehkraft per Laser korrigiert, die altersgemäße Gesichtsrötung im Sonnenstudio überbräunt, der schlaffe Body im Fitness-Studio straff trainiert und im modischen Outfit jugendlich präsentiert werden.
Längst hat die Kosmetikindustrie den Mann als Zielgruppe entdeckt und Antifaltencremes speziell für ihn kreiert. Und wenn die nicht helfen, bleibt die plastische Chirurgie. Das Gesicht lässt sich liften, die Lider straffen, die Tränensäcke entfernen und das Doppelkinn absaugen. Allein in Deutschland legen sich Jahr für Jahr 50 000 Männer feiwillig unters Messer.
In ihrer Bereitschaft, für die Schönheit zu leiden, stehen die Herren der Schöpfung uns Frauen kaum noch nach. Welche enormen Anforderungen sie heutzutage an ihr eigenes Äußeres stellen, zeigt eine Untersuchung aus den USA. Dabei sollten Männer anhand von Umrisszeichnungen sagen, mit welchem Körper sie sich den größten Erfolg beim weiblichen Geschlecht zutrauen. Anschließend legte man die gleichen Zeichnungen Frauen zur Bewertung vor. Und das Ergebnis? Männer meinten, sie müssten wie Superman aussehen. Ihr Wunschbild war ein Kerl mit dicken Muskelpaketen, absolut flachem Bauch und extrem kantigen Zügen. Der Idealmann der Frau lief dagegen wesentlich bescheidener durch die Gegend.

Dabei hat der Mann von heute nicht nur den Anspruch, sich in Bezug auf sein Aussehen mit den Jüngeren zu messen. Auch im Sport will er mit ihnen mithalten. Im Beruf sowieso. Und nicht zu vergessen das Allerwichtigste: Er will ebenso potent sein wie sie. Hier kommt die Pharmaindustrie ins Spiel. Mit ihren kleinen blauen Wunder-Tabletten verhilft sie jedem, der es will, zu optimaler Standfestigkeit.

Wenn Frauen aufhören, die Pille zu schlucken, fängt er damit an. Damit aber wird ihm die Chance genommen, die Zeichen der Zeit zu erkennen: Die chemische Keule überbrückt die Sicherung, die ihn vor Selbstüberforderung schützt. Wenn die Lendenkraft versagt, wird das einfach medikamentös übersteuert. Er bleibt der Mann, der immer kann.

Solchermaßen generalüberholt ist der Mann von heute gut gerüstet. Jetzt fehlt bloß noch die ultimative Bestätigung seiner ewigen Jugend. Dazu bedarf es eines Prestigeobjekts, neben dem jedes Ferrari-Rot blass aussehen muss: eine Kindfrau, die gut und gerne seine Tochter (oder gar Enkelin) sein könnte … Unter ihren Busen will er seinen Samen pflanzen.

So mancher sterilisierte Mann, der eigentlich gar keine Kinder mehr haben wollte, begibt sich in dieser Zeit unters Messer, um seine verlorene Zeugungsfähigkeit zurückzuerlangen. Er, der sonst so wehleidig ist, nimmt stundenlange Operationen und höllische Schmerzen in Kauf, um sich noch ein letztes Mal zu verewigen.

Der Mann ist wie eine alte Waschmaschine – auch wenn das Schrittschaltwerk längst den Geist aufgegeben hat, ist das alte Programm immer noch drin. Und es sendet in einer Endlosschlaufe immer und immer wieder ein und denselben Befehl: Für Nachkommen sorgen! Einer geht noch …

Zweierlei Maß

Als sich vor einigen Jahren die Italienerin Rosanna Della Corte mit 62 Jahren ihren Lebenstraum vom Mutterglück erfüllte (der italienischen Kinderwunsch-Spezialist Severino Antinori hatte erfolgreich nachgeholfen), ging ein Aufschrei um die Welt. Mit Kopfschütteln wurden Medienberichte über diese Frau quittiert, die sich nicht mit der altersbedingten Fruchtbarkeitsgrenze abfinden wollte. Das sei doch schlichtweg widernatürlich, so die weit verbreitete Meinung.

Als aber Fußball-Opa Franz Beckenbauer mit 55 Jahren öffentlich gestehen musste, auf der Weihnachtsfeier die Vereinssekretärin des FC-Bayern begattet zu haben, löste das allgemeines Schmunzeln aus. An so manchem Stammtisch soll sogar unverhohlene Bewunderung laut geworden sein. (»Dass der Kaiser Franz das Leder noch mal so treffsicher ins Gehäuse bringen würde ... Hut ab!«)

Ähnlich tief beeindruckte Roberto Blanco. Ein bisschen Spaß muss sein, hat sich der Schlagersänger wohl eingedenk seines alten Dauerhits gedacht, als er mit 63 seinen Sohn Robin zeugte. Nicht mit Ehefrau Mireille, wohlgemerkt, sondern mit einer 28-jährigen Stewardess. In der Boulevardpresse gab er den Büßer: »Ich wollte das Mireille nicht antun. Mir hat es ehrlich wehgetan.« Bevor er vor Reue ganz zerfloss, kam schon der Schwenk: »Ich bin kein Heiliger.« Und: »Ist doch toll, mit 63 noch mal Vater zu werden.« Im Übrigen sei sein Vater fünfmal verheiratet gewesen und habe immer Freundinnen gehabt. Aha. Da haben wir's. Es ist also völlig normal ...

Ob Seitenspringer oder Ehemann – die Zahl der zeugungsfreudigen Herren mit den grauen Schläfen ist Legion. Charlie Chaplin, Pablo Picasso, Anthony Quinn, Clint Eastwood, Sky Dumont – sie alle folgten dem Ruf der Gene. Ja, sogar unser Bundespräsident Johannes Rau, den man auf den ersten Blick eher als biederen Kirchenmann, denn als triebgesteuerten Macho einstufen würde, hat mit über fünfzig eine 25 Jahre jüngere Frau geheiratet und mit ihr in knapper Folge drei Kinder in die Welt gesetzt.

Die harte Schale schmilzt

Den Senioren unter den Liebhabern geht es nicht um die schnelle Nummer. In reifen Jahren kommt es bei Männern oft zu einer völlig überraschenden Kehrtwendung: Sie, die früher panische Angst vor einer festen Bindung hatten und Nähe gerade eben so lange zulassen konnten, wie der Begattungsakt dauerte, genießen auf einmal das innige Beisammensein mit der Frau ihres Herzens. Und ihrem neugeborenen Nachwuchs gegenüber legen sie eine Fürsorglichkeit an den Tag, die bis dahin undenkbar war.

So trennt sich der Fußball-Kaiser gut anderthalb Jahre nach dem Seitensprung mit den berühmten Folgen von Gattin Sybille (»nach langer, reiflicher Überlegung« und natürlich in »fairem und freundschaftlichem Einvernehmen«, wie es in seiner Presseerklärung heißt), obwohl er seine Ehe kurz nach dem Bekanntwerden seines »Fehltritts« als stark genug hingestellt hatte, um mit der Situation umzugehen. Der Grund für den Gesinnungswandel: Er will sich seinem »Buam« häufiger widmen können.

Auch Roberto Blanco sorgt nicht nur finanziell bestens für das Produkt seiner späten Lendenkraft. Nach eigenem Bekunden sehe er seinen Sprössling oft und habe sogar das Windelnwechseln probiert.

Mit ihren Gefühlen befinden sich die beiden Helden in illustrer Runde. Michael Douglas wird auf seine alten Tage von der Regenbogenpresse als »Musterpapi« gefeiert. »Ich habe meine

Midlifecrisis hinter mir«, verriet er den Reportern. »Ich muss nicht mehr Karriere machen und habe so endlos Zeit für meinen Sohn Dylan.« Um ihm lange erhalten zu bleiben, treibe er nun auch mehr Sport.

Die Welle der Väterlichkeit macht selbst vor knallharten Geschäftsleuten nicht Halt. Als Medienzar Rupert Murdoch beispielsweise mit siebzig noch einmal Papa wird, lässt er es sich nicht nehmen, seiner Frau Wendi Deng im Kreißsaal beizustehen.

Selbst ein bärbeißiger Grantler wie der Liedermacher und Dichter Wolf Biermann wird zum sanften Lamm, als er mit 65 ein Neugeborenes im Arm wiegt. Im Rückblick auf DDR-Zeiten, in denen die Stasi zur »Zersetzung« seiner Person die Order ausgab, all seine Liebesbeziehungen systematisch zu zerstören, kommt er in einem Interview mit dem Magazin der Frankfurter Rundschau zu der Erkenntnis: »Diejenigen, die ich immer für Idioten gehalten hatte, die ich so viel dümmer hatte glauben wollen, waren in Wirklichkeit sehr viel klüger als ich. Die hatten schon lange begriffen, was ich wahrer Idiot viel zu spät erst begriff: wie wichtig so eine Liebe ist.«

Ja, die späten Väter sind gern mit Mutter und Kind zusammen, denn beide sind jung – und ihre Jugend färbt (hoffentlich) auf sie ab.

Der Mohr hat seine Schuldigkeit getan

Rührselige Geschichten vom großen Familienglück der späten Väter würden uns Außenstehenden das Herz aufgehen lassen, wüssten wir nicht, dass bei solchen Liebesgeschichten oft eine auf der Strecke bleibt: die »alte« Frau. Wenn Männer zu ihrem zweiten (oder dritten) Frühling erwachen und vom Nestbauinstinkt getrieben werden, dann tun sie es selten mit der langjährigen Partnerin – zumindest dann nicht, wenn sie annähernd gleich alt ist wie er. Sie kommt ja als Mutter für neuerlichen Kindersegen kaum noch in Frage. So hängt die Furcht vor dem Abserviertwerden wie ein Damoklesschwert über diesen Frauen.

Solange wir taufrisch sind und er sich mit uns sehen lassen kann – so lange ist alles in Ordnung. Doch was ist, wenn uns die Jugend einmal verlässt? Wird er uns dann sitzen lassen und uns allein aus Prestigegründen gegen ein junges Blut mit Modelfigur tauschen?

Diese Angst sitzt tief, und argwöhnisch folgen wir seinen Blicken. Jedes begehrliche Blitzen in seinen Augen wird sofort registriert, und wenn uns unser Göttergatte manchmal auch noch so nervt und wir ihn gelegentlich am liebsten zur Hölle jagen würden – schon der leiseste Verdacht auf heimliche Eskapaden (und seien sie nur gedanklicher Natur) lässt sämtliche Alarmglocken in uns schrillen.

Mit jeder zusätzlichen Kerze, die auf unserer Geburtstagstorte brennt, wächst unsere Unruhe. Ach, könnten wir ihn nur in Ketten legen! Wenn »es« dann wirklich passiert und wir ihn bei einem Seitensprung ertappen, kommt als Erstes unsere bange Frage: »Ist sie jünger als ich?« Von seiner Antwort scheint unser Schicksal abzuhängen. An einem »Nein« baumelt unser Lebensglück wie an einem seidenen Faden.

Der Reiz der grauen Schläfen

Nicht nur die Fehltrittneigung des Mannes schürt in uns die Angst, dass uns irgendwann eine Jüngere den Rang ablaufen könnte. Vergessen wir nicht: Partnerwahl ist Frauensache. Einen Garantieschein für dauerhafte Zweisamkeit haben wir jedoch selbst dann nicht in der Tasche, wenn unser Angetrauter

sich nichts Schöneres vorstellen kann, als gemeinsam mit uns alt zu werden.
Wie jeder andere Mann bleibt auch er empfänglich für weibliche Reize, und »da draußen« lauern jede Menge junge Frauen, die ihre Angelhaken ausgelegt haben, um zielgerecht einen gut situierten Herrn in den besten Jahren an Land zu ziehen. Die Betonung liegt auf »gut situiert«. Schließlich sind graue Schläfen das Markenzeichen eines Mannes, der die Gründerzeit hinter sich hat, der seiner Karriere nicht mehr hinterherhechten muss, sondern sie gemacht hat.
Bis zum fünfzigsten Geburtstag hat sich längst die Spreu vom Weizen getrennt – der eine hat es geschafft, der andere nicht. Letzterer fällt gleich durch das Suchraster. Er wird nicht als attraktiv und reif, sondern – seinem Alter entsprechend – als Großvater wahrgenommen. Ersterer aber wird zur begehrten Beute. Geld und Erfolg sind für manche Frauen offenbar unglaublich erotisch, während sich Männer vor reichen Frauen meistens fürchten. Finanzielle Potenz weckt bei ihnen eher Konkurrenzgefühle als sinnliche Gelüste, und so umgeben sie sich lieber mit Weibchen, die ihnen unterlegen sind.
Gerade in Zeiten wie diesen, in denen die Perspektiven für Berufseinsteigerinnen alles andere als rosig sind, Geld zu haben aber gleichzeitig immer bedeutsamer wird, erscheint die »gute Partie« so mancher Frau als Retter aus der Not. Bei dem Gedanken, sich von morgens bis abends abzumühen und trotz Ausbildung oder Studium gerade so viel Geld heimzubringen, dass es für das Nötigste reicht, erscheint der einen oder anderen von uns die Perspektive, einen wohlhabenden Gönner an ihrer Seite zu haben, fast wie eine Lebensversicherung mit garantierter Monatsrente.
Trotzdem lässt sich der Hang junger Frauen zu älteren Männern längst nicht nur über die materielle Schiene erklären. Auch und gerade in Sachen Erotik spricht einiges für die reife-

ren Semester. Nicht nur, dass jahrelange Übung den Meister-Liebhaber macht – der absinkende Testosteronspiegel dämpft zudem seinen Trieb gerade so weit ab, dass sich die Geliebte weniger bedrängt fühlt als bei einem Jungbullen, der sich die Hörner noch nicht abgestoßen hat.

Ein- bis zweimal in der Woche nach allen Regeln der Kunst vögeln – ein Traum für jede Frau! (Mit Ausnahme vielleicht von der einen oder anderen Enddreißigerin, die mit Erreichen des weiblichen Lustgipfels vorübergehend gar nicht genug Sex kriegen kann und darum ihrerseits nach jugendlichen Liebhabern schielt.) Zudem wollen ältere Männer oft auch noch genau das, was ihnen früher wie ein Albtraum erschien – ein Kind. Damit sprechen sie nun gerade den jungen Noch-nicht-Müttern aus dem Herzen.

Ganz nebenbei sind jene von uns, die sich mit einem älteren Mann zusammentun, in der glücklichen Lage, dass über ihrem Haupt eben kein Damoklesschwert baumelt. Sie brauchen nicht zu fürchten, dass er sie eines Tages wegen einer Jüngeren verlässt. Sie sind die Jüngere. Und jetzt, da seine harte Schale geschmolzen ist und er die Vorzüge der Liebe für sich entdeckt, wird er sie aller Wahrscheinlichkeit nach anbeten und auf Händen tragen.

Es sei denn, sie erwischt einen wie Anthony Quinn, der als kauziger »Alexis Sorbas« unser Bild vom Ur-Griechen geprägt hat. Noch mit siebzig machte er wegen seiner vielen Affären von sich reden. Insgesamt soll er mit fünf Frauen nicht weniger als 13 Kinder in die Welt gesetzt haben. In seinen 1996 erschienenen Memoiren schrieb er achtzigjährig: »Ich bin tausend Mal geliebt worden, aber ich will immer noch mehr.«

Es ist natürlich nicht jederfraus Sache, sich schon in jungen Jahren als Altenpflegerin am Bett eines greisen Gatten zu verdingen. Das erklärt vielleicht, warum nach allem, was wir gesehen haben, die Mehrheit von uns einen großen Altersunterschied bei der Partnerwahl trotzdem als Manko empfindet. Damit aber wären wir wieder bei unserem Problem: Was ist mit den Frauen, die fürchten, von ihrem gleichaltrigen Partner nach Überschreiten der Fruchtbarkeitsgrenze eiskalt aufs Abstellgleis geschoben zu werden?
Nüchtern besehen müssen wir uns eingestehen, dass es die endgültige Sicherheit nicht gibt, auch und gerade nicht in Beziehungen. Bei einer rein sachlichen Betrachtung des Phänomens gelangen wir aber gleichzeitig zu einer Erkenntnis, die uns davor bewahren kann, die Sache überzubewerten und in Panik zu verfallen: Unsere Wahrnehmung wird durch die Medienberichterstattung verzerrt, und dort erfahren wir vor allem von den Fällen, in denen »es« nicht klappt. Ab und zu wird uns zwar auch einmal eine langjährige gute Ehe als bilderbuchreifes Rührstück serviert. Aber um auch nur im Mindesten interessant zu sein, muss diese durch schwere Krisen gebeutelt sein, nach dem Motto: »Joachim Fuchsberger: sieben Operationen in zwei Jahren – Ohne seine Gundula hätte er es nie geschafft! – Die Liebe ist stärker als der Tod!«
Die Medien sind durch und durch voyeuristisch. Seitensprünge, uneheliche Kinder, Trennungen, Verrat – das ist der Stoff, aus dem die Schlagzeilen sind. Sex sells. Das weiß nicht nur die Bildzeitung. Wie oft können wir beobachten, wie das Private die Tagespolitik in den Hintergrund drängt. Hat nicht ein Spermafleck auf einem Praktikantinnenkleid die Welt mehr in ihren Bann gezogen als die großen Fragen der internationalen Politik? Haben die mallorquinischen Turtel-Bilder eines Ex-

Verteidigungsministers mit seiner geliebten Gräfin nicht für mehr Wirbel gesorgt als der erste Auslandseinsatz deutscher Truppen nach dem Zweiten Weltkrieg?

Noch etwas kommt hinzu: Der Ruhm männlicher Promis macht sie noch einmal attraktiver für das andere Geschlecht, kann sich doch die Frau, die sich mit ihnen paart, wunderbar mit in seinem Glanz sonnen.

Auch ich habe in diesem Buch bis jetzt ausschließlich Beispiele aus der Welt der Reichen und (mehr oder weniger) Schönen präsentiert, weil sie jeder kennt und sich jeder etwas unter ihnen vorstellen kann. Unter den Normalsterblichen sind nämlich die Männer, die für diese Art von später Allianz überhaupt in Frage kommen, in der Minderheit. Jungweibchen stehen nun einmal mehr auf dicke Brieftaschen als auf dicke Bäuche.

So kommt es, dass viele Männer in reiferen Jahren zwar mit oft beeindruckendem Imponiergehabe auf- und abstolzieren, sobald eine attraktive Frau in ihren Dunstkreis dringt, die Schöne aber an ihnen vorbeiläuft, als wären sie Luft. Weil sie nicht aussehen wie Kirk Douglas, nicht so berühmt sind wie Larry King oder nicht so gut bei Kasse sind wie Donald Trump.

Meist klaffen Wunsch und Realität meilenweit auseinander, und manchen Männern wäre geholfen, wenn es nur beim Gucken bliebe. Was würden die alten Kerle denn tun, wenn so ein Jungblut sie beim Wort nähme und Ja sagen würde? Bestimmt ginge es ihnen wie der Rock-Ikone Rod Stewart (und damit wären wir wieder bei den Promis), dessen 26 Jahre jüngere Lebensabschnittsgefährtin Penny Lancaster ihren Lover mit indiskreten Äußerungen düpierte: »Ich würde gern öfter haben, dass es dazu kommt«, verriet sie einem Times-Reporter, »aber Rod entschuldigt sich dann mit Worten wie: ›Penny, bitte, ich habe gerade eine Show gehabt.‹«

Quo vadis?

Junge Weibchen können anstrengend sein. Mit ein bisschen Glück könnte uns unser bestes Stück darum aus reiner Trägheit erhalten bleiben. Aber sind das etwa die Bedingungen für unser weiteres Zusammenleben? Sollen wir unseren Lebensabend als anspruchslose, aber treusorgende Verwalterin seiner Basisstation fristen, während er gierig nach immer jüngeren Mädels schielt?

Es muss etwas geschehen! Zu viele Ehen sind schon zerbrochen. Andere halten zwar, werden aber so öde, dass keiner von beiden echte Freude daran hat. Unvergessen die Loriot'sche Szene, in der der Zeichentrick-Gatte einfach nur in Ruhe Zeitung lesen möchte, während sie in der Küche im Stakkatotakt ihrer Blockabsätze geschäftig auf und ab marschiert, um »ihren Haushalt« zu machen. Sie kann ihn nicht lassen, gängelt ihn wie einen Schulbuben, versucht, ihn zu diversen Aktivitäten zu ermuntern. Was er sich wünscht, das hört sie nicht – er aber will nur eins (nein, nicht was Sie denken!): Er will seine Ruhe haben. Sie ist frustriert. Er ist genervt. Und doch wissen wir genau, dass diese beiden beieinander bleiben, bis dass der Tod sie scheidet, bis dass der Tod sie erlöst.

Es muss also etwas geschehen, soll die Beziehung doch noch zur Erfolgsstory werden. Doch nicht der Mann, der allzeit bereite Macher, ist es, der hier als großer Retter auftreten kann. Sein Blick ist von der Geilheit getrübt, und ihn überreden zu wollen, seine Finger von anderen Weibern zu lassen, ist – wie wir gesehen haben – ein vergebliches Unterfangen. Das haben schon viele probiert und sind doch kläglich gescheitert.

Wir Frauen sind da in einer ganz anderen Position. Auch wenn es auf den ersten Blick nicht so scheinen mag – die Wandlungsprozesse, die uns das Älterwerden auferlegt, haben durchaus

ihr Gutes. Unser Kopf wird immer freier. Aus jeder Krise gehen wir ein Stück stärker und weiser hervor.
Doch so wie Kapital verpflichtet, verpflichtet auch die Weisheit: Wir sehen klarer als er, der im Nebel steht. Soll das Beziehungsboot die Klippen umschiffen und unbeschadet den Hafen erreichen, müssen wir das Steuer übernehmen. Alles zu wollen ist eines. Doch wenn wir auf dem Weg zum großen Ziel an den Klippen zerschellen, ist damit weder ihm noch uns gedient. Die nachfolgenden Kapitel sollen dabei als eine Art Seekarte dienen.
Na denn – Schiff ahoi!

TEIL III

KLIPPEN UMSCHIFFEN

»Die schwerste Aufgabe im Leben einer Frau ist es, den Mann davon zu überzeugen, dass er es ernst meint.«

Helen Rowland
(US-amerikanische Journalistin und Schriftstellerin)

9. Kapitel:
Von der Liebe und anderen großen Gefühlen

Kehren wir noch einmal zu unserem Ausgangspunkt zurück: zum Happy End. Selten wurde es so schön in Szene gesetzt wie damals, als Prinz Charles seine Lady Di zum Altar führte. Alles schien perfekt an jenem 29. Juli 1981. Die goldene Kutsche, das cremefarbene Kleid mit der siebeneinhalb Meter langen Schleppe. Als dann auch noch die Augen der Braut feucht zu schimmern begannen, trieb es selbst den hartgesottenen Zynikern unter den 750 Millionen Fernsehzuschauern in aller Welt Tränen der Rührung in die Augen. Die Boulevardzeitungen schwärmten euphorisch von *der* Traumhochzeit des Jahrhunderts.

Ob sie ihren Charles denn auch liebe, wurde die künftige »Königin der Herzen« von Reportern gefragt. »O ja«, hauchte sie errötend und warf ihrem frisch gebackenen Ehegatten einen dieser schüchtern-bewundernden Von-unten-nach-oben-Blicke zu, die zu ihrem Markenzeichen werden sollten.

Prinz Charles war da nüchterner. »Was immer das bedeuten mag – Liebe«, meinte er trocken.

Schmetterlinge im Bauch

Liebe – kaum ein Wort ist so auslegungsfähig wie dieses. Doch was immer wir darunter verstehen: Im Zustand der Verliebtheit erheben wir den anderen zum Kosmos unseres Seins. Außer ihm soll es für uns nichts anderes geben. Nichts und niemanden. Ein Leben lang. Nur er und ich.

Wenn wir Frauen die Männer auch gemeinhin für gefühllos halten und ihnen keine wirklich tiefen Herzensregungen zutrauen – in dieser Situation ist es anders: Die Gefühlsaufwallung namens Liebe treibt beide Geschlechter gleichermaßen um. Kaum hat es gefunkt, verbindet uns die blitzartige Erkenntnis, füreinander bestimmt zu sein und einander schon seit Ewigkeiten zu kennen. Während im Bauch die Schmetterlinge flattern, schürfen wir in stundenlangen Gesprächen in unser beider Vergangenheit, bis selbst das letzte Fitzelchen an Gemeinsamkeit zu Tage gefördert ist. Auf diesen einen Menschen haben wir ein Leben lang gewartet!

Wenn wir verliebt sind, überschütten nicht nur wir den Angebeteten mit Bewunderung, Lob und Bestätigung – er tut das Gleiche auch mit uns. Ich streiche ihm Honig um den Bart, er reibt Balsam auf meine Seele. Wie gut das tut! Endlich jemand, der erkennt, wie großartig ich bin, der meine Fähigkeiten zu schätzen weiß, der mich nimmt, wie ich bin (das heißt: wie er mich in seiner Vernarrtheit sieht). Der über die Witze lacht, die ich erzähle (kein Wunder, er kennt sie noch nicht). Der mich meine Schwächen vergessen lässt, weil er so gebannt auf meine Stärken starrt.

Unsere Liebe. Wir glauben, sie gelte ausschließlich dem, den wir verehren. Doch wie ein altes irisches Sprichwort so schön sagt: »›Ich liebe dich‹ heißt, in deiner Gegenwart darf ich mich selber lieben.« Genauso fühlt es sich auch an. Wir baden in purem Sonnenlicht, wenn uns der andere mit seinen Schmeicheleien umgarnt. Selbst wenn sie noch so dick aufgetragen sind, nehmen wir sie ihm unbesehen ab. Wie könnte ein so überirdisches Wesen wie er sich in uns verlieben, wenn es nicht wahr wäre, was er uns sagt? Wenn wir nicht ebenso großartig wären wie er? Es muss schon etwas Besonderes an uns dran sein, wo ihm doch bei unserem Anblick die Knie weich werden. Wir sind wunderbar! Wir hatten es bislang bloß noch nicht gemerkt.

Der Chamäleon-Effekt

Damit der gute Eindruck, den wir beim anderen hinterlassen, nur ja keine Kratzer kriegt, nehmen wir allerhand Mühen auf uns. Vor jedem Date wird die Auswahl des passenden Outfits erneut zur Grundsatzfrage erhoben. Auch wenn wir uns stundenlang den Kopf darüber zermartern, was wir diesmal anziehen sollen, und jedes Kleidungsstück in unserem Schrank auf seine Kombinationsmöglichkeiten hin prüfen, darf das Ergebnis auf keinen Fall gekünstelt wirken. Es soll einfach nur lässig aussehen, so, als hätten wir zufällig nach dem erstbesten Stück gegriffen und sähen einfach klasse darin aus. Als bräuchten wir nicht den geringsten Aufwand zu treiben. Als wären wir eine von denen, die alles tragen können und immer gut aussehen.
Ist die Wahl dann endlich getroffen, fängt das Styling an. Das Haar offen oder hochgesteckt? Gesträhnt, getönt, gefärbt oder Natur? Mit Gel oder ohne? Was mag er wohl lieber? Blümchenduft? Oder steht er eher auf Herberes? Tausend Fragen stellen sich uns – und erst wenn sie alle zu unserer Zufriedenheit gelöst sind, trauen wir uns in seine Nähe. Er ist der helle, leuchtende Stern an unserem Firmament, und um neben ihm zu bestehen, müssen wir ebenso glänzen.
Wenn wir ihm dann gegenübertreten, sind wir froh, dass wir im Hinblick auf unser Äußeres nichts dem Zufall überlassen haben. Wir hätten uns sonst an seiner Seite bestimmt wie eine graue Maus gefühlt. Sieht er nicht einfach perfekt aus? (Natür-

lich hat auch er stundenlang überlegt, ob er in Jeans oder im Anzug erscheinen soll. Was er wollte? Einfach nur lässig aussehen, so als hätte er zufällig nach dem erstbesten Stück gegriffen ...)

Er will uns gefallen. Wir wollen ihm gefallen. So kommt es, dass jeder von uns danach trachtet, sich millimetergenau ins rechte Licht zu setzen: »Sieh her! Ich bin die ideale Frau/der ideale Mann für dich!«

Ein optimales Feld, um das zu beweisen, sind unsere Hobbys. Nehmen wir an, er würde leidenschaftlich Golf spielen. Auch wenn wir noch nie auf einem Green waren und Handicaps für eine Behinderung halten, zeigen wir plötzlich Interesse. »Golfen? Das hätte ich schon immer gern mal gemacht!« Ermutigt von dem Leuchten, das dieses Statement in seine Augen zaubert, fahren wir fort: »Nimm mich doch mal mit!«

Eine Woche später sind wir für Hunderte von Euro komplett ausgestattet und haben auch schon die erste Trainerstunde absolviert. Bei Wind und Wetter kämpfen wir (die wir womöglich im früheren Leben einmal zu den passionierten Stubenhockern zählten) verbissen um die Platzreife, um endlich mit ihm gemeinsam spielen und ihm auch in dieser Hinsicht Partnerin sein zu können.

Um ihm zu gefallen, trotzen wir den Unbilden der Witterung, fahren in die Berge statt ans Meer, probieren Tintenfischringe, die wir bislang eklig fanden, tragen grün und Mini, obwohl wir immer dachten, dass uns rot und Hosen besser stehen. Wir achten auf den Klang unserer Stimme und unseres Lachens, weil er schrille Frauen nicht mag. Wir lesen die Wirtschaftswoche oder das Vereinsjournal des Hasenzüchterverbands und reisen tapfer auf dem Motorradsozius mit, auch wenn wir vor Angst schier sterben. Wie ein Chamäleon die Farbe seiner Umgebung annimmt, so passen wir uns in allen Nuancen an ihn an.

Und er? Er macht das Gleiche!
Socken in Sandalen? Nein! Das fand er auch schon immer furchtbar! (Warum scheuern seine Füße bloß auf einmal dauernd wund? Ob er etwa doch nicht die Hornhaut des Barfußläufers hat?) Kurze Hosen? Niemals! Die kämen ihm nie an den Leib! (Die fünf Exemplare, die er aus unerfindlichen Gründen trotzdem im Schrank hat, lässt er sicherheitshalber in der Kleidersammlung verschwinden.)
Er verkneift sich Schnitzel mit Pommes, weil wir vegetarisch und Vollwert essen. Er schleicht mit hundertzwanzig über die Autobahn, damit wir uns nicht angstvoll im Sitz verkrallen, und parkt im meilenweit entfernten Parkhaus, weil wir es hassen, fünfmal um den Block zu kurven. Er duscht und wechselt täglich die Wäsche, um nur ja keinen Pumaduft zu verbreiten. Guckt mit uns Schnulzenfilme und läuft Händchen haltend durch die Stadt. Tut so, als würde er nie frieren und könnte uns darum getrost seine Jacke umhängen. »Doch, ehrlich. Mir ist nicht kalt!«
Er passt sich uns an. Wir passen uns ihm an. Oder vielmehr: Wir passen uns an die Fassade an, die uns der andere zeigt. Chamäleon nimmt Farbe von Chamäleon an. Weil wir verliebt sind, schillern wir beide in Rosa. Auf Wolke sieben passt das gut.

Die Landung

Ziehen wir also zusammen! Besser heute als morgen. Sich erst näher kennen lernen? Wozu? Seit Äonen sind wir miteinander vertraut. Angst vor dem bösen Erwachen? Warum? Andere mögen einen Reinfall erleben. Aber sie haben ja auch nicht diesen einen göttlichen Mann, diese eine grandiose Frau getroffen. Bei uns ist alles anders. Wir sind die große Ausnahme!

Während wir zwischen Umzugskisten sitzen, fällt zum ersten Mal das Styling aus. Statt der sorgfältig handverlesenen Garderobe kommen Klamotten aus der Altkleiderkiste zum Einsatz. Um die guten Sachen wäre es schließlich schade. Er taucht in einem farbverschmierten Overall und einem T-Shirt auf, das schon schrecklich ausgesehen haben muss, als es noch nagelneu war. In einem Sekundenflash offenbart er sich uns so, wie er ist: als einer wie du und ich. Schnell gucken wir weg und lassen uns von seinem unwiderstehlichen Lächeln den Blick vernebeln, so dass wir seine Arbeitskluft nicht mehr sehen!

Doch die Entzauberung hat schon begonnen. Einmal angestochen, dauert es nicht lange, bis die Seifenblase platzt und das Alltagsgesicht zum Vorschein kommt. Wir erwischen ihn, wie er in der Nase bohrt; er bekommt mit, wie wir mit Zahnseide in unserem Mund herumfuhrwerken. Wir hören ihn im Auto über die Scheißfußgänger oder Sonntagsfahrer fluchen; er platzt herein, während wir auf dem Klo sitzen. Es kommt zum ersten Streit:

»Du hast …«

»Nein, du!«

»Nein, du!«

Spätestens in diesem Moment erfahren wir, dass Wolken zwar aussehen, wie ein flauschig-weiches Kuschelbett, aber leider keinerlei Tragfähigkeit besitzen. Wir landen hart auf dem Boden der Tatsachen.

Ein Chamäleon schaut verwundert das andere an, denn wir haben beide das schillernde Schuppenkleid abgeworfen. Die Verstellung ist zusammengebrochen, und urplötzlich zeigt sich das wahre Gesicht. Mit einem Mal stehen sich zwei völlig fremde Menschen gegenüber.

Wenn wir dem Mann, den wir so gut zu kennen glaubten, fortan unser »Ich-liebe-dich« ins Ohr flüstern, klingt es wie eine Beschwörungsformel – wie das Lied, das die einsame Wanderin im finsteren Wald vor sich hin pfeift, um die Angstgespenster zu verscheuchen.

Sorgsam achten wir darauf, dass er mit »Ich liebe dich auch« antwortet. Aber bitte nicht einfach so dahergesagt. Der Klang seiner Stimme muss schon verraten, dass er es auch ernst meint. Am besten, er fügt ein verstärkendes »mein geliebter Schatz« hinzu. Auch ein schmachtender Blick wäre nicht schlecht. So einer wie der, den Humphrey Bogart in Casablanca Ingrid Bergman schenkte, als er ihr zum letzten Mal »Ich schau dir in die Augen, Kleines« sagte. Aber genau so wird er ihn beim besten Willen nicht mehr hinbekommen. Wir haben die Messlatte für unseren Partner zu hoch gehängt – an der Marke der Göttlichkeit. Er aber ist ein Mensch.

Das wäre nicht weiter schlimm, hätte er uns nicht am Anfang der Beziehung selbst zur Göttin erhoben. An seiner Seite hatten wir uns unverwundbar gefühlt. Kehrt er nun zu den Normalsterblichen zurück, müssen wir mit ihm den Olymp verlassen. Kaum stehen wir wieder mit beiden Füßen auf dem Boden der Tatsachen, kehren die Selbstzweifel zurück. Der Glorienschein verblasst, und wir sehen uns wieder, wie wir sind: Ein *Homo sapiens* mit Speckpölsterchen, Plattfüßen und Spliss in den Haaren – ein Gefühl etwa, wie wenn wir nach einer im Lotto gewonnenen Superluxusreise in unsere bescheidene Zweizimmerwohnung zurückkehren. Willkommen daheim!

Das Gemeine dabei: Ausgerechnet von dieser einen Reise hatten wir nie heimkommen wollen. Wir wären so gern geblieben. Hatte er uns nicht auch das ewige Paradies versprochen? Insgeheim fühlen wir uns betrogen und haben den Eindruck, einer Mogelpackung aufgesessen zu sein. (Ihm dämmert in etwa zeitgleich dieselbe düstere Erkenntnis.)

Wir wollen die Realität nicht wahrhaben, und so versuchen wir, die Risse in der brüchigen Oberfläche unserer Illusion möglichst rasch und unauffällig zu kitten. Was nicht schön ist, reden wir uns schön. Eine Zeit lang zumindest. Zusätzlich verstärkt wird dieses Phänomen, wenn wir unseren Partner in einer Phase unseres Lebens kennen gelernt haben, in der wir emotional bedürftig waren. Haben wir längere Zeit unfreiwillig als Single gelebt und sind entsprechend ausgehungert, oder haben wir gerade eine Enttäuschung hinter uns, dann ist die Neigung, den anderen zu idealisieren, doppelt groß. Wem in der Wüste die Fata Morgana des Wassers erscheint, der wird seine letzten Kraftreserven mobilisieren, um sie zu erreichen. Zu fassen aber kriegt er sie nicht.

Die Liebe kommt, die Liebe geht

Wem dieses Buch im Zustand der romantischen Verklärung in die Hände fällt, der wird lächeln und denken: »Mich betrifft das nicht!« Solange wir nämlich im Bann von Eros stehen, leiden wir unter selektiver Wahrnehmung. Meldet irgendjemand Zweifel am Realitätsbezug unserer Liebesvision an, so hat er entweder keine Ahnung oder ist bloß neidisch. Warnungen und Bedenken von Freunden oder gar Eltern (»Lass dich bloß nicht mit so einem Typ ein! Ihr passt doch gar nicht zusammen!«) passen nicht ins Bild und werden ausgeblendet. Unsere Richtantennen nehmen ausschließlich solche Funksprüche auf, die uns in unserer Idealisierung bestätigen. Und die werden dann in uns tausendfach verstärkt. Ja! Ja! Das Glück ist mein! Denn er (oder sie) gehört mir allein!!

Doch machen wir uns nichts vor. Jede Beziehung wächst über kurz oder lang aus dem romantischen Stadium hinaus. Auch die unsere. Genießen wir also den Höhenflug, solange er währt! Kosten wir jede Sekunde aus! Verlängern können wir ihn nur, indem wir uns am Anfang Zeit nehmen, indem wir das Prickeln bis an die Grenze des Aushaltbaren dehnen und diesen

Zustand genießen, bevor wir schwach werden. Kaum waren wir nämlich das erste Mal zusammen im Bett, fängt die Uhr zu ticken an. Die Magie der Beziehung hat eine Verfallszeit einprogrammiert.

Damit stehen wir vor einem paradoxen Phänomen: Während sich die Liebe heute meist wenige Monate nach dem Bezug der gemeinsamen Wohnung verflüchtigt, kam sie früher (mit etwas Glück) erst nach der Hochzeit zur Blüte. Die Liebe wurde einfach völlig anders gedeutet. Verliebtheit war das eine. Liebe etwas ganz anderes. Verwechslungen gab es nicht. Ersteres wurde als rauschhaftes und darum flüchtiges Gefühl erkannt, und es wäre nie in Frage gekommen, eine Heirat davon abhängig zu machen. Die Wahl des Partners war sowieso eine Angelegenheit der Familienräson und wurde von den Eltern sorgfältig eingefädelt und ausgehandelt. Es regierte allein die Vernunft.

Nicht selten kam es vor, dass sich Braut und Bräutigam vor dem Altar zum ersten Mal zu Gesicht bekamen. Die Erwartungen an den anderen waren dementsprechend gering: Sie war froh, wenn er nicht wie ein Affe aussah (und auch nicht so roch), für ein geregeltes Einkommen sorgte, sie einigermaßen respektvoll behandelte und nicht soff oder prügelte. Er schätzte sich glücklich, wenn sie keinen Buckel hatte, ihn ab und zu an sich heranließ und einigermaßen kochen und Ordnung halten konnte.

Zu Recht ginge ein Aufschrei durch die Welt, wollte man versuchen, uns modernen Menschen die Liebesheirat auszureden. Kaum eine(r) will sein Lebensglück in die Hände von Familienvorständen oder Kupplerinnen legen. Man mag die gute alte Zeit noch so oft beschwören, die Zustände waren damals alles andere als ideal. Dennoch: Damals kam die Liebe mit der Hochzeit, während sie heute mit dem Zusammenziehen (ver)geht. Warum ist das so?

Die Antwort liegt in der Position der Messlatte! Wir sehen in unserem Angebeteten den Erlöser von allem Übel und erwarten alles von ihm. Die Fremdvermählten früherer Zeiten hingegen richteten sich auf das Schlimmste ein. War der Gatte/die Gattin auch nur halbwegs passabel, hatten sie darum das Gefühl, schon das große Los gezogen zu haben.
Um die Klippe der Entzauberung zu umschiffen, muss uns der Spagat zwischen Liebe und Vernunft gelingen. Solange uns das Herz bis zum Halse pocht, wenn wir den anderen sehen, hat der Verstand keine Chance. Ist der Rausch aber verflogen, ist es an der Zeit, die eigenen Maßstäbe zu überprüfen. Hat sich der Prinz wirklich als Frosch entpuppt? Ist hinter dem Engelchen tatsächlich eine Teufelin zum Vorschein gekommen? Wenn ja, dann ergreifen Sie schleunigst die Flucht! In der Mehrzahl aller Fälle aber dürfte es sich bei den neu entdeckten Schwächen um ebenjene Unvollkommenheiten handeln, die Normalsterbliche von den Bewohnern des Olymps unterscheiden. Nehmen wir uns nicht übel, dass wir nicht Adonis und Aphrodite sind! Fahren wir unsere Ansprüche von »gottgleich« auf »menschlich« zurück!
Die US-amerikanische Bestsellerautorin Judith Viorst beschrieb es einmal so: »Verliebtheit ist, wenn du denkst, er ist so sexy wie Robert Redford, so klug wie Henry Kissinger, so edel wie Ralph Nader, so witzig wie Woody Allen und so athletisch wie Jimmy Connors. Liebe ist, wenn du merkst, dass er so sexy ist wie Woody Allen, so klug wie Jimmy Connors, so witzig wie Ralph Nader, so athletisch wie Henry Kissinger und so ganz und gar nicht wie Robert Redford – du ihn aber trotzdem nimmst.«

Der heimliche Widersacher

Was schwebt uns eigentlich vor, wenn wir mit einem anderen Menschen – ob mit oder ohne Trauschein – zusammenziehen? Wir wollen mehr Zeit miteinander verbringen und so viel wie möglich gemeinsam machen. Wir wollen am Abend in Löffelchenstellung einschlafen und morgens in gleicher Haltung wieder aufwachen. Wir wollen vor aller Welt demonstrieren, dass wir zusammengehören. Und wir wollen Geld sparen (eine Wohnung zu unterhalten kostet nun mal weniger als zwei).

Ansonsten aber soll alles mindestens so wundervoll bleiben, wie es ist! Schließlich läuft es perfekt zwischen uns. Das Paradoxe an der Sache: Während wir normalerweise vor jeder kleinsten Veränderung zurückschrecken und uns nur unter allergrößtem Leidensdruck dazu bringen lassen, unsere eingefahrenen Geleise zu verlassen, werfen wir auf einmal leichten Herzens alles über Bord, was unser bisheriges Leben ausgemacht hat. Normalerweise würden wir doch nie etwas ändern, das uns gefällt. Außer in einer Liebesbeziehung: Da sind wir ausgerechnet in dem Augenblick, in dem alles super läuft und wir miteinander am allerzufriedensten sind, geradezu erpicht darauf, unser Leben von Grund auf umzukrempeln. Wir lassen alles los, um immer mit diesem einen Menschen zusammen sein zu können.

Warum tun wir das? Bestimmt nicht, um Liebhaber zu bleiben, denn dann könnten (oder besser: müssten) wir alles beim Alten belassen. Nein, wir machen es, weil wir unseren Trieben auf den Leim gehen. Wie ferngesteuerte Roboter geben wir alles auf, um unserem Nestbauinstinkt zu folgen und eine Familie zu gründen. (Dass der Sprung ins gemeinsame Leben heute nicht unbedingt mit Kindersegen einhergeht, haben wir der Pharmaindustrie zu verdanken.)

Damit aber tauschen wir automatisch unsere Rolle als Geliebte gegen die von Haus- und Hofverwalter ein. Statt zu turteln und zu scherzen, müssen wir uns auf einmal über die Finanzierung von Miete, Versicherungen und Telefonrechnungen Gedanken machen. Statt über das Weltall zu philosophieren, müssen wir uns mit Haushaltsschmutz und der Notwendigkeit seiner Beseitigung befassen. Statt nach Feierabend Händchen haltend von Boutique zu Boutique zu schlendern, müssen wir durch den Supermarkt eilen, um noch eben schnell Klopapier und Waschpulver zu besorgen.

Während wir an der Kasse anstehen, merken wir auf einmal, dass alles ganz anders gekommen ist, als wir es uns ausgemalt hatten. Nicht nur, dass das Image des Partners in den ersten Monaten des Zusammenlebens einiges an Federn lassen musste, es ist noch etwas anderes passiert: Das Erhabene ist aus der Zweisamkeit gewichen, und an seiner Stelle hat die Banalität Einzug gehalten. »Er ist schuld!«, schreit es in uns.

Es liegt jedoch nicht an der Unzulänglichkeit unseres Partners, wenn sich unsere gemeinsamen Lebensinhalte nach dem Zusammenziehen verändern. Machen wir ihm keine Vorwürfe, er kann nichts dafür. Es ist etwas anderes, das sich mit übergezogener Tarnkappe bei uns eingeschlichen hat, als wir das erste Mal die Schwelle zu unserer gemeinsamen Wohnung überschritten. Der Alltag!

Erwarten wir nicht, ihn je wieder loszuwerden. Richten wir uns lieber darauf ein, dass er Tisch und Bett mit uns teilt. Nach dem romantischen Candle-Light-Dinner türmt er Berge von schmutzigem Geschirr vor uns auf. Nach der Liebesnacht fordert er von uns, die Flecken aus dem Laken zu waschen. Gegen ihn anzukämpfen bringt nichts außer Frust. Erklären wir ihn zum Feind, verwandelt er unser trautes Heim zum Kriegsschauplatz. Dann vergiftet er die Atmosphäre wie eine ewig nörgelnde Schwiegermutter, die sich hartnäckig in unser Leben mischt. Ärgern wir uns über ihn, fällt uns jeder Handgriff, den er uns abnötigt, doppelt schwer. Nehmen wir ihn also lieber an, so wie er ist: ein wenig langweilig, mag sein, aber immer verlässlich. Da weiß man wenigstens, was man hat.

Xanthippe lässt grüßen

Sich von unrealistischen Erwartungen zu verabschieden ist für Mann und Frau gleichermaßen schwierig. Er aber ist in einer vergleichsweise einfacheren Position, denn schließlich ist er entsprechend seiner inneren Programmierung darauf gepolt, nur das Eine zu wollen – und das klappt in den ersten Monaten einer Beziehung meist noch ganz gut. Wenn sich das Prickeln dann mehr und mehr verabschiedet, ist das zwar schade, aber noch bevor er groß ins Grübeln verfallen kann, treibt ihn seine Geilheit – ob im Kopf oder der Realität – zu neuen Abenteuern hin. Kaum hat er die rosarote Brille abgesetzt, ist er wieder empfänglich für fremde Reize.

So orientiert er sich nach außen, ist abgelenkt und bekommt, wenn überhaupt, nur am Rande mit, wie sich das Liebesnest zur Versorgungsbasis wandelt. Wenn die dann auch noch halbwegs reibungslos funktioniert und sich bei ihm das bequeme Wie-zu-Hause-bei-Muttern-Gefühl einstellt, kommt er vergleichsweise sanft auf dem Boden der Tatsachen an.

Anders geht es uns Frauen. Wir wollten nicht nur das Eine, wir wollten alles. Nun müssen wir zusehen, wie unsere großen Illusionen eine nach der anderen zerplatzen:

Zum ersten Mal bewirten wir Gäste in den eigenen vier Wänden. Wir wollen, dass bis hin zu den farblich passenden Kerzen einfach alles stimmt. Er übernimmt freiwillig das Tisch-

decken und streut Messer und Gabeln so leger wie sonst neben die Teller. Wir schlucken über so viel Nachlässigkeit und rücken dann wortlos alles zurecht. Ein Zacken knickt in seiner Krone.
Ein letzter prüfender Blick ... O nein, die Gläser haben ja noch den Trockenrand von der Spülmaschine dran! Die muss er übersehen haben. Schnell holen wir den Lappen, hauchen und polieren rasch. Die Gäste müssen jeden Moment vor der Tür stehen.
Da guckt er um die Ecke: »Mensch, sei doch nicht so penibel!« Ein zweiter Zacken knickt.
In diesem Augenblick klingelt es. Wenn er sich den ganzen Abend absolut Knigge-konform benimmt, kann uns das sicher wieder besänftigen. Aber wenn er sich das nächste Mal zum Tischdecken meldet, werden wir dankend ablehnen: »Nein, nein, das mach ich schon (weil du es mir nicht gut genug machst)!«
Wenn wir Frauen von Liebe reden, meinen wir damit die romantische Zweisamkeit der Hollywood-Filme. Um dazu die passende Kulisse zu schaffen, sind wir zu fast jedem Opfer bereit: Wir verrücken x-mal die Möbel, bis uns das Arrangement perfekt erscheint, machen uns Gedanken über die optimale Vorhanglänge, wählen jeden Artikel unseres Hausstands bis hin zur Klobürste mit Bedacht. Und dann fläzt er sich auf die teure Sofa-Husse und verkrümelt seine Chips – ein Fremdkörper in unserem Journal-Interieur. So hatten wir uns das nicht gedacht!
Eine große skandinavische Möbelfirma führte uns genau dieses Bild unlängst in einer Zeitschriftenwerbung plastisch vor Augen: Er lümmelt mit der Fernbedienung in der Hand genüsslich auf der Couch. Auf dem Boden das ganze Arsenal von Knabberzeug, Süßwaren, Getränken, Fernsehprogramm und was man(n) sonst so braucht. Das Chaos ist perfekt. Über-

schrift: »Das Problem«. Sie schaut sich das Ganze an, die Augen genervt zum Himmel verdreht, die Hände resolut in die Hüften gestemmt. Auf der nächsten Seite offenbart sich uns die »schwedische Lösung«: Sie hat kurzerhand einen dekorativen Überwurf über Mann und Sofa gebreitet. Der Kerl ist zwar noch da, aber man sieht ihn und seine Unordnung wenigstens nicht mehr.

Auch wenn wir nie in diese Rolle hineinrutschen wollten – um unsere Vorstellung vom Bilderbuch-Ambiente aufrechtzuerhalten, tun wir genau das, was seine Mutter früher immer getan hat: Wir fangen an, ihn zu erziehen. Leg doch wenigstens einen Teller unter, wenn du schon unbedingt im Wohnzimmer was essen musst! Warum trinkst du dein Bier aus der Flasche? Wir haben doch Gläser im Schrank! Dein Hemdzipfel hängt hinten raus. Du hast einen Fleck auf der Hose. Vergiss nicht, den Abfall runterzutragen, wenn du aus dem Haus gehst.

Das Wohn- und Lifestyle-Magazin »Living« warb für eines seiner Hefte (Leitartikel: »Glücklich zu zweit«) mit dem im Zen-Stil geschriebenen Gedicht eines frustrierten Ex-Singles:

»Wenn meinen Socken
in der Schublade langweilig wird,
ziehen sie los. Suchen sich neue
Lebensräume. Viele trennen sich
auf ihrem Weg durch die Wohnung.
Meine Freundin hasst mich deswegen.
Was kann ich dafür?«

Kleinkrieg oder Kissenschlacht?

Unsere Gängelei bestätigt den Mann in seinem Gefühl, dass er in einer Art zweitem Elternhaus gelandet ist, und so dauert es nicht lang, da fällt er in die Rolle des pubertierenden Jugendlichen zurück. Je mehr wir an seinem Verhalten auszusetzen haben, desto trotziger verweigert er den Gehorsam. Mit hinhaltendem Widerstand nach der Devise »Mutti wird's schon richten« treibt er uns schier in den Wahnsinn, müllt die Wohnung zu, lässt seine schweißdurchtränkten Sportklamotten in der Tasche vermodern und pinkelt im Stehen.

Schon stecken wir mitten in einem zermürbenden Kleinkrieg: Wir meckern, er blockt, wir zetern, er motzt, wir grollen, er zürnt – und das nur, weil wir es alles so schön haben wollen – weil wir es zu schön haben wollen! Wir machen ihm die Hölle heiß, wie dereinst Xanthippe ihrem Gatten Sokrates. Unzufrieden mit ihrem Hausfrauendasein, nörgelte und schimpfte sie von früh bis spät. Er flüchtete sich an den Busen von Aspasia und anderen Damen aus dem Gewerbe. Der Unsere geht (vielleicht) nur in die Kneipe.

Ich frage mich: Was machen wir da eigentlich?! Warum führen wir uns wie die Kinder auf?! Wie oft haben wir gehört, dass das Zusammenzuleben mit einem anderen Menschen ein einziger Kompromiss sei. Nichts ist wahrer als das. Trotzdem klingt mir der Satz zu negativ. Was ist denn so schlecht daran, sich auf eine Lebensform zu einigen, die seinem Wunsch nach legerer Bequemlichkeit ebenso gerecht wird wie dem unseren nach einem harmonischen, aufgeräumten Nest?

Von allein wird sich der Alltag kaum so einrichten, dass wir uns beide wohl fühlen und zufrieden sind. Wenn wir dem Partner alles recht machen wollen und dabei nicht auf die oben beschriebene Mutter-Sohn-Schiene geraten, verfallen wir womöglich ins andere Extrem und wachsen vor lauter Hilfsbereitschaft und Uneigennützigkeit über uns hinaus: Wir spielen den Pausenclown und lächeln wie Honigkuchenpferde, während wir Dinge tun, zu denen wir gar keine Lust haben. Aber ein Mensch, der mit aufrechtem Rückgrat durchs Leben gehen will, kann sich nur bis zu einem bestimmten Punkt verbiegen. Entweder redet er sich ein, dass der Partner sein Leben sei, und verliert dabei seine eigene Identität (eine Falle, in die klassischerweise vorwiegend Frauen geraten). Oder er hat irgendwann so die Nase voll, dass er urplötzlich das Handtuch schmeißt. Dann steht der andere wie vor den Kopf gestoßen da und begreift die Welt nicht mehr. Es hatte doch bislang alles so gut geklappt …

Die Frage, die wir Frauen uns stellen müssen: Was ist uns wichtiger – die Kulisse oder der männliche Hauptdarsteller in unserem Liebesfilm? Können wir es überhaupt aushalten, dass so ein Typ mit seinen Ecken und Kanten unser häusliches Stillleben durcheinander bringt? Wenn nein, sollten wir mit keinem zusammenziehen. Wenn ja, dann müssen wir unsere Prioritäten entsprechend setzen. Erst der Mann und dann die Deko!

Widerstehen wir der Versuchung, in die Mutterrolle zu rutschen! Schicken wir unsere innere Gouvernante in die Wüste! Lassen wir uns auf eine Kissenschlacht mit ihm ein, ohne gleich daran zu denken, wie empfindlich die Satinbezüge sind! Plantschen wir mit ihm in der Badewanne, ohne sofort den Wischlappen zu holen! Genießen wir das Zusammensein. Lachen wir mit ihm. Leben wir mit ihm. Machen wir es uns nicht so schwer!

Wenn er das nächste Mal wieder sein taunasses Bierglas ohne Untersetzer auf das empfindliche Kirschholzfurnier stellt, bringen wir es vielleicht fertig, uns zu ihm zu setzen und ihm zu sagen, dass es uns in der Seele wehtut, den schönen Tisch so leiden zu sehen. Nicht quengelnd, nicht drohend, sondern ganz ruhig und sachlich. Ohne ihn zuzuschwallen und eine Grundsatzdiskussion daraus zu machen. Ein Satz genügt. Er wird den Untersetzer holen. Bestimmt! (Genau genommen findet er Wasserflecken nämlich auch nicht so prickelnd – zumal wenn er das Möbel selbst bezahlt hat.)

Wenn er ihn beim nächsten Mal wieder vergisst, reicht ein Lächeln, und es fällt ihm wieder ein.

10. Kapitel:
Die große Odyssee

Unseren Partner einigermaßen heil von dem Sockel herunterzuholen, auf den wir ihn im ersten Rausch der hormonellen Verblendung gestellt haben, ist nur eine der Klippen, die es auf dem Weg zu einer dauerhaften, erfüllenden Beziehung zu umschiffen gilt. Ob wir den »richtigen« Partner gewählt haben, stellt sich erst nach der Phase der Entzauberung heraus. Wenn es zwischen uns funktionieren soll, müssen wir aber nicht nur menschlich zusammenpassen. Auch unsere Lebensentwürfe und gemeinsamen Ziele müssen stimmen. Es liegt an uns selbst zu entscheiden, an welche Gestade wir unser Beziehungsschiff lenken wollen.

Insofern geht es uns fast wie Odysseus, der über die Meere fuhr, um zu seiner Penelope zurückzufinden. Seine Irrfahrten führten ihn an viele verwunschene Plätze, an denen es gefährliche Abenteuer zu bestehen galt. Wie Odysseus müssen wir uns überlegen, wo wir mit unserem Schiff vor Anker gehen wollen. Mancher Hafen mag auf den ersten Blick einladend aussehen – legen wir aber an, könnte es gut sein, dass wir bald in der Falle sitzen. Zwar riskieren wir weder, von Zyklopen oder Riesenfrauen gefressen noch von Zauberinnen in ein Schwein verwandelt zu werden – aber wenn wir hineingeraten, könnte es uns, wenn nicht das Seelenheil, so doch zumindest den Glauben an die Möglichkeit geglückter Partnerschaften kosten.

An sieben Inseln kommen wir vorbei. Sie zu betreten mag verlockend erscheinen, aber machen wir besser einen großen Bogen um sie herum. Vielleicht sollten wir es dem griechischen

Helden gleichtun und uns vorsichtshalber an einen Mast binden lassen, um nicht am Ende dem Sirenengesang doch noch zu folgen.
Sollten Sie beim Lesen merken, dass Sie schon auf einer der Inseln festsitzen, dann bleibt nur die Flucht – ob gemeinsam mit Partner oder allein, das hängt von den Umständen ab. Doch wie dem auch sei: Setzen Sie die Segel! Egal welchen Kurs Sie einschlagen, Hauptsache Sie machen sich auf den Weg!

Wolke sieben: Die Traumpaarfalle

Palmen, weißer Strand und blaues Meer – diese Insel lässt keine Wünsche offen. Wäre es nicht ein Traum, hier zu leben? Ein Paar hat es versucht, zwei attraktive junge Leute – jeder für sich ist schon eine Schau, im Doppelpack aber stellen sie so ziemlich alles in den Schatten, was sich in ihre Nähe traut. Sie sehen nicht nur gut aus, sondern sind auch in jeder anderen Hinsicht erfolgreich. Mit ihrer Beziehung haben sie offenbar das ganz große Los gezogen. Es war ja auch Liebe auf den ersten Blick. Zuckerguss-Hochzeit in weiß, Honeymoon auf den Malediven, nach der Rückkehr gleich ein Haus gekauft. Günstig war es nicht, aber zu einem vernünftigen Preis war einfach nichts Adäquates zu finden. Und die dorischen Säulen am Eingang haben ihnen so gut gefallen – da konnten sie einfach nicht widerstehen. Die monatliche Belastung ist zwar hoch, aber irgendwie werden sie das mit den Raten schon hinkriegen. Sie haben ja schließlich beide einen guten Job.
Für den Weg zur Arbeit brauchen sie ein Auto. Beide. Er will eine Limousine mit Stern. Drunter macht er's nicht. Wenn das so ist, möchte sie ein Cabrio. Das erfordert allein das Gleichheitsprinzip! Sie lässt sich vom Verkäufer überzeugen, dass so ein Wagen mit Leasing gar nicht teuer sei. Er wird bei der

Probefahrt schwach, denn ihr wallendes Haar flattert so hinreißend im Wind.
Als man ihnen anbietet, sich nach Feierabend mit dem Direktvertrieb von Gesundheitsdecken ein zusätzliches finanzielles Standbein aufzubauen, sagen sie sofort zu. Das Geld können sie gut gebrauchen, nicht nur, um Hypothek und Raten zu zahlen. Auch schön zu sein hat seinen Preis: Leute wie sie können ihre Klamotten schließlich nicht bei »Charme & Anmut« kaufen. Sie sind ein Traumpaar, und als solches haben sie gewisse Repräsentationspflichten. Alle bewundern sie, und sie wollen niemanden enttäuschen.
Auch wenn ihr Konto im Minus ist: Statt Pommesbude und Popelurlaub schlürfen sie Cocktails in der Szene-Bar und jetten zum Tauchen, Segeln und Golfen ins Fünf-Sterne-Ressort. Und wenn sie Gäste bewirten, wird zum Apéro selbstverständlich Champagner serviert.
Relaxen am Wochenende? Keine Zeit! Da müssen sie trainieren, die Wohnzimmer-Deko neu machen, das Auto polieren und die Terrakotta-Gefäße neu bepflanzen. Ob werktags oder feiertags, sie hecheln beide im Hamsterrad. Wenn er abends auch noch Sex von ihr will, gibt sie sich zugeknöpft. Viel zu kaputt! Sie geht ihm aus dem Weg und achtet darauf, vor ihm ins Bett zu gehen; bis er zu ihr unter die Decke schlüpft, schläft sie schon (oder tut zumindest so).
Wenn sie ausgehen, tun sie es immer öfter allein. Eines Tages lernt sie auf einer Party jemanden kennen. Ein ausgesprochen attraktiver Typ. Es ist Liebe auf den ersten Blick …

Rettungsinsel: Die Samariterfalle

Als Beate das Eiland am Horizont auftauchen sieht, steuert sie erleichtert darauf zu. Endlich würden sie festen Boden unter

den Füßen haben! Wenn es allein um sie gegangen wäre, hätte die Fahrt ruhig noch weitergehen können. Aber sie hat da einen Mann aus den Wellen gefischt, der dem Ertrinken nahe war. Vor ihr hatten ihn schon andere Frauen an Bord genommen, ihn dann in ihrer Herzlosigkeit aber wieder ins Wasser gestoßen. Sie hatten ihn nicht wirklich geliebt.
Das Leben hat ihm in jeder Hinsicht übel mitgespielt. Was er auch anfasst, es scheint einfach alles zu misslingen. Dabei ist er überaus intelligent. Eine große künstlerische Begabung! Er malt, singt, dichtet und philosophiert nächtelang mit ihr über Gott und die Welt – so tiefe Einsichten wie er hat ihr noch niemand vermittelt. Dass er während dieser Gespräche dem Rotwein und den Zigaretten deutlich mehr zuspricht, als es ihm gut tut – das wird sie ihm mit der Zeit schon abgewöhnen. Da ist sie sich ganz sicher. Die Kraft ihrer Liebe wird ihn heilen.
Erste Erfolge zeigen sich auch schon: Sie hat ihm durch Vermittlung eines Bekannten einen Job verschafft. Viel verdient er nicht, aber wenn sie ihn zu sich in die Wohnung nimmt, braucht er selbst keine Miete mehr zu bezahlen. Stattdessen kann er anfangen, seine Finanzen in Ordnung zu bringen. Sie war mit ihm schon bei der Schuldnerberatung. Sieben Jahre Wohlverhalten und er ist aus allem raus.
Kaum ist er bei ihr eingezogen, verwandeln sich ihre vier Wände in ein Schlachtfeld. Ordnung ist ein Fremdwort für ihn. Das Bad hinterlässt er wie einen Schweinestall. Nach zwei Wochen wird ihm die Stelle gekündigt, weil er noch in der Probezeit mehrfach zu spät gekommen ist. Überall stehen überfüllte Aschenbecher herum. Er wollte eigentlich nur auf dem Balkon rauchen, aber bei dem schlechten Wetter – das kann man doch niemandem zumuten. Als sie sich beschwert, wird er pampig, rennt beleidigt aus dem Haus und kommt sturzbetrunken zurück. Er überschüttet sie mit wüsten Beschimpfungen, ist

am nächsten Tag völlig zerknirscht und bittet sie auf den Knien um Verzeihung. Er wird sich bessern, bestimmt!
Wie könnte Beate anders, als ihm zu vergeben?
Sie begreift irgendwann, was für einen Typen sie sich da an Land gezogen hat. Doch kaum ist sie bereit, die Beziehung über Bord zu werfen, schmeichelt er sich wieder bei ihr ein. Wenn er im nüchternen Zustand bloß nicht so liebevoll und romantisch wäre! Das ewige Auf und Ab macht sie fix und fertig. Allein die Segel zu setzen, fehlt ihr die Kraft.
Vielleicht lernt sie ja bald einen anderen Mann kennen – einen von der ritterlichen Sorte mit ganz breiten Schultern, bei dem sie sich anlehnen und ausruhen kann. Dieser Mann nimmt sie unter seine Fittiche und regelt alles für sie. Er setzt den Säufer vor die Tür, lässt sein Gerümpel vom Sperrmüll abholen, renoviert ihr die Wohnung, tröstet sie und ist immer für sie da. Er lässt sie nur ungern allein. Man kann ja nie wissen. Wenn sie irgendwo hinmuss, wo sie sich nicht auskennt, begleitet er sie. Er zahlt ihr eine Ausbildung, damit sie einen besseren Job bekommt, und zeigt ihr die große, weite Welt …
Sie ist ihm ja so dankbar, schleicht auf Zehenspitzen durch die Wohnung, wenn er Zeitung liest, um ihn nicht zu stören. Sie kocht seine Leibgerichte und bügelt ihm die Hemden. Bis sie eines Tages am Fenster steht und in die Ferne schaut. Auf einmal ist es ihr zu eng im Haus. Sie muss raus und muss sich beweisen, dass sie auch allein etwas bewegen kann.
Unten vor der Haustür trifft sie einen Typen, den sie von früher her kennt. Er sieht ein wenig heruntergekommen aus …

Inquisitoria: Die Check-up-Falle

Was Männer anbelangt, ist Kerstin ein gebranntes Kind. Immer wieder glaubte sie, das große Glück gefunden zu haben.

Doch dann musste sie jedes Mal feststellen, dass sie schon wieder so einem egoistischen Saukerl aufgesessen war, der sie – wenn's drauf ankam – im Stich ließ. Den Traum von der ultimativen Liebe will sie trotzdem nicht aufgeben. Ihr sehnlichster Wunsch ist eine feste Beziehung. Irgendwann muss es doch einmal klappen! Irgendwann muss doch auch sie einmal Glück haben! Ihre Freundinnen haben es schließlich auch geschafft.
Den passenden Partner zu finden ist für sie als allein erziehende Mutter doppelt schwer – nicht nur, weil der eine oder andere mögliche Kandidat den Absprung macht, sobald er mitkriegt, dass sie nur mit Anhang zu haben ist. Auch müssen immer erst ihre beiden Jungs irgendwo untergebracht sein, wenn sie sich verabreden will. Außerdem muss sie wählerischer sein als manche Single-Frau: Der Kerl muss schließlich nicht nur ihr, sondern auch ihren Söhnen gefallen.
Wo aber soll sie den Richtigen finden? Es wohnt da zwar ein – ebenfalls allein erziehender – Mann in der Nachbarschaft, der immer da ist, wenn sie ihn braucht, und der auch schon mal mit den Kids auf den Fußballplatz geht. Überhaupt gibt es in ihrem Bekanntenkreis viele Männer. Frauen sind ihr irgendwie suspekt, sie erscheinen ihr zu zickig, zu gekünstelt. Ihr liegt eher das Geradlinige, Kumpelhafte. Trotzdem sucht sie nicht bloß einen guten Freund, mit dem sie durch dick und dünn gehen kann, sie will den Mann fürs Leben.
Inquisitoria hält Sascha für sie bereit, einen Mann aus dem Zeitungsangebot. (Sie geht nicht nur regelmäßig die Annoncen in allen einschlägigen Blättern durch, sondern durchforstet auch jeden Abend die Chatrooms im Internet.) Was er schreibt, klingt vielversprechend: »Er, 40, 1,80, absolut vorzeigbar, ges. finanz. Verh., sucht unkomplizierte Sie bis Mitte 30 zum gemeinsamen Relaxen, Tango-Tanzen und, und, und … Zuschr. b. m. B.«
Wenn das alles so stimmt, könnte sie an den obersten beiden Punkten ihrer Checkliste bereits ein Häkchen machen – ihr

Traummann soll nämlich erstens gut aussehen und ihr zweitens nicht auf der Tasche liegen. Unkompliziert ist sie. Das ginge ebenfalls in Ordnung. Mal so richtig entspannen würde ihr gut tun, und Tanzen war sie auch schon lange nicht mehr.

Also gut, sie wird das Geld für den Babysitter riskieren. In drei Stunden sollte sich doch herausfinden lassen, ob er in die engere Wahl kommt oder nicht. Sie treffen sich im Café.

Pünktlichkeit? Es sitzt schon am Tisch, als sie kommt. Häkchen.

Aussehen? Zwar nicht wie Johnny Depp, aber ganz ok. (Nur die Haare sind etwas zu lang, aber das lässt sich ändern.) Häkchen.

Generelle Erscheinung? Gepflegt. Er trägt ein frisches Hemd, die Hose sitzt gut, und die Schuhe sind blank poliert. Sogar die Fingernägel sind adrett manikürt. Häkchen.

Umgangsformen? Passabel. Er wartet mit dem Kuchenessen, bis auch der Kaffee serviert ist. Schlingt nicht. Kleckert nicht. Häkchen.

Treue? Er verzieht keine Miene, als sich die vollbusige Bedienung beim Servieren über ihn beugt. Häkchen.

Suchtgefährdet? Wohl kaum. Er kann der Dame vom Nebentisch kein Feuer geben (»Tut mir Leid. Ich rauche nicht.«) und hat definitiv keine Fahne. Häkchen.

Freizeitgestaltung? Vielversprechend. Er schwärmt von seiner Ferienwohnung auf Mallorca und springt nicht auf die von ihr beiläufig hingeworfenen Stichworte »Fernsehen« und »PC« an. Auf »Fußball« schon, aber das trifft sich gut – das wird die Jungs freuen. Häkchen.

Großzügigkeit? Er zahlt für sie mit und gibt 1,50 Trinkgeld. Häkchen.

Sie gibt ihm ihre Telefonnummer, und er ruft am nächsten Tag an. Zuverlässig ist er also auch. Vielversprechend, wirklich vielversprechend!

Jetzt steht nur noch eine Frage auf ihrer Checkliste: Ist er ein guter Liebhaber?
Sie überredet ihre Mutter, ihr übers Wochenende die Kinder abzunehmen, und lädt ihn zum Candle-Light-Dinner ein. Sie empfängt ihn im kleinen Schwarzen, serviert die kulinarischen Highlights aus Isabel Allendes Aphrodite-Kochbuch und verführt ihn nach allen Regeln der Kunst. Er steht seinen Mann.
In ihrem inneren Computer rattert es kurz, dann wirft das Check-up-Programm die abschließende Bewertung aus: Sascha ist ihr Mann!
Am Morgen danach sitzt sie mit dem Terminkalender am Frühstückstisch. Sie will Nägel mit Köpfen machen. Da wäre zum Beispiel der Donnerstag: Geburtstagsparty bei ihrer Schwester.
»Du kommst doch mit, oder?« Sie strahlt ihn an.
Er nickt. »Aber klar.«
»Und am Wochenende könnten wir an den Baggersee. Da haben Freunde von mir einen Wohnwagen stehen.«
Sascha ist wirklich süß. Mit ihren Söhnen kommt er supergut zurecht. Vom ersten Moment an hängen sie wie Kletten an ihm. Ihre Schwester ist begeistert, ihre Freundinnen auch. Sogar ihre Mutter, der es bisher noch keiner wirklich Recht machen konnte, hat ihn auf Anhieb ins Herz geschlossen. Sie müssen versprechen, einmal die Woche bei ihr zu Abend zu essen.
Er wohnt hundert Kilometer entfernt, steht aber jedes Wochenende und an zwei, manchmal gar drei Abenden pro Woche auf der Matte. Kerstin ist im siebten Himmel. Endlich hat sie es geschafft!
Nach einem Vierteljahr übernimmt er in seiner Firma ein neues Projekt. Die Geschäftstermine häufen sich, und er ist gestresst, der Ärmste. Wenn er nicht kommen kann, telefonieren sie. Er kann immer öfter nicht kommen.
Nach einem halben Jahr kommt ein Brief von ihm. Er habe

einen Posten im Ausland angenommen, Antrittstermin: sofort. Kerstin kann es einfach nicht glauben. Sie fährt zu ihm und stellt ihn zur Rede.
»Es hat doch alles gestimmt ...«
»Für dich vielleicht. Aber hast du dich einmal gefragt, ob es auch für mich gestimmt hat?«

Disneyland: Die Babyfalle

Elfie und Andreas sind schon seit längerem ein Paar. Sie leben zusammen in einer schönen Dreizimmerwohnung, verstehen sich gut, verdienen ganz passabel (Elfie arbeitet in einer Immobilienagentur, Andreas ist Lehrer), fahren zweimal im Jahr schön in Urlaub und brauchen auch ansonsten nicht jeden Cent dreimal umzudrehen. Alles könnte perfekt sein, wenn Andreas bloß nicht so stur wäre! Elfie wünscht sich nämlich ein Kind, und damit es in geordneten Verhältnissen aufwachsen kann, will sie außerdem heiraten. Andreas aber blockt. Er hätte tagsüber ohnehin genug Kinder um sich herum. Wozu da noch ein eigenes in die Welt setzen? Er wolle sich die Verantwortung nicht aufladen, wisse inzwischen, dass er nicht die Geduld hätte – und heiraten will er auch nicht. Er sieht einfach keinen Sinn darin.
Eine Zeit lang versucht Elfie es mit Überzeugungsarbeit. Doch wann immer sie das Thema auf Ringe oder Windeln lenkt, scheint Andreas' Hörvermögen auszusetzen. Er will einfach nichts davon wissen. Sie ist verzweifelt und weiß nicht, was sie tun soll. Bis zu jenem Wochenende, das sie gemeinsam mit ihren beiden besten Freundinnen in den Bergen verbringt. Nachts, gemütlich eingekuschelt vor dem Kaminfeuer in der Hütte, hecken die drei Frauen eine Idee aus: Ein Pillenunfall! Es muss aussehen wie ein Pillenunfall!

Knapp drei Monate später hält Elfie die ersten Ultraschallbilder von ihrem Baby in den Händen. Andreas gegenüber gibt sie sich zerknirscht, innerlich aber jubelt sie. Und der Vater in spe? Der ist blitzsauer! Aber das wird sich bestimmt legen, wenn er sein eigen Fleisch und Blut erst einmal im Arm hält, davon ist Elfie überzeugt.
Andreas tobt, als Elfie von ihm verlangt, sein Arbeitszimmer zu räumen und seinen Schreibtisch ins Schlafzimmer zu verfrachten. Nicht mit ihm! Das macht er nicht mit! Als er von einem Aufenthalt im Schullandheim zurückkommt, erkennt er sein heiß geliebtes Refugium nicht wieder: Schneewittchen und die sieben Zwerge grinsen ihm von der Tapete entgegen. Wo sein Computer war, steht eine pastellfarbene Wickelkommode. Die Raummitte wird von einer Wiege im Romantiklook dominiert. Wohin er auch schaut: In jedem Winkel und auf jedem Sims hocken Plüschtiere! Es sieht aus wie in Disneyland.
Er stürmt Türe knallend aus dem Haus. Tagelang spricht er kein Wort.
Er kommt nicht mit zum Geburtsvorbereitungskurs.
Er will bei der Entbindung nicht mit dabei sein. (Es ist ein Junge! Einfach goldig!)
Er steht nachts nicht auf, wenn der Kleine kräht.
Er weigert sich, Windeln zu wechseln und Fläschchen zu wärmen.
Sie versucht, sich nicht beirren zu lassen, und hängt ihren Job an den Nagel. Schließlich soll ihr Kind nicht bei fremden Leuten aufwachsen. Er regt sich auf, wenn sie (von seinem Geld!) ständig neue Kinderklamotten kauft. Die Stimmung ist auf dem Nullpunkt.
»Zum Teufel noch mal«, platzt es eines Abends aus ihr heraus. Sie ist fix und fertig, hat nächtelang kein Auge zugetan, weil das Baby im Stundentakt kräht. »Ich kann doch auch nichts dafür! Es war doch nicht geplant!«

»Ich fühle mich trotzdem verarscht«, schreit er zurück.
Sie heult. Er tobt und kippt ihr seinen ganzen Frust wie einen Eimer Schmutzbrühe vor die Füße. Sie sagt nichts, sondern schluchzt nur. Am Ende nimmt er sie in den Arm.
An den darauf folgenden Tagen einigen sie sich auf einen Kompromiss. Er verspricht, seine Verweigerungshaltung aufzugeben und sich nachmittags um den Kleinen zu kümmern. So kann sie wieder halbtags arbeiten gehen und ihren finanziellen Beitrag zum Unterhalt der Familie leisten. Für die Zeiten, in denen keiner von beiden kann, wird eine junge Frau aus der Nachbarschaft zur Kinderbetreuung engagiert.
Einen Monat geht alles gut. Zwei Monate. Drei. Eines Tages kommt Elfie früher von ihrem Job nach Hause als geplant. Als sie die Haustür aufschließt, hört sie merkwürdige Geräusche. Wer stöhnt denn da ... Es wird doch nichts mit dem Kleinen sein?!
»Andreas?«
Keine Antwort.
Sie folgt den Geräuschen, sie kommen aus dem Schlafzimmer. Mit pochendem Herzen stößt sie die Tür auf.
Andreas liegt mit der Babysitterin im Bett.

Fantasia: Die Aschenputtelfalle

Ein Prinz gefällig? Oder ein Großindustrieller? Ein Star-Architekt? Ein Modezar? Ein Fernseh-Promi? Auf Fantasia kein Problem! Hier ist vom Vorstandsmitglied bis zum privatisierenden Millionenerben (gerne auch mit Adelstitel) alles zu haben, was Rang und Namen hat.
Gertrud ist Krankenschwester. Was Wunder, dass sie auf dieser Insel einem Chefarzt begegnet. Sie arbeitet im OP Seite an Seite mit ihm, die beiden sind ein eingespieltes Team. Das

verbindet, und so lädt er sie an ihrem Geburtstag zum Essen ein. So viel Luxus wie in diesem Restaurant hat sie noch nie erlebt. Wie auch? Von dem, was sie verdient, kann sie sich bestenfalls eine Pizza beim Italiener leisten.
Sie hat sich für den Abend zwar mit allem in Schale geschmissen, was ihr Kleiderschrank zu bieten hatte, und ist extra beim Friseur gewesen, aber neben den anderen Gästen fühlt sie sich im ersten Moment fast schäbig. Ihre Selbstzweifel sind jedoch bald verflogen, denn ihr Chef hofiert sie wie eine Königin. Sie sei die schönste Frau im Lokal! Doch, bestimmt! Sie bräuchte sich nur umzuschauen. Und ob sie nicht merken würde, wie die Männer sie anstarren …
Errötend senkt sie die Lider und lässt sich von ihm mit Charme besprühen. Dass sie nicht weiß, was sie bestellen soll, findet er amüsant. Er ordert für sie, kennt sich aus, ist schließlich Mann von Welt. Am Ende stoßen sie mit Champagner an, um Brüderschaft zu trinken (»Nur in der Klinik sollten wir beim Sie bleiben. Du verstehst doch sicher …«).
Er heißt Rüdiger. Und er ist verheiratet. Unglücklich. Seine Frau sei eiskalt zu ihm. Gertrud kann es nicht begreifen. Wenn man ein solches Juwel zu Hause hat, dann trägt man es doch auf Händen … Sie würde es zumindest tun! Ihre Bewunderung ist grenzenlos.
In der darauf folgenden Woche nimmt Rüdiger sie mit zu einem Kongress nach Paris. Sie wohnen im Ritz. Nach einer rauschenden Liebesnacht hält er um ihre Hand an.
»Und deine Frau?«
»Vergiss sie! Das regle ich schon.«
Eng umschlungen schlafen sie ein. Am nächsten Tag ersteht er ihr einen Ring von Cartier.
Und (auf Fantasia ist's möglich): Er hält tatsächlich Wort! Kaum sind sie zurück, zieht er von zu Hause aus und quartiert sich vorübergehend im Hotel ein. Gertrud hätte ihn gern zu

sich genommen, aber sie teilt eine Zweizimmerwohnung mit einer Kollegin …
Über einen Makler finden sie bald eine kleine Villa direkt am Park. Gertrud kündigt ihren Job – mit einem lachenden und einem weinenden Auge. Die Zusammenarbeit mit Rüdiger hat ihr großen Spaß gemacht. Andererseits muss sie sich um die Möblierung des Hauses kümmern – Rüdiger will, dass alles vom Feinsten ist. Er gibt ihr da ganz freie Hand. Über Geld solle sie sich mal keine Gedanken machen.
Sie verhandelt mit Innenarchitekten, sitzt über Küchenplänen, versinkt in Stoffmusterbüchern. Eine völlig neue Welt, aber sie schlägt sich tapfer.
Als sie einer Laune folgend im Kaufhaus drei lustige Keramik-Clowns ersteht und sie im Wohnzimmer auf die Fensterbank stellt, kommt es zur ersten Verstimmung. Sie findet die Kerle niedlich, Rüdiger findet sie kitschig. Solche Staubfänger stünden doch bei Proleten herum. Die wären ja fast so schlimm wie die Gartenzwerge in Spießbürgers Vorgarten. Gertrud weint ein bisschen. Dann lässt sie die Figuren im Keller verschwinden.
Als kurz darauf ihre Mutter zu Besuch kommt, ist der Frust verflogen. Stolz führt sie sie durch ihr neues Reich.
»Mädel, jetzt hast du's geschafft!« Ein Kommentar, der ihr direkt aus dem Herzen spricht.
Zur Einweihungsparty ist die ganze Hautevolee der Stadt geladen. Gertrud gibt ihr Bestes, um als Gastgeberin zu bestehen. So ein großes Fest hat sie noch nie ausgerichtet. Geschirr und Essen werden Gott sei Dank vom Caterer geliefert. Die Hälfte der Speisen kennt sie nicht.
Aufgeregt steht sie neben Rüdiger, um die Gäste zu begrüßen. Seine Eltern kommen. Der Vater begrüßt sie jovial, für die Mutter ist sie Luft. Später hört sie zufällig mit an, wie sie einer ihrer arroganten Freundinnen verächtlich »Wieder so ein Mäuschen …« zuraunt.

Jeder kennt jeden. Nur Gertrud kennt keinen. Sie lächelt, bis ihr die Kieferknochen schmerzen. Nachdem alle gegangen sind, fällt sie todmüde ins Bett.

Kaum ist Rüdigers Trennungsjahr verstrichen, heiraten die beiden – im ganz kleinen Kreis. Gertrud hat genug von großen Festen. Seine Eltern sind zwar eingeladen, kommen aber trotzdem nicht.

Die Hochzeitsreise fällt aus, weil Rüdiger in der Klinik gebraucht wird. Sie hat Verständnis. Wer wüsste besser als sie, wie es in seinem Job zugeht. Abends kommt er nicht vor neun nach Hause. Er hat viel zu tun, und sie langweilt sich zu Tode.

Sie wünscht sich ein Kind, doch irgendetwas stimmt nicht mit der Qualität von Rüdigers Spermien. Die Decke fällt ihr auf den Kopf. Sie spricht mit ihrem Mann: »Jetzt, wo im Haus alles fertig ist, könnte ich doch wieder in der Klinik anfangen.«

»Ich glaube, du spinnst. Was würden denn die Leute sagen. Du bist schließlich meine Frau. Da kannst du dich doch unmöglich als kleine Krankenschwester verdingen.«

Eine Weile sitzen sich beide schweigend gegenüber.

»Ach übrigens ...«, fährt Rüdiger fort. »Am kommenden Wochenende muss ich dich leider allein lassen.«

»Ach ja?«

»Ja. Ich muss nach Paris. Ein wichtiger Kongress ...«

Nichts: Die Sexfalle

Martha weiß auch nicht, was sie an dem Engländer findet. Er hat keinerlei Manieren und trägt Klamotten, die aus der Altkleidersammlung stammen könnten. Ja, er sieht noch nicht einmal gut aus. Trotzdem fühlt sie sich zu ihm hingezogen wie zu kaum einem anderen je zuvor.

Vielleicht ist es seine Stimme. Als sie sie zum ersten Mal am Telefon hörte, wurden ihr die Knie weich; und als sie ihn kurz darauf im Auftrag ihres Chefs vom Flughafen abholte, hatte sie ihn unter all den Reisenden sofort erkannt. Sie hätten gar kein Erkennungszeichen zu vereinbaren brauchen.

Er soll der Firma einen Auslandskredit vermitteln – von den inländischen Banken haben sie nur Absagen bekommen; zu riskant, zu wenig Sicherheiten. Sie versprechen sich viel von diesem Mann ...

Als ihr Chef ihn sieht, wird er blass. Später, als sie beide am Kaffeeautomaten zusammenstehen, meint er bloß: »Wie ein Geschäftsmann sieht er nicht gerade aus.«

Sie sagt nichts, denn es fällt ihr nichts ein. Sobald sie an den Mann denkt, herrscht in ihrem Hirn gähnende Leere. Ihr Verstand setzt einfach aus. Sie weiß nur eins: Sie will mit ihm ins Bett. Mit jeder Stunde, die sie in einem Raum mit ihm verbringt, wächst die Spannung zwischen ihnen.

Dabei sind ihr manche seiner Angewohnheiten geradezu widerwärtig. Er raucht wie ein Schlot, und seine Hände sind von gelben Nikotinspuren verfärbt. Er trinkt Bier und riecht danach. Er gießt literweise Kaffee in sich hinein. Und er ist völlig distanzlos. Als sie am ersten Abend auf Einladung des Chefs alle zusammen essen gehen und er sie mit einem großen Salatblatt kämpfen sieht, fischt er es kurzerhand mit den Fingern von ihrem Teller, faltet es zu einer handlichen Portion zusammen und schiebt es ihr in den Mund. Sie ist wütend, weil sie es sich gefallen lässt – weil es ihr gefällt.

Am vierten Abend geht sie mit ihm in sein Hotel. Kaum haben sie die Zimmertür hinter sich ins Schloss gezogen, reißen sie sich gegenseitig die Kleidung vom Leib. Sie steht lichterloh in Flammen. Er auch. Am nächsten Tag zerrt er sie in der Firma in den Aufzug. Er könne einfach nicht warten. Sie treiben es auf

der Toilette und im Aktenlager. Es könnte jederzeit jemand hereinkommen.
Nach zwei Wochen ist die Bestandsaufnahme des Unternehmens abgeschlossen und der Projektplan erstellt. Seine Arbeit wäre damit fürs Erste erledigt.
»Heirate mich«, sagt er an ihrem letzten Abend. »Ich kann nicht ohne dich sein.«
Sie nickt nur. Ihr Herz rast.
Er verschiebt seinen Abflug um eine Woche. Sie rennt von Amt zu Amt, um ihre Papiere zusammenzubekommen. Dann fliegen sie gemeinsam nach Las Vegas, der einfacheren Formalitäten wegen. In der Hochzeitsnacht tun sie kein Auge zu. Sie können nicht voneinander lassen. Danach ziehen sie in sein Londoner Reihenhaus.
»Jetzt werden wir richtig spießig«, lacht er.
»Niemals!« Sie kreischt, während er sie auf das geblümte Chintzsofa wirft.
Drei Wochen lang sind sie wie von Sinnen.
Dann fühlt sie sich urplötzlich hohl. Der Traum ist aus, und mit wachem Auge nimmt sie auf einmal ihr Umfeld wahr, den versifften Teppichboden, das abgeschabte Mobiliar, die verschlissenen Vorhänge. In dem Idyll hockt ein Mann, der ihr völlig fremd geblieben ist. Ihr Mann.
»Was unterscheidet uns von den Hunden im Park?« Diese eine Frage geht ihr nicht mehr aus dem Kopf. Als er sie abends im Bett zu sich hinüberzieht, bricht sie in Tränen aus.
»Was hast du denn?«
»Ich weiß auch nicht ...«
»Wirst du jetzt etwa zickig? Kopfschmerzen hast du aber keine, oder?«
Sie ist verletzt, schluckt, sagt aber nichts. Sie gibt sich ihm hin, und während sie den Orgasmus spielt, begreift sie, wo sie enden wird, wenn es so weitergeht. Im Nichts.

Am nächsten Tag packt sie die Koffer.
Mit der 9.00-Uhr-Maschine fliegt sie von Heathrow nach Frankfurt. Den Rest des Heimwegs legt sie mit dem Zug zurück.

Souterrain: Die Romeo-und-Julia-Falle

Sandra und Mike sind unsterblich ineinander verliebt. Nichts Außergewöhnliches, könnte man meinen, denn es ist Frühling, und sie sind jung – nur unbeschwert sind sie nicht. Sie wollen nämlich unbedingt zusammenziehen. Das aber erweist sich als schwierig, weil sowohl ihre als auch seine Eltern dagegen sind. Nach deren Willen sollen die beiden mit dem Einzug in die gemeinsame Wohnung warten, bis sie ihr Studium abgeschlossen haben. Eine Wohnung kostet schließlich, und sie sehen nicht ein, so viel Geld aufzubringen, wo doch zu Hause genügend Platz ist: Sandra ist erst vor einem Jahr in die eigens für sie renovierte Mansarde gezogen, und Mike residiert in einem großen Balkonzimmer mit eigenem Bad. Besser könnte es ihnen gar nicht gehen. Finden die Alten.
Doch Liebe duldet keinen Aufschub! Auch auf die Gefahr hin, dass ihnen der Geldhahn völlig zugedreht wird – die beiden wollen nicht länger warten. Sie können es einfach nicht ohne den anderen aushalten. Wie könnten sie abends einschlafen, wenn es im Bett so einsam ist? Wenn sie ununterbrochen nur an den anderen denken können?
Sie sind doch keine Kinder mehr, denen irgendjemand Vorschriften machen kann! Sie sind volljährig und wollen leben wie Mann und Frau. Sie werden es ihren Eltern schon zeigen! Es wäre doch gelacht, wenn sie es nicht schaffen würden. Dann gehen sie eben jobben! Und wirklich: Das Glück scheint auf ihrer Seite zu sein. Sandra wird vom Fleck weg in einem Café

als Bedienung engagiert – jeden Nachmittag kellnert sie vier Stunden. Der Lohn ist zwar nicht so berühmt, aber vielleicht kann sie ihn mit Trinkgeld etwas aufbessern. Mike kommt dreimal die Woche als Nachtwächter unter. (Nicht zuletzt, weil er von klein auf diverse asiatische Kampfsportarten betrieben hat.) Was sie zusammen verdienen, ist alles andere als üppig, aber was brauchen sie schon ... Sie schwelgen im Luxus der Liebe.

Als sie die Souterrain-Einliegerwohnung zum ersten Mal sehen, kommt sie ihnen wie das Paradies vor. Zwei Zimmer ganz für sie allein! Ein Zwei-mal-Zwei-Meter-Bad, eine kleine Kochnische im Flur, vor der Wohnungstür ist sogar eine winzige Terrasse – das Ganze wirkt fast wie ein eigenes Häuschen. Die Hausbesitzer sind sympathisch ... sie unterschreiben den Mietvertrag sofort.

Erst als sie einziehen, merken sie, wie klein die Zimmer eigentlich sind. Mit dem Doppelbett (eine »Spende« von Freunden) ist der eine Raum komplett belegt. Und im zweiten sollen nicht nur Sofaecke, Fernseher und Bücherregal Platz finden, sondern auch ihre beiden Schreibtische. Aber mit ein bisschen gutem Willen lässt sich alles unterbringen. Und guten Willen haben sie reichlich.

Endlich ist alles an Ort und Stelle. Stolz besichtigen sie ihr Werk. Dann lassen sie sich erschöpft aufs Sofa sinken.

»Ich habe Hunger«, meint Sandra.

»Ich auch.«

»Sollen wir uns Pizza bestellen?«

»Auf keinen Fall! Wir müssen sparen.«

Es ist Sonntagabend. Der Kühlschrank ist noch leer. Sie haben nicht ans Einkaufen gedacht.

»Belegte Baguettes von der Tankstelle?«

»Okay. Aber wir teilen uns eins.«

Gleich nach dem Essen muss Mike zum Dienst. Sandra liegt

allein im Doppelbett. Sie liest noch eine Weile in dem Buch, das ihr Geliebter ihr zum Einzug geschenkt hat: Romeo und Julia. An der Stelle, an der die beiden heimlich heiraten, schläft sie ein. Als am nächsten Morgen um sieben ihr Wecker schrillt, kommt Mike gerade nach Hause. Er fühlt sich ganz kalt an, als er zu ihr unter die Decke kriecht. Sie wärmt ihn liebevoll auf.
»Mein Romeo«, flüstert sie ihm ins Ohr.
Dann muss sie sich beeilen. Sie ist viel zu spät dran für die Uni, für den Supermarkt und fürs Café. Abends liegt sie todmüde allein in ihrem riesigen Bett. Sie beschließt, sich eine Katze aus dem Tierheim zu holen. Es wird ein Kater. Sie nennt ihn Shakespeare.
Mike tobt, als er Sandras neuen Hausgenossen sieht. Er will ihn nicht im Bett haben. Das sei doch eklig. Und:
»Weißt du nicht, was das Futter kostet? Der frisst uns die Haare vom Kopf! Morgen bringst du das Vieh zurück!«
Sandra schluchzt. Mike kapituliert. Der Kater bleibt.
Der Frühling ist längst vorüber, der Sommer auch. Im fahlen Novemberlicht wirkt das Souterrain düster. Um Romeo und Julia zu lesen, muss Sandra am helllichten Tag das Licht einschalten. Es fällt ihr zunehmend schwer, sich auf die Geschichte zu konzentrieren. Die Dunkelheit schlägt ihr aufs Gemüt. Sie fühlt sich wie tot, ist wie Julia in der Gruft. Die Wände sind feucht, und das Bad riecht nach Schimmel. Als sie Mike darauf anspricht, meint er nur trocken, sie könne ja wieder in ihre Mansarde ziehen. Eine Nobelherberge könne er ihr nun mal nicht bieten.
»Was heißt hier: kannst du mir nicht bieten?! Als ob ich mich etwa von dir aushalten ließe! Ich verdiene schließlich fast so viel wie du!«
»Aber du gibst mindestens doppelt so viel aus!«
An dem Abend springt sein Auto nicht an. Was er auch probiert, es ist einfach nicht in Gang zu kriegen. Die alte Krücke

verträgt offenbar die Feuchtigkeit nicht. Mike flucht, tritt wütend gegen den Reifen und fährt bei Nieselregen mit dem Rad zur Arbeit.
Als er am nächsten Morgen eiskalt zu Sandra ins Bett schlüpft und sich bei ihr wärmen will, weicht sie schimpfend zurück. Romeo und Julia ist ausgelesen. Die Romanze ist vorbei …

11. Kapitel:
Die Spielregeln

Wie ist es Ihnen auf Ihrer bisherigen Odyssee ergangen? Ist Ihnen das Glück hold gewesen, und sind Sie unbeirrt von allen Sirenenrufen zielstrebig an der richtigen Stelle an Land gegangen? Oder sind sie doch irgendwo gestrandet? Und wenn ja: Stecken Sie fest, oder sind Sie gerade noch einmal davongekommen? Lecken Sie sich die Wunden, die Sie sich bei Ihrer Flucht geschlagen haben? Dann gönnen Sie sich eine Verschnaufpause, und dümpeln Sie ruhig ein Weilchen dahin. Denn über kurz oder lang taucht garantiert das nächste Eiland am Horizont auf. Vielleicht begegnen Sie ja dort dem einen Menschen, der wirklich zu Ihnen passt – einem, der sich beim Nachlassen des Zaubers nicht als Frosch entpuppt und dessen Lebensentwurf mit dem Ihren harmoniert.

Sie haben ihn gefunden? Es hat wirklich geklappt? Dann wären wir also wieder einmal beim Happy End. Bravo! Vertäuen Sie Ihre Kähne Seite an Seite! Gemeinsam segelt sich's besser. Die Einsamkeit auf See spürt nur, wer allein in seiner Koje liegt. Bleibt die Frage: Wie lässt sich das Zusammenleben auf engstem Raum so regeln, dass es gut geht und nicht einer von uns beiden irgendwann frustriert die Taue kappt?

Nehmen Sie auf der Suche nach einer Antwort noch einmal die unterschiedlichen Verhaltensmuster der eben beschriebenen Paare unter die Lupe, und vergleichen Sie sie mit solchen, die auch nach Jahren noch glücklich zusammenleben. Was machen die »Erfolgreichen« anders? Wie schaffen sie es, ihre zwei Nussschalen bei egal welchem Seegang nicht nur über Wasser,

sondern auch beisammen zu halten und dabei auch noch gute Stimmung an Bord zu haben?
Bei genauerem Hinsehen werden Sie feststellen, dass ihre Art, miteinander umzugehen, oft in krassem Gegensatz zu dem steht, was uns Paar- und Psychotherapeuten, Eheberater und sonstige Fachleute, wohlmeinende Freunde oder andere kluge Ratgeber für gemeinhin als Erfolgsrezept mit auf den Weg geben. Wie viele Paare haben sich redlich bemüht, an ihrer Beziehung »zu arbeiten«, um sie auf Kurs zu halten, und sind am Ende doch vor dem Scheidungsrichter gelandet.
Lehnen wir uns also lieber zurück, und gehen wir die Sache gelassen an:

Nr. 1: Vergessen Sie die Schmetterlinge!

Ob es zwei Monate dauert oder zwei Jahre – irgendwann haben die Schmetterlinge in unserem Bauch ihre Kraft verpulvert, und ihr Geflatter erlahmt. Wir freuen uns, den anderen zu sehen; wir sind gern mit ihm zusammen – und doch löst sein Anblick kein Herzrasen mehr aus. Seine Streicheleinheiten sind zwar immer noch ein Genuss, aber wir sind nicht mehr bei jedem kleinsten Hautkontakt elektrisiert.
Wenn Leidenschaft und Lust auch als *die* Haupttriebfedern einer Beziehung gelten, lassen sie im Laufe der Zeit doch zwangsläufig nach. Schade … – einerseits. Andererseits nämlich ist es ein Segen, dass wir irgendwann wieder normal werden und das Leben seinen Gang gehen kann. Zum einen ist der Überreizungszustand rein physisch nur eine begrenzte Zeit lang aushaltbar, und zum anderen sind unsere Energien, solange es prickelt, schlichtweg für alles andere blockiert.
Wer je verliebt war, weiß aus eigener Erfahrung, dass wir in diesem Zustand alles vergessen, was uns bislang wichtig war.

Die Busenfreundin? Abgemeldet! Die Clique? Uninteressant! Der Job? Was ist er schon wert?! Jederzeit würden wir ihn hinschmeißen, um mit dem Angebeteten bis ans Ende der Welt zu gehen. Allerdings hängt unsere Lebensqualität langfristig ganz entscheidend von der Tragfähigkeit des Netzes ab, das wir uns geknüpft haben. Ob Freundschaften oder Beruf, ob Hobbys oder Interessen – ohne Pflege gedeihen sie nicht.

Die Schmetterlinge sind ein Phänomen der Traum-Phase. Irgendwann ist es Zeit aufzuwachen. Genießen wir also das Feuerwerk der Leidenschaft, solange es sprüht, bestaunen wir es mit großem »Ah« und »Oh«, und akzeptieren wir, dass es nicht ewig währt. Rennen wir nämlich verzweifelt zwischen den abgebrannten Raketen herum, um irgendwo doch noch ein intaktes Exemplar zu finden, dann trampeln wir womöglich den letzten Funken aus. Auf den aber kommt es an! In ihm steckt das Glimmen, das die Wärme bringt.

Natürlich wollen wir, dass der andere uns ein Leben lang toll findet. Aber deshalb krampfhaft zu versuchen, sich ihm ausschließlich von der Schönwetterseite zu präsentieren, ist nicht nur anstrengend, sondern letztlich zum Scheitern verurteilt. Eine Beziehung ist keine Unterhaltungsshow! Irgendwann hat selbst der versierteste Alleinunterhalter sein Repertoire erschöpft. Es ist nur eine Frage der Zeit, bis der Partner alles gehört und gesehen hat, was es von uns zu hören und zu sehen gibt, und bis wir alle Tricks aus dem Hut gezaubert, alle witzigen Bemerkungen gemacht und alle Anekdoten aus unserer Vergangenheit erzählt haben. Auch die Tarzan-Nummer mit dem Lianenschwung vom Kleiderschrank funktioniert nur einmal.

Nehmen wir es hin! Versuchen wir nicht, den Pausenclown zu spielen! Eine Beziehung hält nicht, weil beide sich gegenseitig im Schlagen von Purzelbäumen und Saltos überbieten. Im Gegenteil: Alles, was Stress im Umgang miteinander bedeutet, ist kontraproduktiv. Auf Dauer sind wir nur mit dem Partner gern zusammen, bei dem wir uns entspannen können. Das bedeutet keinesfalls, dass wir uns gehen lassen und uns mit dem Auserwählten im vergammelten Freizeitdress ins traute Nest verkriechen sollten. Nur: Wenn wir uns aufputzen, dann sollten wir es tun, weil uns danach ist – ruhig auch, um ihm eine Freude zu machen; nicht aber, um ihm etwas vorzuspielen, was wir nicht sind. Glücklich sind die Paare, die gelernt haben, sich miteinander wohl zu fühlen, ohne irgendwelche Klimmzüge zu machen. Denen es gut zusammen geht, ohne dass sie dauernd etwas unternehmen müssen. Die nicht mit abenteuerlichen Techniken versuchen, ihre Beziehung oder ihr Sexleben künstlich auf Touren zu bringen. Die nicht mit Gewalt etwas Spannendes erleben wollen. Sie haben begriffen, dass eine Beziehung kein Kinofilm ist, und weil sie das wissen, brauchen Sie nicht den großen Star zu geben.

Draußen in der großen weiten Welt gibt es so viel Stress und Anstrengung, und wir fühlen uns oft genötigt, in fremde Rollen zu schlüpfen ... Gönnen wir uns in unserer kleinen Beziehungswelt also eine Pause von diesen Zwängen!

Atmen wir auf!

Gott sei Dank!

Hier, bei diesem einen Menschen, darf ich sein, wie ich bin.

Nr. 2: Verabschieden Sie sich durchs Hintertürchen!

In jedem x-beliebigen Eheratgeber ist nachzulesen, wie wichtig es sei, alles Störende und Problematische in einer Beziehung offen anzusprechen und Konflikte fair auszutragen. Doch wie viele Paare haben genau das probiert und sind kläglich daran gescheitert?

Aus verbalen Auseinandersetzungen geht immer einer als Sieger und einer als Verlierer hervor. Wer gewinnt, steht dabei meist von vornherein fest, denn einen anderen mit Argumenten zu schlagen ist Begabungssache. Der Talentiertere hat (so gut wie) immer Recht. Der andere ist (so gut wie immer) der Gelackmeierte. Keine gute Voraussetzung, um auf Dauer gut miteinander auszukommen.

Diskussionen – ob über Beziehungs- oder andere Fragen – tragen meistens nicht zur Verbesserung des Miteinanders bei, sondern vergiften nur das Klima! Der Verlierer wird (bestenfalls) eine Zeit lang widerwillig Wohlverhalten an den Tag legen, dabei aber insgeheim auf Rache sinnen. Kann er dem anderen die Schmach nicht mit Worten heimzahlen, wird er andere Möglichkeiten finden, um ihm eins auszuwischen. Eins zu null für dich? Gleichstand!

Der Sieger wird sich mit Stolz geschwellter Brust in der Gewissheit wiegen, der klügere Mensch zu sein. Entrüstet wird er jeden erneuten Verstoß des anderen geißeln. Wie kannst du nur?! Aus kleinen Wortrangeleien werden Wortgefechte, und schon stecken wir mitten im Krieg.

Nur die allerwenigsten Dinge sind wirklich einen Krach wert. Wann immer eine Auseinandersetzung droht, fragen Sie sich: Rentiert es sich wirklich? In neunundneunzig Prozent aller Fälle geht es nicht um lebenswichtige Dinge, und die Antwort lautet: Nein. Haken Sie die Sache ab, und verschwenden Sie keine Zeit mit unnützen Rangeleien.

Wenn sich ein Konflikt anbahnt, dann warten Sie nicht darauf, dass der andere einen Rückzieher macht. Kommen Sie ihm zuvor. Will Ihr Partner unbedingt mit dem Kopf durch die Wand, treten Sie beiseite, und geben Sie den Weg frei. Wer keinen Gegner hat, kann sich nicht streiten. Verweigern Sie die Gegnerschaft.

Es gibt immer ein Hintertürchen, um nicht in den Ring steigen

zu müssen. Ist der andere tatsächlich der Partner, mit dem Sie den Rest Ihres Lebens verbringen möchten? Stimmen Sie in den wichtigen Fragen des Lebens überein? Wenn ja, dann geben Sie jetzt, in dieser einen Sache, nach! Auch wenn es Ihnen noch so schwer fällt.
Lassen wir uns auf keinen Schlagabtausch ein, denn wir suchen dabei beim anderen gezielt nach Schwachpunkten. Haben wir einen gefunden, hacken wir gnadenlos hinein. Keiner weiß so gut wie wir, wo seine verletzlichen Stellen sitzen. Niemand kann ihm so wehtun wie wir, und keiner kann uns so vernichtend treffen wie er uns. Die dabei entstehenden Wunden sind tief und heilen schlecht.
Und wie ist es mit jenen Tagen, an denen wir mit dem linken Fuß zuerst aufstehen? An denen wir missmutig vor uns hin grummeln und keiner es uns Recht machen kann? An denen uns alles aufregt und jeder in die Quere zu kommen scheint? Beißen wir uns lieber auf die Zunge, bevor wir aus dieser Stimmung heraus den anderen »zur Rede stellen«! Wir würden in diesem Zustand aus jeder Mücke einen Elefanten machen. Verkneifen wir uns also unsere Kommentare! Es ist möglich, im rechten Moment schweigen zu lernen.
Und wenn der andere einen schlechten Tag hat? Wenn er Ärger bei der Arbeit hatte und geladen nach Hause kommt? Wenn er einen Blitzableiter braucht und seinen Unmut an uns auslassen will? Dann haben seine Angriffe nichts mit uns zu tun, und wir brauchen den Fehdehandschuh nicht aufheben, den er uns vor die Füße knallt! Lassen wir ihn liegen. Halten wir den Mund. Ziehen wir uns zurück.
Morgen ist auch noch ein Tag.

Nr. 3: Behalten Sie Ihre Gedanken für sich!

Wo wir auch stehen und gehen, ergießt sich ständig eine Lautflut über uns. Aus dem Radio trällert es, aus dem Fernseher lallt und labert es, die Kinder, der Chef, die Kollegen, die Freunde und die Nachbarn reden auf uns ein. Jeden Augenblick kann das Telefon klingeln, und wir müssen Rede und Antwort stehen. Der Polizist will wissen, warum wir unser Auto gerade hier geparkt haben, und die Verkäuferin, ob wir eine Plastiktüte brauchen. Am Bankschalter informiert man uns über Anlagemöglichkeiten, in der Arztpraxis über Risiken und Nebenwirkungen, im Computerladen über Netzwerkkarten.

Nicht nur, dass dieses Geplapper ständig von außen an uns herandringt. Auch wir selbst neigen dazu, jeden Gedanken, der uns in den Sinn kommt, in Worte zu kleiden, unsere Standpunkte darzulegen und zu jedem Thema ein »Statement« abzugeben. Unser wichtigster Zuhörer ist unser Partner, denn ihm erklären wir alles besonders ausführlich. Ist er außer Haus gewesen, überfallen wir ihn – kaum dass er die Schwelle überschritten hat – mit unseren Wort-Ergüssen. Wir öffnen die Hirnschleusen und kippen alles, was uns in seiner Abwesenheit durch den Kopf gegangen ist, über ihm aus.

Nicht nur zuhören soll er uns, sondern auch noch angemessen auf unsere Ausführungen eingehen. Gibt es Positives zu berichten, soll er sich mit uns freuen. Ist uns eine Laus über die Leber gelaufen, soll er Verständnis zeigen und sich auf unsere Seite stellen. Auch von ihm erwarten wir, dass er uns haarklein berichtet, was ihm in seinem Leben widerfährt. (Empfinden wir es nicht als Verrat, wenn er einmal vergessen hat, uns zu erzählen, dass er XY in der U-Bahn getroffen hat? Vor allem, wenn XY zufällig eine Frau ist?)

Nehmen wir uns Zeit, ihn in aller Ruhe zu begrüßen! Es sind

Momente wie diese, die den Umgangston in einer Beziehung prägen. Jammern wir nicht, fragen wir nicht, kritisieren wir nicht. Jetzt nicht. Lassen wir dem anderen wenigstens zehn Minuten Zeit, um wirklich anzukommen.

Überschwemmen wir den Geist mit Informationen, ist er irgendwann müde und schaltet ab. Er will schlichtweg nichts mehr hören und sehnt sich nach Stille, nach Entspannung. Warum sind Hunde und Katzen wohl als Hausgenossen so beliebt? Weil es keine Möglichkeit gibt, mit ihnen zu argumentieren. Wir nehmen ihnen nichts übel, denn sie leisten uns Gesellschaft, ohne auch nur ein einziges Wort zu verlieren. Unser Geist kann sich in ihrer Anwesenheit entspannen. Insofern können wir von den Vierbeinern nur lernen.

Wir Frauen haben meistens ein noch größeres Mitteilungsbedürfnis als Männer. Wenn er einsilbig auf unser Wortgeplätscher antwortet, haben wir schnell das Gefühl, dass irgendetwas nicht mit ihm stimmt. Zum Beispiel beim Spaziergang:

»Hörst du die Vögel zwitschern?«

»Hm.«

»Wirklich schön, dieser Weg! Hier kann man wirklich stundenlang laufen, ohne auch nur einem einzigen Menschen zu begegnen.«

»Hm.«

»Guck mal! Da sind ja wirklich Heidelbeeren. Und reif sind sie auch noch!«

»Hm.«

»Probier mal! Mhhh. Die schmecken ja köstlich! Aber ob man die einfach so essen kann? Ich habe neulich einen Artikel über den Fuchsbandwurm gelesen ...«

»...«

»Warum sagst du denn nichts? Ist dir nicht gut? Oder bist du müde? Sollen wir umkehren? Nimmst du mir etwa übel, dass ich dich zum Mitkommen überredet habe? Aber ein bisschen

Bewegung kann auch dir nicht schaden. Dein Hemd spannt schon richtig über deinem Bauch.«
Lassen wir ihn in Ruhe. Behalten wir unsere Gedanken für uns. Halten wir den Mund, und genießen wir mit ihm die Stille. Reden wir lieber ein andermal – wenn überhaupt.
Nun gibt es aber Themen, über die wir unbedingt sprechen müssen. Zum Beispiel über die Kinder.
»So kann das nicht weitergehen, findest du nicht auch?«
Er findet: doch!
Und schon fangen wir an, Argumente auszutauschen. Wer hat Recht? Er oder ich? Hinter jedem hundertsten Wort lauert ein Fettnäpfchen. Je mehr wir sprechen, desto größer ist die Gefahr hineinzutreten. Wie viele haben sich gerade in Beziehungen schon um Kopf und Kragen geredet! Wenn wir zu allem und jedem etwas sagen müssen, werden wir zwangsläufig auf Punkte stoßen, bei denen wir anderer Meinung sind. Jedes Wort, das wir für uns behalten, brauchen wir nicht auf die Goldwaage zu legen.
Sagen wir nicht so viel auf einmal, damit uns nicht irgendwann der Gesprächsstoff ausgeht und wir urplötzlich ganz verstummen. Je weniger wir jetzt reden, desto mehr haben wir uns später noch zu sagen.

Nr. 4: Geben Sie sich keine Mühe!

Wir wollen es im Leben immer gut haben. Besser als früher. Besser als unsere Eltern. Und unsere Kinder sollen es einmal besser haben als wir. Um das zu erreichen, strampeln wir uns ab. Bis ins kleinste Detail soll alles perfekt sein!
Besonders an Festtagen legen wir großen Wert auf ein makelloses Ambiente und ungetrübte Harmonie. Wir hetzen im Schweiße unseres Angesichts durch überfüllte Kaufhausflure,

um noch diese eine Christbaumkugel oder jenes ganz bestimmte Geschenkpapier zu besorgen. Wir stehen stundenlang in der Küche, um unsere Lieben mit kulinarischen Hochgenüssen zu erfreuen. Wir schrubben, bügeln und polieren, bis alles glatt und glänzend ist – und bis man jeden Fleck darauf sieht.

Schluss damit! Legen wir zur Abwechslung mal die Füße hoch und die Hände in den Schoß. Atmen wir tief durch und ruhen uns aus. Das schafft eine bessere Atmosphäre als jede noch so schöne Dekoration.

Je weniger wir uns Mühe geben, je weniger wir uns abstrampeln, desto leichter ist mit uns auszukommen. Lassen wir den Dingen einfach ihren Lauf. Niemand liebt uns, weil wir von morgens bis abends herumrennen und den Butler spielen. Im Gegenteil: Anziehend wirken wir nur, wenn wir gelassen sind und wenn wir die Dinge auch einmal lassen können, wie sie sind.

Unvergessen die Blondine, die auf dem Sofa liegend ihren Göttergatten mit den Worten empfing: »Gekocht habe ich nichts. Aber schau mal, wie ich schön daliege.«

Verkneifen Sie sich vor allem morgens und abends alle perfektionistischen Regungen. Diese Zeiten sind die kritischsten Momente im Beziehungsleben. Nach dem Aufwachen brauchen wir Zeit, um aus unserer Traumwelt zurückzukehren. Wir sind offen und damit verletzlich wie ein rohes Ei. Wenn wir uns einander nähern, dann sollten wir es auf Samtpfoten tun. Es ist schon schlimm genug, wenn der Wecker schrillt. Verfallen Sie darum nicht in hektische Betriebsamkeit! Nehmen Sie sich Zeit für einen guten Start.

Wenn sich der Tag seinem Ende neigt, sind wir auf Rückzug gepolt. Wir sind müde, wollen einfach nur wir selbst sein und haben keine Lust mehr, uns mit irgendwelchem Alltagskram zu befassen. Entspannen wir uns. Lassen wir den Tag gemütlich

ausklingen. Unterhalten wir uns ein wenig, und lassen wir kritische Momente ohne größere Beachtung vorüberziehen. Alles Weitere hat Zeit bis morgen.
Morgen ist auch noch ein Tag.

Nr. 5: Nehmen Sie es nicht so genau mit der Wahrheit!

Auf die Frage, was uns in einer Beziehung wichtig ist, würden sicher die meisten von uns die Ehrlichkeit vorbringen. Ich will mich doch auf meinen Partner verlassen können. Und wie kann ich das, wenn ich nicht sicher bin, dass er mir immer und jederzeit die Wahrheit sagt.
Absolut ehrlich zu sein erfordert aber unendliches Taktgefühl. Und wer hat das schon? Es gibt Situationen, in denen die ungeschminkte Wahrheit einfach nur verletzend ist. Wozu sie sagen? Wem wäre damit gedient? Schweigen Sie lieber – und wenn es sein muss, schwindeln Sie ruhig.
Niemand kann es gut vertragen, kritisiert zu werden. Schonungslos schon gar nicht. Wie leicht fühlen wir uns niedergemacht, wenn uns jemand unsere Fehler und Schwächen vor Augen führt. Kritik kratzt an unserem Selbstbewusstsein. Gerade vom Partner können wir sie besonders schlecht vertragen, denn von ihm wollen wir bewundert werden. Er von uns auch – und trotzdem begrüßen wir ihn womöglich schon am Frühstückstisch mit den Worten: »Wie siehst du denn wieder aus? Typisch Mann! Keinerlei Farbempfinden! Wie kann man nur dieses Hemd mit so einer Krawatte kombinieren? Das sieht ja verheerend aus!« Was Wunder, wenn der Gatte wie ein geprügelter Hund aus dem Haus schleicht. Die Wahrheit kann gemein sein. Behalten wir sie für uns!
Umgekehrt hat wohl jede von uns schon am eigenen Leib

erfahren, dass das mit der Ehrlichkeit so eine Sache ist. Dabei wollen gerade wir Frauen es immer ganz genau wissen. Wie oft bohren wir nach, um die Gemütslage unseres Partners zu erforschen:

»Liebst du mich noch?«

»Woran denkst du gerade?« …

Nehmen wir einmal an, wir würden unserem Liebsten die berühmteste aller Fragen stellen: »Bin ich zu dick?«

Ach, hätten wir sie uns bloß verkniffen!

Ist er ehrlich und sagt »Ja«, sind wir beleidigt. Drückt er sich mit »Ich liebe jedes Pfund an dir« um eine klare Aussage herum, geht es uns auch nicht besser. Sagt er einfach »Nein«, glauben wir ihm nicht. (Irgendwie kam die Antwort zu schnell, um überzeugend zu klingen …)

Was wir eigentlich erwarten, wenn wir diese Frage stellen, ist eine umfassende Liebeserklärung! Er soll uns abknutschen, auf Händen durch die Wohnung tragen, uns mit leidenschaftlicher Inbrunst zur Göttin seines Universums erklären. Mit einem einfachen »Nein« ist es da nicht getan! Er muss lügen, um uns nicht zu verletzen. Wir nötigen es ihm ab. »Du siehst einfach klasse aus!«, »Ich kenne keine Frau mit einem so begnadeten Körper!« Je dicker er aufträgt, desto eher glauben wir ihm. Nur so kann er die Situation retten. Es sei denn, er findet einen anderen Ausweg, zum Beispiel mit den Worten: »Ich liebe dich, auch wenn du dumme Fragen stellst!«

Oft halten wir mit der Wahrheit nicht einmal so lange hinter dem Berg, bis wir gefragt werden. Ob er sie hören will oder nicht – wir drängen sie dem anderen auf, ohne über die Konsequenzen nachzudenken. Da ist zum Beispiel Susi X. Sie lernt auf einer Geschäftsreise abends an der Hotelbar einen Typ kennen. Ihr Tag ist schlecht gelaufen, und sie fühlt sich einsam in der fremden Stadt – ob es das ist oder etwas anderes, jedenfalls wird sie schwach. Ein One-Night-Stand. Am Morgen danach: Gewis-

sensqualen. Sie liebt ihren Mann und sonst keinen! Der andere kann ihm nicht das Wasser reichen! Er ist zwar ganz nett, aber auf Dauer würde sie nie etwas mit ihm anfangen wollen. Sie könnte ihn als Zwölfstundenphänomen abhaken und dankbar nach Hause fahren – dankbar, weil sie einmal mehr erfahren durfte, welches Prachtexemplar dort auf sie wartet.
Doch was macht sie? Sie jettet heim und tischt ihrem Mann brühwarm auf, was gewesen ist. Sie glaubt, ihm die Wahrheit schuldig zu sein. Er ist zutiefst verletzt. Sie mag ihm ihre Liebe noch so inständig beteuern, die Wunde ist geschlagen – eine Wunde, die schlecht heilen und bei jeder kleinsten Gelegenheit wieder aufbrechen wird. Vor lauter Ehrlichkeit ist das Vertrauen hin. Ach, hätte sie doch geschwiegen!

Nr. 6: Seien Sie kleinlich mit den Finanzen!

In den meisten Beziehungen wird viel zu viel geredet. Nur ein Thema meiden die Liebenden wir der Teufel das Weihwasser: Geld. Dabei sind die Finanzen der Reibungspunkt, an dem sich später die allermeisten Streitereien entzünden. Wer über das Bankkonto verfügt, hat meistens die Macht und gibt vor, was zu tun und zu lassen ist.
»Fahren wir dieses Jahr ans Meer?«
»Geht nicht. Kein Geld! Apropos Geld: Musste das mit dem neuen Kostüm wirklich sein? Du hast doch genug Klamotten im Schrank. Und du weißt doch, dass wir sparen müssen!«
Andererseits: »Den Allradantrieb muss ich haben! Man gönnt sich ja sonst nichts.«
Der Groll ist programmiert. Während sie bei der Probefahrt muffig auf dem Beifahrersitz hockt, sinnt sie auf Rache und überlegt, was sie sich als Nächstes kaufen soll, um sein Konto

in die Miesen zu bringen. So eine Verschwendung! Das »alte« Auto ist doch noch keine drei Jahre alt …

Obwohl wir bei unzähligen anderen Paaren (oft angefangen mit den eigenen Eltern) miterlebt haben, wie unerträglich das Gerangel über die Finanzen im Laufe der Zeit werden kann, gehen wir in unserer eigenen Beziehung mit einer unbeschreiblichen Blauäugigkeit an dieses Thema heran. Haben wir unsere große Liebe gefunden und beschlossen, den »Bund fürs Leben« einzugehen, planen wir haarklein unsere gemeinsame Zukunft. Nichts bleibt dem Zufall überlassen. Wen wir zur Hochzeit einladen werden, wer neben wem sitzen wird, wohin die Hochzeitsreise gehen soll, wie wir unsere gemeinsame Wohnung einrichten werden … Vielleicht überlegen wir uns sogar, wovon wir das alles bezahlen wollen.

Aber wie wir in Gelddingen generell verfahren werden – darüber verlieren wir meist kein Wort. Es ist uns peinlich, über den schnöden Mammon zu reden, weil alles Materielle so durch und durch unromantisch ist. Zwar ist uns durchaus bewusst, dass sich mit dem Abschluss eines Ehevertrages mühelos klare Verhältnisse schaffen ließen. Aber wer wollte den Angebeteten schon darum bitten, erst zum Notar und dann zum Traualtar zu schreiten? Kämen wir uns nicht schofelig vor? Sähe es nicht so aus, als würden wir dem anderen nicht über den Weg trauen?

Nicht nur bei Leuten wie Paul McCartney und Heather Mills mutiert die Frage des Ehevertrags zum ultimativen Liebesbeweis. Sie, die wesentlich weniger gut Betuchte, der böse Zungen bei der Heirat finanzielle Interessen unterstellten, bietet ihm den Gang zum Notar an. (»Ich wollte ihm damit beweisen, dass ich ihn um seiner selbst willen liebe«.) Er aber lehnt großzügig ab. Ebenfalls aus Liebe. Streitereien über die Penunzen? Doch nicht bei uns!

Wir tun so, als würden wir leichten Herzens alles hergeben, was uns lieb und teuer ist. Alles was wir haben, werfen wir in den gemeinsamen Topf. Dass einer etwas mehr, der andere etwas weniger einbringt – was soll's. Ist nicht der Rede wert. Aber wir registrieren es doch. Vor allem, wenn wir derjenige sind, der den größeren Teil geopfert hat. Irgendwo in einem hinteren Winkel unseres Unterbewusstseins sitzt unser innerer Buchhalter und macht sich seine Notizen – und schon haben wir ein Gefälle erzeugt. Der eine hat mehr, der andere weniger hergegeben. Der eine empfindet sich als großzügig, der andere ist dankbar. Das Giftkorn ist gepflanzt.

Gemeinsame Kontoführung?

»Kein Thema, mein Liebling. Ich vertraue dir da ganz.«

Von wegen! Aus reiner Feigheit oder aus Bequemlichkeit drücken wir uns davor, klare Verhältnisse zu schaffen. Weil wir noch nie Lust hatten, Kontoauszüge zu studieren. Weil uns das Ausfüllen von Steuerformularen schon immer ein Gräuel war. Weil wir mit Versicherungsangelegenheiten nichts zu tun haben wollen. Lass den anderen nur machen, er wird's schon richten. Das wird er in der Tat. Aber so, wie es ihm gefällt – und darüber ärgern wir uns womöglich schwarz.

Wenn Ihnen Ihre Beziehung lieb ist, dann seien Sie kleinlich mit den Finanzen, und bestehen Sie auf einem Ehevertrag. Geben Sie Ihr Geld nicht aus der Hand. Dass beide das gleiche Einkommen haben, ist eher selten der Fall. Daran können Sie nichts ändern. Sie können aber dafür sorgen, dass Sie zu gleichen Teilen an den finanziellen Ressourcen beteiligt sind. Führen Sie zwei getrennte Konten. Achten Sie darauf, dass jeder nach Abzug der gemeinsamen Kosten genau den gleichen Betrag an »freiem« Geld zur Verfügung hat. Wie er ihn verwendet, ist reine Privatsache. Ist er üppig, umso besser. Ist er eher bescheiden, können Sie beide keine großen Sprünge machen. Wie dem auch sei – es geht jedem von Ihnen gleich, und Sie begegnen sich auf einer Augenhöhe. So brauchen Sie das Kriegsbeil gar nicht erst auszugraben.

Nr. 7: Wiegen Sie sich in Unsicherheit!

Wenn wir mit unserem Angebeteten die Ringe tauschen – ob auf dem Standesamt, vor dem Traualtar oder auf weniger formelle Weise –, dann legen wir ihm damit ein Fangeisen an:
Jetzt gehörst du mir!
Auf immer und ewig!
Jetzt bist du mir sicher.
Während wir das goldene Band betrachten, das da so wunderbar an seinem Finger glänzt, atmen wir erleichtert auf. Endlich haben wir es geschafft!
In diesem Augenblick ergeht es uns ein bisschen wie dem Spitzenpolitiker, der nach zähem Wahlkampf tatsächlich die Mehrheit errungen hat. Was hat er nicht alles getönt, um an die Macht zu kommen. Es gab nichts Blaues, das er nicht vom Himmel herunter versprochen, nichts Unmögliches, das er nicht hatte wahr werden lassen wollen. Noch in der Wahlnacht fällt die ganze Anspannung von ihm ab. Die Sektkorken knallen! Ein rauschendes Fest! Am Morgen danach lehnt er sich in seinem Sessel zurück. Sein Ziel war, auf dem Minister-, Kanzler- oder Präsidenten-Sessel zu landen, und das hat er geschafft. Seine Versprechungen waren reines Mittel zum Zweck. Um glaubhaft zu wirken, schob uns der Kandidat vor der Stimmabgabe so manches Zuckerl zu. Solange er sich unsicher war, hielt er uns, sein Wahlvolk, mit kleinen oder größeren Gunstbeweisen bei der Stange. Dass nur die wenigsten der Versprechungen realisiert werden, wissen wir alle.
Genauso verhält es sich mit der Liebe. Unsere Ehe ist wie aus Eisen geschmiedet? Da kann ich es mir ruhig in Pantoffeln und Morgenmantel bequem machen! Der andere ist sowieso immer da, wird sowieso immer da bleiben. Wozu ihn also mit Aufmerksamkeiten verwöhnen, wozu auf seine Eigenheiten Rücksicht nehmen, wozu ihn mit Liebesworten umgarnen?

Ich weiß, dass ihn meine Unpünktlichkeit zur Weißglut treibt. Aber was soll's. Ist doch egal. Er ist mir schließlich sicher.
Ich weiß, dass er sich vor meinen mit Shampoo-Resten im Badewannenabfluss verklebten Haaren ekelt. Aber warum sie beseitigen? Ist doch wurscht! Er ist mir schließlich sicher.
Ich weiß, dass ich ihm mit meiner dauernden Nörgelei auf den Keks gehe. Aber ich steigere mich weiter in sie hinein. Warum davon ablassen? Er ist mir schließlich sicher.
Solange wir uns des anderen nicht sicher sind, tun wir alles, um eine Wir-AG zu bilden. Kaum aber macht sich Sicherheit breit, kehren wir die Ich-AG heraus. Statt nach Verbindendem zu suchen, lassen wir das Trennende in den Vordergrund treten. Ehe wir uns versehen, werden die eigenen Interessen wichtiger als die unserer Zweier-Gemeinschaft. Vergessen sind all die Wahlversprechungen. Der Sieg ist errungen. Nach mir die Sintflut.
Wie kommen wir eigentlich auf die Idee, dass der andere für immer bei uns bleibt? Wie können wir für ihn die Hand ins Feuer legen, wo wir es noch nicht einmal für uns selbst tun können? Vielleicht begegnet einer von uns schon morgen einem anderen und macht sich im Liebesrausch mit ihm auf und davon. Vielleicht geht unser Partner nachher noch einmal schnell zum Briefkasten und kommt nicht mehr zurück. Vielleicht wird er durch einen Unfall oder eine Krankheit von unserer Seite gerissen. Jetzt, in diesem Augenblick, sind wir ein Paar. Es könnte sein, dass die Zweisamkeit schon einen Lidschlag später zerbricht.
Wenn wir wüssten, dass uns nur noch ganz wenig Zeit zusammen bliebe, würden wir dann auch wegen jeder Kleinigkeit am anderen herummeckern? Würden wir unsere Marotten pflegen und auf unseren kategorischen Standpunkten beharren? Wohl kaum. Zumindest dann nicht, wenn der Partner uns wirklich ans Herz gewachsen ist und wenn er der Mensch ist, mit dem wir auf Dauer zusammenleben wollen.

Wiegen wir uns also in Unsicherheit, und machen wir uns jeden Tag aufs Neue bewusst, dass der andere nicht unser Eigentum ist und wir ihn jederzeit verlieren könnten. Ganz automatisch werden wir dann auf all die vielen kleinen selbstverständlichen Details des Alltags achten, die das Zusammenleben bei Beachtung zum Himmel und bei Missachtung zur Hölle machen können. Wenn wir uns nur ein kleines bisschen Staunen darüber bewahren, dass der andere abends wieder nach Hause kommt, werden wir zur Tür eilen und ihn freudestrahlend begrüßen – und morgens werden wir ihn nur wehmütig ziehen lassen. Wenn er bei uns ist, werden wir ihm bestimmt den einen oder anderen Wunsch erfüllen – einfach so, weil wir ihn schätzen und weil wir uns darüber freuen, dass er da ist. Auf der Loriot-Couch werden wir dann bestimmt nicht landen, weil uns unsere Zeit dafür schlicht und ergreifend zu kostbar ist.
Wie sicher fühlen Sie sich in Ihrer Beziehung?

12. Kapitel:
Der Club der Teufelinnen

Wenn wir auf unserer Fahrt übers Beziehungsmeer ganz hoch hinauf in den Ausguck klettern und den Horizont aufmerksam mit dem Fernglas absuchen, dann können wir sie sehen – die Paare, die auf ihrer langen Odyssee immer Oberwasser behielten, die alle Stürme gemeinsam überstanden und sich geschickt um alle Klippen herummanövriert haben.
Sie haben sich im Laufe der Jahre gemeinsam etwas aufgebaut, haben eventuell Kinder in die Welt gesetzt und großgezogen, haben Konflikte nicht nur ausgefochten, sondern zur beiderseitigen Zufriedenheit überwunden, haben gemeinsam geweint, gelacht, gelebt. Nun endlich scheint sich zu realisieren, worauf sie so lange hingearbeitet haben: Die Gründerjahre sind vorbei, die lieben Kleinen so groß, dass sie keine Rund-um-die-Uhr-Betreuung mehr brauchen; beruflich ist alles erreicht, was zu erreichen war, und das Häuschen im Grünen oder die Eigentumswohnung – so sie sich den Luxus leisten konnten – ist auch weitgehend abbezahlt. Jetzt heißt es ernten, was sie gesät haben. So steuern sie nun mit voller Kraft voraus auf die Insel der Glückseligen zu. Das Land ist schon in Sicht!
Doch just in dem Augenblick, in dem sie glauben, es geschafft zu haben, und sich gerade an Deck faul in die Sonne legen wollen, geraten sie in eine Meeresbucht, die vor Untiefen nur so strotzt – und ringsum lauern die Haie.

Ja, wo laufen sie denn?

Stellvertretend für viele andere Paare wollen wir hier Gerda und Frank betrachten – ein typisches Paar in den »besten Jahren«. Die beiden sind seit fast zwanzig Jahren verheiratet. Er: Marketingleiter in einem mittelständischen Maschinenbauunternehmen. Sie: Halbtagskraft bei einer Behörde. Einfamilienhaus mit Garten. Eine Tochter, neunzehn; ein Sohn siebzehn. Beide sind mehr oder weniger wohl geraten und ausgesprochen selbstständig. Mit den Eltern wollen sie nicht mehr in den Urlaub. Sie verreisen lieber mit Freunden. Mit gemeinsamen Wochenendausflügen kann man sie auch nicht mehr locken. Da schicken sie ihre Alten schon lieber allein auf Tour.

So kann unser Muster-Paar endlich wieder das genießen, wovon es all die Jahre nur träumen konnte: Freiheit und Unabhängigkeit. Allerhöchste Zeit, findet Gerda. Zwar sieht sie mit einer gewissen Wehmut, wie sich ihre Kinder immer mehr von ihr abnabeln und – von den Basisdienstleistungen des Hotels Mama einmal abgesehen – auch sehr gut ohne sie zurechtkommen. Doch zugleich ist sie froh, endlich Zeit für ihre eigenen Interessen zu haben – und Interessen hat sie viele. Vor allem die Kunst, die Literatur und das zeitgenössische Theater haben es ihr angetan. Die wiedergewonnene Unabhängigkeit weiß sie gut zu nutzen: Hier ein Kurs in einer Werkstatt für kreatives Schreiben, dort ein Wochenend-Workshop im Aktzeichnen oder eine Ausbildung in Ausdrucksmalerei. Abends ins Schauspielhaus oder auch mal spontan zu einer Lesung – sie ist so richtig in ihrem Element.

Und Frank? Der kommt lieber nicht mit ins Theater. Mit dem »versponnenen Kram, der da heutzutage geboten wird«, kann er absolut nichts anfangen. »Sei mir nicht bös, aber geh du da mal besser alleine hin.« Stattdessen setzt er sich lieber vor

seinen PC. (Er hat da von einem Kollegen so eine hochinteressante Internet-Adresse bekommen, und in die will er dringend mal reinschauen.)
So kommt es, dass sich die beiden immer seltener zu Gesicht bekommen. Wenn Frank morgens aufsteht, schläft Gerda noch. (Jetzt, wo die Kinder sie in der Früh nicht mehr brauchen, kann sie sich dank Gleitzeit den Luxus leisten, ein wenig länger liegen zu bleiben.) Mittags isst er in der Kantine und wenn er abends kommt, ist Gerda oft unterwegs. Es bleiben die Wochenenden. Doch da reist Frank mit seinen Kumpels gern der Formel 1 hinterher, während Gerda an ihren Texten schreibt oder selbst auf Workshop-Tour ist.
Auf die Frage von Freunden, Verwandten und Bekannten, wie es denn dem Partner so gehe, antworten sie: »Gut.« Schließlich atmet er nachts ruhig und regelmäßig im Nebenbett (oder er schnarcht so wie immer), und beklagen tut er sich auch nicht ... Sie vermissen einander offenbar nicht. Der Minimal-Kontakt scheint ihnen zu genügen. Es reicht zu wissen, dass es den anderen noch gibt, und dass sich die beiden gegenseitig »Freiraum« gewähren, wird als Zeichen von Aufgeschlossenenheit und Fortschrittlichkeit gewertet. So viele Jahre haben sie gemeinsam am Familienstrick gezogen, dass sie nun froh sind, eigene Wege gehen zu können.
Ein bisschen aber erinnern sie an Wilhelm Bendow, wie er (von Loriot so trefflich mit dem Zeichenstift eingefangen) mit Franz-Otto Krüger auf der Zuschauertribüne am Rennplatz steht und nach den Pferden sucht. »Ja, wo laufen sie denn?« Trotz Fernglas und gutem Willen: Er kann sie nicht sehen, obwohl er sie direkt vor der Nase hat. So wie die Gerda ihren Frank. So wie der Frank seine Gerda. Ja, wo laufen sie denn?

Kaffeeklatsch

Stellen wir uns Gerda einmal im Kreis ihrer Freundinnen vor – zum Beispiel bei einem guten alten Kaffeeklatsch (denn dazu reicht die Zeit jetzt allemal). Mit am Tisch sitzen fünf oder sechs Frauen, alle im Alter von 40 plus, die einen sind verheiratet, die anderen schon wieder geschieden – eine bunt zusammengewürfelte Truppe, wie das Leben eben so spielt.
Und worüber reden die Damen? Natürlich über die Männer. Über ihre Männer – die derzeitigen und die verflossenen. Was da alles zu Tage kommt: Der Gatte von Katrin zum Beispiel hat keinerlei Geschmack. Zwar vergisst er nie den Hochzeitstag, aber wenn er ihr dann feierlich einen Kerzenständer im Stil des Gelsenkirchener Barock überreicht, kriegt sie die Krise.
»Mach dir nichts draus, meiner ist auch nicht viel besser«, beruhigt sie Martha. »Meiner bringt mir immer Blumen von der Tankstelle. Da hängt noch der Benzinduft drin!«
Das ruft Sarah auf den Plan: »Wenn nur die Blumen nach Super bleifrei riechen ... Meiner schraubt jedes Wochenende an seinem Auto herum. Wenn er dann heimkommt, stinkt der ganze Mann nach Öl und Benzin. Und wenn's nach ihm ginge, würde er sich mit seinem schmierigen Blaumann zu mir aufs Sofa setzen.«
»Tja,« wirft Gerda ein. »Mit der Reinlichkeit haben es die Kerle wohl noch nie gehabt. Wenn ich dem Frank nicht jeden Tag frische Wäsche rauslegen würde ...«
Und so weiter und so fort.
Das einstimmige Fazit: Männer sind unzivilisierte Wesen. Ohne uns Frauen wären sie völlig aufgeschmissen und würden binnen kürzester Frist herumlaufen wie die Penner. Die Welt würde um sie herum im Chaos versinken, und zu essen bekämen sie auch nichts Vernünftiges. An solchen Nachmittagen überbieten wir einander mit Horrorgeplauder aus dem Ehe-

Nähkästchen und mit jedem Satz, den wir in die Runde werfen, werden die Kerle ein bisschen schlimmer.

Warum tun wir das? Warum reden wir, wenn wir zusammensitzen, kein einziges Mal über die Stärken unserer Männer? Haben sie keine? Oder haben wir Angst, dass die anderen über uns herfallen würden, wenn wir es täten? Was passiert, wenn wir sagen: »Ich komme gut mit meinem Partner aus.« Halten die anderen uns dann für begriffsstutzig? (»Die merkt gar nicht, was für einen Tölpel sie da zu Hause sitzen hat.«) Oder für heuchlerisch? (»Na, bei denen ist bestimmt auch nicht alles Gold, was glänzt.«) Oder für inkompetent, weil noch nicht lange genug liiert? (»Wart's ab. Früher oder später wirst auch du begreifen, worauf du dich da eingelassen hast.«)

Wenn man uns so zuhört, könnte man glauben, dass wir unsere Männer lieber heute als morgen los wären. Warum legen wir uns eigentlich freiwillig Abend für Abend zu so einem Untier ins Bett? Gut, es mag Kerle geben, die frau lieber auf den Mond schießen sollte, als sich mit ihnen einzulassen. Und wenn sich einer im Laufe der Zeit wirklich als Ekel entpuppt, dann gebietet allein die Selbstachtung, ihn vor die Tür zu setzen.

Aber sind wirklich alle Männer so? Wenn man uns in trauter Frauenrunde zuhört, möchte man fast meinen, ja – zumindest die Exemplare, die wir an unserer Seite haben. Begehrenswert, attraktiv, amüsant und intelligent sind nur die Männer, die wir nicht haben (können) – die würden wir nicht von der Bettkante stoßen, wenn sie denn dort säßen. Unsere »eigenen« Männer aber sind bei den meisten von uns scheinbar komplett durch den Rost gefallen. Wir sind die Frauen, die alles wollten, und wenn wir sehen, was wir bekommen haben, stimmt uns das nicht unbedingt gnädig.

Wie Cher, Michelle Pfeiffer und Susan Sarandon in dem Film *Die Hexen von Eastwick* sitzen wir in konspirativer Sitzung zusammen und basteln eifrig an Voodoo-Püppchen herum, die

wir dann stellvertretend für unsere Angetrauten mit spitzen Nadeln durchbohren. Oder besser: die wir an ihrer statt kastrieren! So manche von uns beteiligt sich nämlich selbst dann an dem grausamen Spiel, wenn sie den Ihren gar nicht loswerden will. Weil sie – im Gegenteil – tierische Angst hat, ihn zu verlieren. Darum spricht sie ihm als Einzelwesen ohne ihren Beistand die Überlebensfähigkeit ab. Darum erklärt sie ihn für unmündig. Darum nimmt sie ihm die Männlichkeit. Ein kastrierter Kater macht keine großen Jagdrunden mehr. Er hält sich immer im Umkreis des Hauses auf.
Sie tut so, als wolle sie ihren Mann nicht mehr haben. Aber wehe, wenn er doch auf die Pirsch ginge …

Johannistrieb

Während wir Frauen im Kreise unserer Vertrauten mit großer Lust die charakterlichen Schwächen der Männer sezieren, bekommen wir gar nicht mit, wie weit, weit weg im Land der Kerle mit einem Mal der Wind dreht. Der Frühling ist längst vorüber, und die sommerliche Wärme hat die Natur träge und faul werden lassen. Doch mit der frischen Brise wacht sie urplötzlich wieder auf. Die Pflanzen sprießen wieder. Die Zeit des Johannistriebs ist gekommen.
Mit ihm rühren sich plötzlich die Helden, die so friedlich in ihren Hängematten dösten. Sie recken und strecken sich und reiben sich den Schlaf aus den Augen, denn in ihrem Inneren haben die Hormone das Halali geblasen. Der Johannistrieb lässt nicht nur in den Bäumen den Saft noch einmal steigen. Auch der beste Ehemann von allen – der gezähmte Stubenkater – wird lebendig. Das Raubtier in ihm erwacht. Es ist Jagdzeit! Wo sind die Weibchen geblieben?
Wir Frauen sind meist die Letzten, die von seiner Veränderung

etwas mitbekommen. Zu sehr sind wir mit uns und unserer Selbstverwirklichung beschäftigt, zu sehr verlaufen unsere Leben in getrennten Bahnen. Und wenn wir zusammen sind, zeigen wir einander das ungeschminkte, müde Gesicht.
Bis der nächste Urlaub kommt und wir mit ihm im Strandcafé sitzen: Da können wir es sehen, das lüsterne Blitzen in seinen Augen, sobald ein wohl proportioniertes Bikini-Girl naht. (Es sei denn, wir sind zu sehr darauf konzentriert, ihn wegen der missglückten Wahl des Hotels zu kritisieren oder ihm eine neue Badehose aufzuschwatzen, weil seine alte verschlissen ist.)
Vergessen wir nicht! Er ist ein Mann und will nur das Eine – und nach vielen Jahren als (mehr oder minder) braver Ehemann will er es umso dringender. Er sucht nach dem Jungbrunnen, den er bei der Kind-Frau zwischen den Schenkeln vermutet. Der Urlaub ist die einzige Zeit, wo wir ihn auf seinem Streifzug durch die Jagdgründe begleiten. Nur hier können wir ihn gewissermaßen auf freier Wildbahn beobachten. Nur hier können wir zuschauen, wie er mit eingezogenem Bauch zur Strandlinie stolziert, bevor er sich mit kühnem Sprung in die Fluten stürzt, wo ihn alsbald männermordende Touristinnen aus aller Herren Länder wie Haifische umkreisen. Es entgeht uns nicht, wie er scheinbar unauffällig noch dem schrägsten Feger mit den Blicken folgt. Hauptsache knackig, Hauptsache knapp bekleidet. Unseren Respekt gewinnt er mit seinem Gebalze kaum. Wenn er sich vor den Achtzehnjährigen in die Brust wirft und vor ihnen den Mann von Welt herauskehrt, finden wir das lächerlich. Ja, merkt er denn nicht, wie alt er ist?!
Kaum nach Hause zurückgekehrt, sinkt er womöglich träge in seine Hängematte zurück. (Was er tagsüber tut, kriegen wir ja nicht mit.) Vielleicht registrieren wir aber auch überrascht, dass der »alte Schluffen« an unserer Seite auf einmal genau das tut, was wir so oft vergeblich von ihm verlangt haben: Er wird

aktiv, kramt die Joggingschuhe aus dem Schrank, holt den Tennisschläger vom Speicher, befreit das Rennrad von den Spinnweben. Aus der Beruhigungspille wird plötzlich eine Hallowachtablette. Irgendetwas stimmt doch nicht mit ihm?!
Und dann das: Wie wir eines Tages in seinen Hosentaschen kramen (wir müssen sie schließlich ausleeren, bevor wir den Anzug in die Reinigung bringen), finden wir zwei Eintrittskarten für die Ballett-Vorstellung am vorigen Wochenende! Wir hatten gedacht, er sei rein geschäftlich in Hamburg gewesen. Ausgerechnet Hamburg! Ausgerechnet John Neumeier! Den hätten wir selbst so gern gesehen! Wir hatten darauf verzichtet, weil es einfach zu teuer gewesen wäre, und jetzt das – er, der sich nie für Tanz interessiert hat, geht mit einer anderen ins Ballett ...

Katzenjammer

Nicht jeder Mann geht fremd. Manche tun es nur im Kopf. Aber wenn tatsächlich eine Rivalin auftaucht und er uns zu entgleiten droht, vollziehen wir eine rasante Kehrtwendung. In dem Moment nämlich, wo er uns nicht mehr sicher ist (wie hieß noch die siebte Spielregel?), wollen wir ihn auf einmal wieder unbedingt haben. Auch wenn wir vorher kein gutes Haar mehr an ihm lassen konnten; auch wenn wir uns vielleicht mit ihm gelangweilt und ihn selbst – ob in der Praxis oder nur in unserer Fantasie – mehr als einmal betrogen haben.
Die folgende Geschichte mag zwar krass erscheinen, doch sie bringt diese Kehrtwendung trefflich auf den Punkt: Suse ist eine Frau um die fünfzig und hat sich in einem renommierten Seminarhaus zu einer Frauen-Jahresgruppe angemeldet. Thema: Entdecke dich selbst! Die Teilnehmerinnen treffen sich einmal im Monat zu einem gemeinsamen Wochenende, das jeweils am

Freitagabend mit einer Runde eröffnet wird, in der jede Einzelne von ihrer persönlichen Situation berichtet. Schon bei der ersten Zusammenkunft lässt Suse durchblicken, wie unzufrieden sie mit ihrem Alltag, vor allem aber mit ihrem Ehemann ist. Sie hat es offenbar auch ziemlich schwer. Nicht nur, dass der Typ ein Besserwisser und notorischer Nörgler zu sein scheint – er hat MS und sitzt zu allem Übel auch noch im Rollstuhl. So einen kann sie doch nicht einfach sich selbst überlassen. Er braucht sie. Darum opfert sie sich. Für sie als engagierte Kirchenfrau wäre alles andere unmoralisch und folglich undenkbar.

Wie in einer Fortsetzungsgeschichte erfahren die anderen Freitag für Freitag das Neueste von Suses Ehefront. (Sie selbst hat übrigens einen Liebhaber, aber der ist verheiratet und bekennt sich nicht zu ihr – obwohl sie sich wirklich lieben.) Von Monat zu Monat spitzt sich die Sache weiter zu. Der Mann wird immer ekelhafter. Heftige Diskussionen wechseln sich mit Phasen des eisigen Schweigens ab. Suse ist am Ende ihrer Kräfte. Aber gehen kann sie nicht. Allein aus ethischen Gründen. (»Das könnte ich doch niemandem erklären!«)

Eines Freitagabends sitzt Suse in sichtlich aufgelöstem Zustand da, die Augen verheult. Nervös knetet sie ihr Taschentuch in der Hand, als sie berichtet, was geschehen ist: Zwei Wochen zuvor hatte es wieder Streit um irgendeinen banalen Anlass gegeben. Suse war der Kragen geplatzt.

»Ich verlasse dich!«, hatte sie ihn angebrüllt. »Ich kann dich nicht mehr ertragen.«

Da wurde er plötzlich ganz ruhig. »Meinst du das ernst?«, fragte er zurück.

Sie nickte.

Da stand er langsam, ganz langsam aus seinem Rollstuhl auf und ging quer durch den ganzen Raum zur Tür. Sie hörte, wie er draußen auf dem Flur den Telefonhörer abhob und eine Nummer eintippte.

»Hallo Ilse, ich bin's«, meldete er sich. »Stell dir vor, sie hat mir gerade die Scheidung angeboten. Jetzt bin ich endlich frei. Sag mal, ist die Wohnung noch zu haben, von der du mir letzte Woche erzählt hast?«

Eine Woche später zog er aus. Seither ist Suse allein. Auf einmal hat sie viel Zeit zum Nachdenken. Was da hochkommt, ist nicht nur Wut über den Verrat und über die Feigheit des Mannes, mit dem sie seit über zwanzig Jahren Tisch und Bett geteilt hat. Plötzlich sieht sie, was er ihr nach all den Jahren doch noch bedeutet. Es gibt so vieles, das sie verbindet – die Kinder, das Engagement in der Kirche, die gemeinsamen Freunde. Die Bücher, die sie zusammen gelesen, die Filme, die sie sich angesehen hatten. Die Liebe zu Italien. Das Faible für Opern. Das Haus und jedes Möbelstück, jedes Bild darin – alles erinnert sie an ihn. Sie hatten miteinander auch viele gute Tage!

»Ich habe ihn doch so geliebt«, schluchzt sie, und die Tränen laufen ihr übers Gesicht.

Suse. Hätte sie nicht allen Grund, ihren Mann für immer aus ihrem Gedächtnis zu streichen? Ihn, der ihr so furchtbar auf die Nerven gegangen ist und der sie zu allem Übel auch noch schmählich betrogen hat? Wozu ihm auch nur eine einzige Träne nachweinen? Hatte sie sich nicht über all die Monate hinweg nichts sehnlicher gewünscht, als allein zu leben? Genau genommen hat er sie doch bloß beim Wort genommen …

Für Suse aber beginnt mit seinem Auszug der große Katzenjammer. Sie hatte geglaubt, dass er auf sie angewiesen sei. Das war die Sicherheitsgarantie, auf die sie sich verlassen hatte. Jetzt erst merkt sie, wie sehr sie auf ihn angewiesen war. Nicht nur die ungewohnte Einsamkeit lastet auf ihr. All die vielen alltäglichen Kleinigkeiten, um die er, der »Hilflose«, sich gekümmert hatte, türmen sich vor ihr auf. Ein Schreiben von der Hausratsversicherung, diverse Kontoauszüge, ein Brief vom

Finanzamt, die Nebenkostenabrechnung vom Vermieter, die Stromrechnung, ein Angebot zur Umstellung des Telefonanschlusses auf TDSL mit Flatrate. Und ein noch ungeöffnetes Kuvert vom Scheidungsanwalt. Sie weiß nicht, wie sie die Flut auf ihrem Schreibtisch bewältigen soll.

Bis zu seinem Auszug war Suse der festen Überzeugung gewesen, dass alles an ihr hängen blieb. Sie fühlte sich ausgenutzt und betrachtete ihn als ihr »Problem«. Auch wenn es ihr unendlich schwer fällt, es zuzugeben, mit kaum hörbarer Stimme bringt sie es heraus: In einem verborgenen Winkel ihres Selbst hatte sie die ganze Zeit darauf gehofft, dass sich dieses »Problem« irgendwann von alleine lösen und er sich durch seine Krankheit »vorzeitig verabschieden« würde. Während sie sich nach außen hin für ihn aufopferte, ließ sie ihn ihre Macht spüren. Sie fühlte sich ihm überlegen und butterte ihn unter. Er rächte sich mit Gehässigkeit.

Das Ganze hätte endlos so weitergehen können, wenn Suses Mann nicht in einer Selbsthilfegruppe Ilse begegnet wäre – einer Frau, die ihn bewunderte und (als Leidensgenossin) wie keine Zweite mit ihm fühlte. Von Anfang an muss ihm klar gewesen sein, dass er in seiner jetzigen Lebenssituation mit ihr glücklich(er) werden könnte. Offenbar hatte er seit Wochen mit Suse reden wollen, hatte sich aber nicht getraut. Mit ihrer Drohung, ihn zu verlassen, rannte sie also bei ihm offene Türen ein. So sehr beflügelte ihn die Aussicht auf Freiheit, dass er den Rollstuhl stehen ließ.

Suses bittere Erkenntnis: Versorgungsleistungen, wie sie sie erbracht hatte, kann jede(r) andere auch erfüllen. Manchmal sogar der Bemutterte selbst. Ihr Mann managt sein Leben jetzt perfekt allein. Er ist noch fitter als Ilse und sorgt jetzt sogar für sie mit.

»Es sind offenbar doch andere Dinge, mit denen man einen Mann an sich bindet …«

Wer hat den schwarzen Peter?

Bei den zermürbenden Grabenkämpfen, die sich ehemüde Paare liefern, geht es beiden Seiten immer auch um die Wahrung des Gesichts. Dass sie zusammenbleiben, hat so manches Mal weniger mit Zuneigung als damit zu tun, dass keiner den Mut zur Trennung hat. Es macht sich einfach nicht gut, das Versprechen der ewigen Treue zu brechen und den anderen im Stich zu lassen. Wer geht, muss schon sehr gute Gründe haben, um nicht als der Böse dazustehen und im Freundes-, Bekannten- und Verwandtenkreis geächtet zu werden.

»Wie kannst du nur?! Nach all den Jahren!«

Sich diesen Schuh anzuziehen, dazu gehört der Mut der Verzweiflung. Nach der Scheidungsstatistik zu urteilen, scheinen wir Frauen ihn eher aufzubringen, denn in der Mehrzahl sind wir es, die den Bettel hinschmeißen. Ob das daran liegt, dass wir mit größeren Erwartungen in die Beziehung hineingegangen sind – dass wir alles wollten, er hingegen nur das Eine? Es würde zumindest einiges erklären, denn wer viel erwartet, kann umso tiefer enttäuscht werden.

Wer auch immer der Frustriertere von uns beiden ist: Aus Angst, den schwarzen Peter zugeschoben zu bekommen und im Falle einer Trennung als der »Schuldige« dazustehen, schleichen wir endlos lange mit heimlichem Groll im Herzen umeinander herum, anstatt uns klaren Wein einzuschenken. Dabei lauern wir auf jeden Fehler des anderen: Wenn er uns bloß einen konkreten Anlass gäbe, um das Ganze entrüstet beenden zu können … (Oder besser noch: Wenn er uns gleich die undankbare Rolle abnähme und von sich aus ginge.)

Das Fatale an der Sache: Dieser zerstörerische Mechanismus, ständig auf die Fehler des anderen bedacht zu sein, greift nicht nur bei Paaren, die ohnehin kurz vor dem Aus stehen. Er macht auch vor den »stabilen« Beziehungen nicht Halt. Da man ja nie wissen kann, was kommt, bauen wir schon einmal vor und notieren wie Nikolaus in seinem großen Buch der Verfehlungen alles, was der andere so falsch macht. Wir sammeln vorsorglich Minus-Punkte, um den anderen dann bei einer Trennung als Schuldigen entlarven zu können.

»Er hat dich verlassen?«

»Ja. Aber eigentlich bin ich froh, ihn loszusein. Mit ihm zu leben war kein Zuckerschlecken. Nachts konnte ich nicht schlafen, weil er so mit den Zähnen knirschte. Seine Schmutzwäsche ließ er immer einen halben Meter neben dem Korb fallen. Und geizig war er auch noch. Du hättest erleben sollen, wie er im Sechseck gesprungen ist, als ich mir neulich dieses Kleid gekauft habe. Okay, es war ein bisschen teuer. Aber ich brauchte doch dringend was Passendes für die Hochzeit meiner Nichte ...«

Wie Schulkinder, die aus Angst vor einer schlechten Note vorsorglich verkünden: »Ich habe sowieso eine fünf!«, reden wir ihn vorsorglich schlecht, bevor es zur Trennung kommt. Um dann nicht so enttäuscht zu sein. Um dann nicht so verletzt zu sein. Um dann nicht vor aller Welt als die Dumme dazustehen. Wir suchen nach seinen Schwächen. Und wer sucht, der findet. Damit aber demontieren wir Stück für Stück unsere Achtung vor ihm.

Wenn wir jetzt nicht eingreifen und den Notanker werfen, läuft unser Beziehungsschiff unweigerlich auf eines von zwei möglichen Riffen auf: Entweder nimmt der Frust solche Dimensionen an, dass sich einer von uns über kurz oder lang mit dem Rettungsboot abseilt und verschwindet. Oder wir verfangen uns in einer Spirale der Feindseligkeit, bis dass der Tod uns scheidet.

Warten wir nicht, bis unser Partner die Initiative ergreift und das Steuer herumreißt! Nehmen wir das Ruder in die Hand, und begeben wir uns in ein anderes Fahrwasser. Hören wir auf,

nach Trennendem zu suchen. Setzen wir unsere Standards nicht so hoch an, dass er zwangsläufig dahinter zurückbleiben muss. Besinnen wir uns auf unsere Spielregeln! Vergessen wir die Schmetterlinge, und wiegen wir uns in der Unsicherheit, dass nichts ewig währt – nicht einmal unsere Beziehung. Genießen wir sie lieber, solange sie dauert, anstatt sie uns zu vergällen.
Wir selber entscheiden, ob wir einen Streit hoch oder niedrig aufhängen wollen. Wir bestimmen, ob wir aus jeder Unzulänglichkeit des anderen einen Staatsakt machen oder sie augenzwinkernd unter der Rubrik »menschlich« abhaken wollen.

Spielverderberin

Gruppendruck ist ein massives Machtinstrument. Es ist schwer, sich ihm zu entziehen. Frauen, die in einer festen Beziehung leben, sind von einem wachsenden Heer von getrennt Lebenden und Geschiedenen umgeben – von Geschlechtsgenossinnen, die schlechte Erfahrungen mit Männern gemacht haben; die so die Nase von ihnen voll hatten, dass sie den Schlussstrich zogen; die betrogen oder sitzen gelassen, erniedrigt oder gedemütigt wurden.
Natürlich gibt es auch Männer, die nicht gefühllos, eiskalt, aalglatt und egoistisch sind. Aber über die lassen sich keine schaurigen Dinge erzählen. »Good news are bad news«, heißt ein Gesetz der Medienbranche. Gute Nachrichten sind nur halb so interessant. Gute Männer auch. So ist es nur natürlich, wenn die gebrannten Kinder unter uns Frauen mehr zu erzählen haben und damit zu Meinungsmacherinnen in Sachen Partnerschaft werden. Sie haben schließlich spannende Geschichten erlebt – zum Beispiel solche, wie sie in der Hollywood-Komödie »Club der Teufelinnen« geschildert werden:

Da ist zum Beispiel Brenda, die mit ihrem Mann Morty eine Kette von Elektroläden aufgezogen und nebenbei auch noch den gemeinsamen Sohn aufgezogen hat. Als der fünfzehn ist und Morty Millionär, betritt eine hagere Blondine die Bühne – und eh sie sich versieht, sitzt Brenda allein zu Haus und frisst sich Frustspeck an.

Oder Elsie, die Schauspielerin, deren Mann sich im Fahrwasser ihrer Karriere zum erfolgreichen Filmproduzenten gemausert hat. Bei seinem neuesten Werk besetzt er die Hauptrolle mit einem jungen Starlet, und Elsie soll die alternde Mutter spielen. Und sie soll ihrem Mann nebenbei den Gefallen tun, in die Scheidung einzuwilligen. Elsie greift zur Flasche, um ihren Kummer zu ersäufen.

Und schließlich Annie, die Dritte im Bunde, eine begnadete Geschäftsfrau, die ihren Mann samt seiner Werbeagentur groß gemacht und sich bei all ihrem beruflichen Engagement auch noch um die gemeinsame Tochter gekümmert hat. Um neuen Schwung in ihre Ehe zu bringen, schleppt Annie den Gatten zur Therapeutin. Doch die angelt ihr den Mann weg – und die betrogene Ehefrau versackt in Depressionen.

Die Männer haben den Dreien wirklich übel mitgespielt. Sie kennen sich noch vom College, haben jahrelang nichts mehr voneinander gehört, bis sie über den tragischen Selbstmord einer gemeinsamen Freundin wieder zusammenfinden und sich gegenseitig von ihrem Schicksal erzählen. Auf Rache sinnend, gründen sie den »Club der Teufelinnen« und beschließen, ihre Männer in den Ruin zu treiben. Was ihnen bis ins letzte Detail glückt. Am Ende sind die Herren völlig erledigt, sitzen zerknirscht auf der Anklagebank – den drei Frauen hoffnungslos ausgeliefert. Gnade gibt es nicht!

Der Film ist wohlgemerkt eine Komödie, und wir Zuschauerinnen lachen Tränen, während die Kerle ob ihrer Schlechtigkeit Schlag um Schlag auf die Größe eines Nichts zusammengestaucht werden. Wir gönnen es ihnen, in Grund und Boden gestampft zu werden.

Wenn eine Frau nach dem Kino daherkommt und sagt, sie würde da einen kennen – einen, der ganz anders ist –, und dieser eine sei ihr Mann, ist sie uns da nicht suspekt? Ob sie wirklich so glücklich in ihrer Beziehung ist, wissen wir nicht. Was will sie eigentlich? Will sie uns den Spaß verderben? Wir haben uns doch so wunderbar auf seine Kosten amüsiert …

In gute Hände abzugeben?

Es gab eine Zeit, da nannte eine Frau ihren Angetrauten nach der Hochzeit »mein Mann« und ging ganz automatisch davon aus, mit ihm alt zu werden. Ob er sich nun als idealer Partner entpuppte oder nicht, einmal Ja gesagt, hieß für immer gebunden. Es war wie in der Lotterie: Die eine hatte mehr Glück, die andere weniger.

Heute nennen wir den Mann an unserer Seite »Lebensabschnittsgefährte«, und ob mit oder ohne Trauschein – wir prüfen bei jeder sich bietenden Gelegenheit sehr genau, ob er uns noch genehm ist oder nicht. Wenn wir wollten, könnten wir ihm den Laufpass geben. Ob wir es wollen, müssen wir ständig neu entscheiden. Wer sich entscheiden soll, braucht Daten: So beobachten und bewerten wir jeden seiner Schritte, jede Geste, jedes Wort. Um ganz sicherzugehen, holen wir Gutachtermeinungen ein, befragen unsere Freundinnen, Bekannten, Kolleginnen; rennen zum Therapeuten, zum Eheberater, rufen bei der Psycho-Hotline an, nur um die eine Frage zu klären: »Ist er für mich noch gut genug?«

Ständig scannen wir unseren Gefühlshorizont nach Verwerfungen ab: Ist die Beziehung etwa nicht mehr stimmig? Langweile

ich mich mit ihm? Hat er mir nicht mehr genug zu bieten? Komme ich zu kurz bei ihm?
Ständig grübeln wir, ob er noch der Richtige ist für uns. Bevor wir uns noch länger herumplagen: Entscheiden wir uns jetzt! Ein für allemal. Wollen wir ihn noch, unseren gezähmten Stubentiger? Oder wollen wir ihn lieber abgeben – in gute Hände, versteht sich, frau ist ja kein Unmensch.
Wenn wir lieber allein leben möchten, sollten wir es uns der Ehrlichkeit halber eingestehen und weder ihm noch uns das Leben weiter schwer machen. Wenn wir ihn aber nicht missen wollen, wenn er uns nach all den Jahren doch ans Herz gewachsen ist, dann bekennen wir uns zu ihm! Holen wir ihn vom Prüfstand herunter! Er ist, wie er ist. Hören wir auf, ihn zu kritisieren, ihn schlecht zu machen. Putzen wir ihn nicht vor anderen herunter. Kraulen wir ihn lieber, das hat er gern. Vielleicht fängt er sogar zu schnurren an.
Wenn er das nächste Mal auf Jagdausflug geht, wird er sich draußen, in der rauen Wildnis, daran erinnern, dass es da ein Zuhause gibt, in dem es ihm gut geht. Dass da ein Mensch auf ihn wartet, der ihn mag.
Eine absolute Garantie, dass er zurückkommt, ist das nicht. Aber die Wahrscheinlichkeit wächst …

Teil IV
UTOPIA

»Wir haben, wo wir lieben, ja nur dies:
einander lassen; denn dass wir uns halten,
das fällt uns leicht und ist nicht erst zu lernen.«

Rainer Maria Rilke aus *Requiem für eine Freundin*

13. Kapitel:
Das Märchen von der ewigen Treue

Wenn Mann und Frau mit klopfendem Herzen vor dem Standesbeamten stehen und das Versprechen abgeben, einander »die Treue zu halten in guten und in schlechten Tagen«, dann haben sie das Gefühl, etwas ganz Einzigartiges zu erleben. Nichts, aber auch gar nichts deutet auf irgendeine Form der Massenabfertigung hin – und doch werden hier zu Lande Jahr für Jahr etwa 400 000 standesamtliche Ehen geschlossen.
400 000 Trauungen – das bedeutet 800 000 Menschen, die den offiziellen Treueschwur leisten. Um ihn zu bekräftigen, wiederholt ihn etwa ein Drittel davon noch einmal vor dem Altar. Dazu kommen all die vielen Bindungswilligen, die eine nicht eheliche Gemeinschaft gründen. Wenn auch weniger explizit, so schließen doch auch sie eine Art Exklusivitätsabkommen mit dem Partner nach dem Motto: »Nur dich will ich an mich heranlassen und sonst keine(n).« Wer in einer Beziehung »fest gebunden« ist, darf allenfalls verstohlene Blicke in Nachbars Garten werfen. Darin wildern darf er nicht.
Jedes Jahr nehmen sich also allein in Deutschland weit über eine Million Menschen vor, treu zu sein. Nun wissen wir alle, wie das mit guten Vorsätzen ist: Irgendwie scheinen sie dazu da zu sein, um gebrochen zu werden …

Die Tücke der Moral

Haben wir aus dem Meer all der vielen Menschen, mit denen wir zu tun haben, einen Partner herausgefischt, soll er künftig den alleinigen Mittelpunkt unserer Existenz bilden. Zumindest unserer erotischen Existenz. Das fordert die Moral – eine Moral, die beileibe nicht nur von den Kirchen, sondern auch von der Politik und unserer Gesellschaft insgesamt aufgestellt wird. Es mögen noch so viele Tabus purzeln – Sex vor der Ehe, Abtreibung, homosexuelle Partnerschaft –, das Treuegebot ist ein so ehernes Gesetz, dass kaum einer daran zu rütteln wagt. (»Offene Ehe? Das ist doch nichts als theoretisches Gefasel! Wer so etwas von sich gibt, sollte erst mal selbst erleben, wie es sich anfühlt, sitzen gelassen zu werden. Dann würde er ganz anders reden!«)

Wenn unsere Vorstellung von Treue auch längst nicht überall auf der Welt verbreitet ist, steht sie in unserem Kulturkreis – nach Umfragen zu urteilen ganz besonders bei uns Frauen – auf der Wunschliste an den Partner an oberster Stelle. Dennoch ist die lebenslange monogame, glückliche und leidenschaftliche Beziehung eine Idealvorstellung, der wir Normalsterblichen beim besten Willen nicht gerecht werden können. Wir Frauen nicht, und unsere Männer erst recht nicht, denn fehlbar sind wir alle. Weil wir es nicht schaffen, die Glut der sexuellen Begierde für ein und denselben Menschen über Jahre und Jahrzehnte immer wieder neu zu entfachen; weil wir verführbar sind und gelegentlich der Versuchung fremder Reize erliegen; weil es uns nicht gelingt, immer treu zu sein – und darum laufen wir permanent mit einem schlechten Gewissen herum.

Das kommt manchen sehr gelegen. Da wären zum Beispiel die Kirchen. Sie haben das wohl älteste Interesse an der Aufrechterhaltung von »Sitte und Moral«: Seit Jahrhunderten predigen sie die hehren Ideale von Tugendhaftigkeit, Treue, Genügsamkeit und Enthaltsamkeit und schreiben den Menschen damit eine Idealform des Denkens und Handelns ins Aufgabenheft, die sie nie und nimmer erreichen können. So gut und edel, wie wir sein sollen, sind wir einfach nicht. Damit aber wird automatisch ein Heer von Sündern geschaffen, das nur der regelmäßige Kirchgang erlösen kann.

Verfügten früher die Theologen über ein Monopol, was die Rettung des Seelenheils anbelangt, so haben sie heute reichlich Konkurrenz bekommen: Mittlerweile propagiert ein ganzes Heer von psychologisch versierten »Experten« das Ideal von der lebenslang prickelnden Dauerbeziehung. Gegen Cash, versteht sich.

»Wie, du bringst keine glückliche Partnerschaft auf die Reihe?! Dann bist du ein Versager! Und musst dringend zum Therapeuten. Der bringt dir bei, wie es geht. Der zeigt dir, wie auch du es schaffen kannst.«

Seminare, Ratgeber, Beratungsstunden – mit künstlich geschürten Minderwertigkeitsgefühlen lassen sich Unsummen verdienen. Das Geheimnis von unverbrüchlicher Treue und nimmer endendem Liebesglück – wer es kennt, hat quasi die Lizenz zum Gelddrucken in der Tasche.

Die Medien avancierten schnell zum Sprachrohr jener »Fachleute«, die uns mit ihren Heilsversprechen vom Beziehungsparadies in ihre Fänge zu locken versuchen. So mancher Fernsehsender und so manche Hochglanzillustrierte beziehen scheinbar ihre Fabeln vom heilen Beziehungsglück mehr aus der Fantasie als aus der Realität. All die viele Sendezeit will schließlich gefüllt, all das viele Papier bedruckt werden. So berichtet der Paartherapeut und Autor Michel Mary in seinem Buch »5 Lügen, die Liebe betreffend« davon, wie er einmal von einer Journalistin angesprochen wurde, die eine Reportage über Langzeitbeziehungen schreiben sollte. Sie war auf der Suche nach Paaren, bei denen nach langjährigem Zusammenleben der Sex immer noch blühte. Mary musste passen. Wenn sie fündig würde, solle sie ihn bitte auf dem Laufenden halten. Nur zu gern würde er Leute kennen lernen, die dieses Wunder vollbracht hätten …

Die Reportage erschien zwei Monate später. Natürlich kamen darin lauter Paare vor, die sich zwanzig Jahre treu waren und immer noch wunderbaren, leidenschaftlichen Sex miteinander hatten. Sie waren einander treu, ohne auch nur das geringste Gefühl des Verzichts zu empfinden. Logisch, dass sie ausnahmslos irgendein Geheimrezept auf Lager hatten.
Und wir, die wir weniger erfolgreich sind? Na klar! Wir haben alles falsch gemacht! Wir sind Versager, sind Sünder. So stehen wir da mit gesenktem Haupt, bereit, einen weiteren dicken Scheck für einen guten Ratschlag hinzulegen, der unseren Geist williger macht und unser Fleisch von der Schwäche erlöst. Oder für einen, der unseren Partner auf Linie bringt, ihm seine Flausen austreibt und ihn für immer und ewig an uns bindet.

Ein giftiges Samenkorn

Fällt es schon schwer genug, sich mit der eigenen Fehlbarkeit abzufinden, so erscheint es vielen vollends unmöglich, die des Partners zu akzeptieren. Hat er nicht hoch und heilig versprochen, nur uns und uns ganz allein zu gehören? Damit machen wir ihn zu unserem Privateigentum, und allein bei dem Gedanken, dass er auf Abwege geraten könnte, schnellt unser Adrenalinspiegel sprunghaft in die Höhe. »Vertrauen ist gut – Kontrolle ist besser«, denken wir, und selbst wenn er brav wie ein Engel wirkt, folgen wir argwöhnisch jedem seiner Blicke.
So kommt es, dass mit dem (ausdrücklichen oder stillschweigenden) Treuegelöbnis in unser Herz das giftige Samenkorn des Misstrauens gestreut wird. Je nach persönlicher Veranlagung fällt es dort auf mehr oder weniger fruchtbaren Boden, und manches Mal wächst es sich zu einem alles umschlingenden Riesengewächs aus, das jede Form der Lust und Leichtigkeit in der Beziehung erstickt.

Wenn das geschieht, regiert die Eifersucht. Wer in ihrem Griff ist, schlüpft aus der Rolle des Liebespartners in die des Meisterdetektivs. Das Durchschnüffeln von Hosentaschen gehört ebenso zu seinem Metier wie das sorgsame Absuchen von Kleidungsstücken nach verräterischen Lippenstiftspuren und fremden Haaren. Ein heimlicher Druck auf die Wahlwiederholungstaste, zeigt ihm, wem der letzte Anruf gegolten hat. Der SMS-Speicher des Handys wird regelmäßig auf verdächtige Botschaften gecheckt. Kommt er zu spät nach Hause, wird sein Alibi haarklein überprüft. Ist er pünktlich, wird er zumindest geruchlich auf verräterische Parfumspuren untersucht. Auf jeder Reise wird ihm hinterhertelefoniert und, wenn's denn sein muss, wird auch seine Post über Wasserdampf geöffnet. Man kann ja nie wissen …

Ist der Partner unduldsam, geht er über kurz oder lang auf die Barrikaden. Ist er eher gutmütig und auf Harmonie gepolt, wird er die Nachstellungen mit Nachsicht ertragen. Er wird versuchen, Rücksicht zu nehmen, denn er sieht ja schließlich, wie der Eifersüchtige leidet. Doch wie sehr er sich auch bemühen mag und den anderen in Watte packt, um ihm nur ja keinen Anlass zum Verdacht zu liefern – wer misstrauisch ist, der sucht. Und wer sucht, der findet. Hat die Eifersucht erst einmal die Oberhand gewonnen, befindet sich die Beziehung auf einer steilen Gefällstrecke Richtung Exitus.

Natürlich muss es nicht immer so weit kommen. Viele Menschen sehen die Sache mit der Treue lockerer. Doch misstrauisch sind sie auch. Sie halten es bloß mit dem Motto »Appetit holen kann er sich woanders, aber gegessen wird zu Hause!« Mit anderen Worten: Gucken ist erlaubt. Aber spätestens an der Bettkante hört der Spaß auf. Dort nämlich wird die klare Grenze gezogen. Wer sie in fremder Begleitung überschreitet, begeht einen Betrug.

Vermintes Gelände

Ein Blick auf all die vielen von Verlustängsten zerrütteten Beziehungen genügt, um die zerstörerische Wirkung des Misstrauens auf zwei Menschen zu begreifen.

»Warum kommst du so spät?«

»Wo bist du gewesen?«

»Was hast du gemacht?«

»Wer war das? Mit wem hast du eben telefoniert?«

»Warum hast du der Frau nachgestarrt?«

»Warum hast du so lange mit dem Typ geredet?«

Wann immer wir diese und ähnliche Fragen stellen, reiben wir unserem Partner unter die Nase, dass wir ihm nicht über den Weg trauen und dass er in unseren Augen zu jeder Schandtat fähig wäre. Natürlich erreichen wir damit genau das Gegenteil von dem, was wir uns eigentlich wünschen: Statt ihn nahe bei uns zu halten, treiben wir ihn von uns weg. Wer lebt schon gerne in einem Überwachungsstaat? So wird ebenjener Schwur, der uns zusammenschweißen soll, zu einem Keil, der uns entzweit.

Nie werde ich die Eifersuchtsdramen vergessen, die sich ein älteres Ehepaar in meiner Verwandtschaft vor einigen Jahren lieferte. Die Gattin ritt ihre Wortattacken mit Vorliebe vor Publikum. Wenn sie wieder einmal die neuesten Ergebnisse ihrer Recherchen vor mir ausgebreitet hatte, fragte sie mich jedes Mal, was ich denn von der Sache hielte. Ob es nicht einfach widerlich sei, wenn ein alter Kerl (sie benutzte einen herberen Ausdruck) auf seine alten Tage noch einmal »hinter die Weiber« käme. Er saß schweigend daneben, mit versteinerter Miene, und sagte kein einziges Wort.

Entzündet hatte sich der Streit zwischen den beiden an den gelegentlichen Freundschaftsdiensten, die der Mann einer gemeinsamen Bekannten erwies, die sich – nachdem sie verwitwet war – in mancherlei Hinsicht hilflos fühlte: Er chauffierte sie ab und zu mit dem Auto zum Einkaufen, half ihr bei der Beantwortung von Versicherungsschreiben, erklärte ihr die Bedienung der elektrischen Rollos …

Dass er dabei vermintes Gelände betrat, war ihm offenbar nicht bewusst gewesen. Seiner Frau nämlich waren diese Begegnungen ein Dorn im Auge. Sie witterte Betrug, zumal ihr Gatte und besagte Dame zu jenem Kreis von Leuten gehörten, die sich bei jedem Wetter regelmäßig frühmorgens im Freischwimmbad trafen, um ihre gemächlichen Bahnen zu ziehen und dabei ein wenig zu plauschen.

Aber war es wirklich ein Treuebruch? Der Mann war schon weit über siebzig, »die andere« nicht viel jünger als er. Er hatte bestimmt nicht die Absicht, sie aufs Laken zu zerren. Es ging ihm um Kontakt. Er langweilte sich in seinem Rentnerdasein. Die beiden verstanden sich gut. Sie lachten viel miteinander.

Das konnte seine Frau nicht aushalten. Sie war einsam, hatte kaum Freunde und ging nur selten aus dem Haus. Selbst die Einkäufe besorgte er. Ihr Mann war mehr oder weniger die einzige Verbindung, die sie zur Außenwelt hatte. In seinem Leben war sie (soweit ich das beurteilen kann) immer die unangefochtene Nummer eins gewesen. »Ruth, mein Augenstern«, hatte er sie immer genannt. Wenn sie den Raum betrat, hatte er sie angestrahlt – auch nach fast fünfzig Ehejahren. Bis Ruth mit ihren ständigen Vorwürfen die Atmosphäre vergiftete.

Irgendwann gab er zermürbt nach. Er ging nicht mehr zum Schwimmen und fuhr auch nicht mehr mit der Bekannten zum Einkaufen. Zwischen seiner Frau und ihm aber war etwas zerbrochen. Das Strahlen war aus seinen Augen gewichen. Sie redeten kaum noch miteinander, und wenn sie es taten, dann fehlte die Wärme in ihren Stimmen. Ach hätte sie ihm bloß vertraut!

Mach doch, was du willst!

Heißt das nun, dass wir dem anderen völlige Freiheit zubilligen müssten? Dass wir ihm nicht nur »lange Leine« geben, sondern die Leine ganz kappen und als zwei völlig unabhängige Wesen nebeneinander durchs Leben gehen sollten?
Jean-Paul Sartre und Simone de Beauvoir schrieben sich die radikal offene Beziehung auf die Fahnen, und von den progressiven Kräften der wilden Achtundsechziger wurde sie als die einzig ideale Form der Partnerschaft gefeiert. Dennoch scheint sie als Beziehungsmodell gescheitert zu sein, nicht zuletzt, weil sie für den weniger abenteuerlustigen Partner meist emotional nur schwer zu verkraften ist. Wie nach ihrem Tod bekannt wurde, litt sogar die Beauvoir darunter, ihrem »geliebten kleinen Geschöpf« (wie sie Sartre nannte) absolute Freiheit in Liebesdingen einzuräumen.
Intim verbunden und trotzdem unabhängig sein; zueinander gehören, ohne sich Fesseln anzulegen; einander die Treue halten und dennoch das Glück diverser Liebschaften erleben – für all jene, denen es in der konventionellen Beziehung zu eng ist, sicherlich eine absolute Idealvorstellung. Als solche aber steht sie automatisch in einer Reihe mit dem Traum von der ewigen Treue: In reiner Form lässt sich weder das eine noch das andere verwirklichen.
Ich kenne ein Paar, das es ganz anders als alle anderen machen und der Eifersucht keine Chance geben wollte. In diesem Fall war sie die Freiheitsliebende von beiden. Ohne »Fremdbeziehungen« könne sie sich ihr Leben nicht vorstellen. Sie brauche Impulse von außen, um sich weiterentwickeln zu können, und könne sie die nicht haben, würde sie eingehen wie eine Primel. Bevor sie das zuließe, würde sie lieber für sich allein leben. Er stimmte zu, wollte sie nicht verlieren. Sie holte sich ihre Impulse. Sie flirtete, wenn ihr danach zu Mute war, chattete sich

gelegentlich durchs Internet, fuhr mal mit diesem Liebhaber übers Wochenende, mal mit jenem nach Feierabend fort. Vor den Augen ihres Partners, so wie es ihrer Abmachung entsprach. Der schwieg. »Wenn sie es braucht, muss ich es ihr zugestehen,« sagte er sich.

Ein paar Jahre schien das Glück perfekt zu sein: Sobald sie zusammen waren, ging es ihnen hervorragend miteinander. Sie verwöhnte ihn. War, wenn es darauf ankam, immer für ihn da. Auch im Bett lief alles wunderbar.

Eines Tages aber teilte sie ihm mit, dass sie sich nicht mehr sicher sei, ob sie ihn wirklich liebe. Sie hätte da einen Mann kennen gelernt, für den würde sie mehr empfinden, als ihr recht sei. Sie wolle ihre Beziehung nicht in Frage stellen und sich auch nicht von ihm trennen – sie hätte nur das Gefühl, dass etwas zwischen ihnen nicht in Ordnung sei. Wie sonst könne sie so offen für den anderen – für all die vielen anderen – sein.

Er aber konnte mit ihrer neuen Nachdenklichkeit nichts anfangen. Ihm platzte der Kragen. Sie liebt mich nicht mehr! Das war der einzige Satz, den er aus ihren Worten heraushörte. Mit einem Mal fühlte er sich zutiefst betrogen. Jetzt erst spürte er, wie tief ihn ihre Seitensprünge verletzt hatten. Er hatte sie lange gewähren lassen, und jetzt konnte er nicht mehr! Rasend vor Zorn stürmte er aus dem Haus und reichte noch in derselben Woche die Scheidung ein.

Sie war fassungslos. Doch im Gespräch mit Freunden brachte sie zum Ausdruck, was sie die ganze Zeit über gespürt hatte: »Irgendwie hatte ich immer das Gefühl, dass ich ihm gleichgültig sei.«

Eine Wanderung auf schmalem Grat

Die Liebe ist wie eine brennende Kerze, und aus welcher Richtung der Wind auch kommen mag – bläst er zu kräftig, pustet er die Flamme aus. Wenn wir dem anderen auf Schritt und Tritt hinterherspitzeln oder ihn gleich in den goldenen Käfig sperren, erlischt sie ebenso, wie wenn wir an den anderen gar keine Ansprüche stellen.

»Er gibt mir allen Freiheiten dieser Welt«, mögen wir unseren Freundinnen stolz erzählen. Doch ist es nicht auch ein Zeichen von Desinteresse, wenn er so gar nicht wissen will, was wir tun und treiben? Wünschen wir uns nicht manchmal insgeheim, dass er mehr Anteil an unserem Leben nimmt?

»Sie hat mir noch nie in meinen Kram hineingeredet«, mag er sich vor seinen Kumpels brüsten. Doch wäre es ihm nicht lieber, wenn sie sich wenigstens ab und zu einmal danach erkundigen würde, wo und wie er seine Zeit verbringt?

Freiraum zu haben ist etwas Großartiges, denn rücken wir einander zu dicht auf die Pelle, fühlen wir uns bald an die Wand gedrückt. Fehlen die Grenzen aber ganz, kommt uns das Gefühl der Geborgenheit abhanden.

Vor diesem Hintergrund zeichnet sich folgende, womöglich utopische Vorstellung von einer geglückten Partnerschaft ab: einander das Bedürfnis nach Sicherheit *und* Freiheit, nach Verbindlichkeit *und* Abenteuer zu erfüllen. Einander festzuhalten und gleichzeitig loszulassen – und in jedem Moment neu zu entscheiden, was im Einzelfall gefordert ist. Zugegeben, es ist eine Wanderung auf schmalem Grat. Die beiden anderen Wege aber – die kompromisslose körperliche Treue und die uneingeschränkte Freiheit – sind gar nicht gangbar. Hier haben wir immerhin eine Chance.

Der Greifreflex

Dass die offene Beziehung in unserer Gesellschaft nie zu einer Erscheinung des »Mainstream« geworden ist, kommt nicht von ungefähr, fällt doch den allermeisten von uns das Festhalten wesentlich leichter als das Loslassen. Einer Art natürlichem Greifreflex folgend, klammern wir uns nicht nur an materiellen Gütern, sondern auch und gerade an dem Menschen fest, den wir lieben. Was ich habe, gebe ich nicht mehr her, so lautet das Leitmotto unserer ganzen Kultur, die aufs Vereinnahmen, Aneignen, Besitzen – kurz: aufs Haben – gepolt ist.

Hat ein Mensch mit uns die Schwelle zur festen Beziehung überschritten, wird er zu unserer Beute. »Ich habe mir jemanden geangelt«, freuen wir uns. Versteht sich, dass der Fisch, der da an unserem Haken zappelt, auch uns gehört. Keine(r) hat sich an ihm zu vergreifen! Dass wir unseren Partner solchermaßen mit Beschlag belegen, halten wir für völlig natürlich, obwohl die strikt monogame Ehe nur eine unter vielen möglichen Formen des Zusammenlebens darstellt. Wenn sie in der modernen, westlich geprägten Welt auch dominiert, ist sie aus kulturgeschichtlicher Sicht eher ein Randphänomen – wohl weil das mit der absoluten sexuellen Treue in der Praxis nur schwer funktioniert.

Es ist schlichtweg eine Überforderung, kompromisslos monogam zu leben. Wie können wir dem anderen alles sein, wie können wir ihm uns ganz geben, wie jederzeit für ihn bereitstehen, wie uns für immer und ewig an ihn verschenken? Wer das von uns verlangt, erwartet zu viel. Enttäuschung und Ernüchterung sind da vorprogrammiert.

Um dem anderen treu zu sein, müssen wir uns selbst ein Stück untreu werden. Es ist eine nicht zu leugnende Tatsache, dass Menschen einander anziehen, dass sie aneinander Gefallen finden – auch dann, wenn sie gebunden sind. Wenn wir ganz ehrlich sind, müssen wir uns eingestehen, dass unser erotisches Verlangen überall und jederzeit aufflammen kann. Wir haben nun einmal keinen eingebauten Schalter, der uns mit dem Anstecken des Verlobungsrings von »empfänglich« auf »besetzt« programmiert. Auch wenn wir einen Menschen lieben und unser Leben mit ihm teilen wollen, haben wir Bedürfnisse, Gefühle und Gelüste, die über die Begrenztheit unseres Zweier-Idylls hinausreichen.

Eine Beziehung sollte neue Horizonte erschließen, statt Mauern zu errichten. Doch wie kann das geschehen, wenn wir um des lieben Friedens willen unsere Blicke, unsere Gesten, unsere Körperhaltung kontrollieren müssen, um nur ja keinem anderen Menschen Offenheit für Kontakt zu signalisieren? Wie sollen wir in einer Beziehung Erfüllung finden, wenn der Exklusivitätsvertrag mit dem Partner uns abverlangt, unsere Gedanken und damit letztlich vielleicht sogar uns selbst aufzugeben?

Den meisten von uns – und mit »uns« meine ich Frauen *und* Männer gleichermaßen – fällt es zumindest zeitweise schwer, sexuell treu zu sein. Wenn es dennoch nicht zum Seitensprung kommt, liegt das meist nicht daran, dass so etwas für uns aus Überzeugung nicht Frage käme. Die Gründe sind wesentlich profaner: Wir tun es nicht, weil uns der Mut oder die Gelegenheit fehlt, weil wir Angst vor den Konsequenzen haben – vielleicht sogar, weil wir aus Rücksicht auf unseren Partner Verzicht üben.

Und schon sitzen wir in der Zwickmühle: Einerseits nämlich ist Rücksichtnahme in einer Partnerschaft wichtig und unerlässlich. Andererseits aber erstirbt ein Stück Lebendigkeit in uns, wenn wir zu oft Verzicht üben müssen. Wer sich blind und taub für äußere Reize macht, muss seine Sinne lahm legen – und das geht auf Kosten der Empfindungsfähigkeit.

In einer Beziehung ist das Thema Treue wohl eines der heikelsten überhaupt, denn kein anderes löst solche Ängste in uns aus wie dieses. Würde der Partner mit einer/einem anderen durchbrennen, geriete damit ja auch unser komplettes Lebensgebäude ins Wanken. All unser Tun und Denken baut auf dem Fundament unserer Zweisamkeit auf. Ginge er weg, müssten wir wieder völlig bei Null anfangen. Dass sich allein bei dem Gedanken Panik breit macht, ist nur natürlich. Absolutes Fingerspitzengefühl ist hier gefragt.

Mit aller Sensibilität, die wir aufbieten können, müssen wir die Balance zwischen unseren eigenen Bedürfnissen und denen des Partners finden. Doch im Ernstfall bleibt das diplomatische Gespür meist auf der Strecke, und die Sache wird nach Großmachtsmanier mit Hauen und Stechen entschieden. Wenn wir uns mit dem Versprechen der sexuellen Treue eine gegenseitige Eigentumsgarantie ins Stammbuch schreiben, wird die Untreue automatisch zum schweren Vergehen, ja Verbrechen gestempelt. Das Ultimatum lässt nicht lange auf sich warten: Sie oder ich – er oder ich – entweder, oder! Die Sache muss geklärt werden, sofort. Liebesbeweise müssen auf den Tisch. Heute noch. Damit wieder klare Verhältnisse herrschen.

Aber glauben wir im Ernst, dass wir auf diese Weise einen Menschen, den wir lieben, zurückgewinnen können? Schlagen wir ihn mit so schwerem Geschütz nicht vollends in die Flucht? Und das, obwohl noch nicht einmal feststeht, ob wir ihn wirklich verloren haben oder er überhaupt vor uns flüchten will.

Lockern wir lieber unseren Griff, denn nur wenn wir den anderen nicht krampfhaft festhalten, schaffen wir Raum, um wieder aufeinander zugehen zu können.

Nehmen wir den Sex nicht so ernst!

Der Zündstoff, der dem Thema Treue die Explosivität verleiht, ist die Sexualität. Auch wenn wir modernen, zivilisierten Menschen es manchmal nicht wahrhaben wollen: Sie war, ist und wird immer etwas Instinktgesteuertes bleiben und sich damit letztlich der verstandesmäßigen Kontrolle entziehen. Wenn es denn sein soll, überkommt »es« uns, und wir werden schwach. Gewissensbisse inklusive.

Genau hier aber liegt der Casus knacktus. Wir verlangen uns mit unserer Auffassung von Treue ausgerechnet in dem einen Punkt Konsequenz ab, den wir nicht in der Hand haben. Warum nehmen wir den Sex bloß so schrecklich ernst?

Setzen wir an die Stelle des Treuekriteriums »Sexualität« den Begriff der »Loyalität«, dann kann Vertrauen entstehen – das Vertrauen darauf, dass der andere uns stets wohlgesonnen ist und ihm nichts ferner liegt, als uns böswillig »in die Pfanne zu hauen«. Sollte er aus dieser Grundhaltung heraus wirklich einem anderen begegnen und schwach werden, stellt das die Beziehung nicht in Frage, sondern bleibt, was es ist: eine flüchtige Episode.

Andererseits (um noch einmal auf die Kaffeeklatsch-Szene zurückzukommen): Wenn wir Frauen in trauter Runde zusammensitzen und zur allgemeinen Belustigung die nicht anwesenden Partner durch den Kakao ziehen, käme das in diesem Sinne durchaus einem Treuebruch gleich. Oder ist es etwa loyal, intime Details aus dem Zusammenleben auszuplaudern und den angeblich so geliebten Menschen öffentlich bloßzustellen?

Wenn also unser Mann heute Abend mit einer anderen zum Essen ginge, wäre es vor diesem Hintergrund nicht mehr alles entscheidend, ob die beiden nach dem Nachtisch miteinander in die Kiste hüpfen würden oder nicht. Wirkliche Intimität stellt sich nämlich auf einer ganz anderen Ebene ein. Ein inniges Gespräch kann viel tiefer gehen als so mancher schnelle Akt. Ob er uns hintergeht oder zu uns steht, entscheidet sein Herz, nicht sein Gemächt.

Legen wir weniger Wert darauf, einander zu gehören, als zueinander zu gehören, dann können wir die Momente der Innigkeit und Nähe genießen und den anderen anschließend ohne Angst seiner Wege gehen lassen. Wir können es aushalten, dass er auch einmal ohne uns ins Kino geht; können gelassen bleiben, wenn er allein für ein paar Tage wegfährt, weil wir nicht gleich »das Schlimmste« vermuten. Und es bringt uns auch nicht aus der Ruhe, wenn er einen eigenen Freundeskreis hat, bei dem wir selbst außen vor bleiben.

So entsteht eine Form der Treue und Verlässlichkeit, die alle Hochs und Tiefs und alle Alltagsstürme übersteht. In dieser entspannten Atmosphäre gelingt es uns am ehesten, zueinander zu halten, anstatt aneinander festzuhalten.

Der Reiz des Verbotenen

Wer je versucht hat, eine Diät zu machen (und wer von uns hätte das noch nicht probiert), der weiß, dass mit dem Verzicht die Gier auf das Versagte wächst. Wir brauchen uns bloß vorzunehmen, nichts Süßes und nichts Fettiges zu essen, und schon überschwemmen Phantombilder von Sahnetorten, Pralinenbergen und Schokoladentafeln unser Hirn. Während wir Karottensticks knabbern, träumen wir von Pommes mit Majo, und wir tun uns unendlich Leid, weil wir sie nicht haben können – bis der Damm der guten Vorsätze unter dem Druck der Gelüste birst und wir eine doppelte Portion auf einmal in uns hineinschlingen. Dass wir uns nachher hundeelend fühlen, hat weniger mit dem Fett im Magen zu tun als mit dem Gefühl der

Niederlage. Wieder eine Schlacht verloren, wieder einmal zu schwach gewesen.
Ähnlich ergeht es fest liierten Menschen mit dem Sex in fremden Betten. Sie haben einen Eid darauf geschworen, es nicht dazu kommen zu lassen, und damit sind – mit Ausnahme eines einzigen – sämtliche andersgeschlechtlichen Wesen für sie zur verbotenen Frucht geworden.
»Tabu«, prangt in dicken Lettern auf den Waschbrettbäuchen aller Dreamboys dieser Welt, und das Wasser läuft uns Frauen umso mehr im Mund zusammen.
»Finger weg!«, steht quer über jedem kurzen Rock geschrieben, der vor den hungrigen Augen unseres Mannes vorüberwippt. Genau dies aber macht das Stofffähnchen und das, was sich dahinter verbirgt, doppelt verlockend. Denkt er ohnehin schon oft genug an das Eine, kann er sich jetzt seiner Fantasien erst recht nicht erwehren.
Die Mauer der guten Absicht, die Mann und Frau um sich errichten, ist für ihren inneren Schweinehund eine Provokation, und er setzt alles dran, sie zu untergraben. Gibt sie irgendwann nach, kommt es zum gierigen Rausch. Danach folgt der Kater. Der Mensch ist zum Delinquenten geworden. Wie konnte er, wie konnte sie bloß so ein Schwein sein? Wie konnte er, wie konnte sie den Partner bloß so übel hintergehen? »Nie wieder«, gelobt man sich, errichtet eine noch höhere Mauer, und das Spiel beginnt von vorn.
Doch stellen wir uns vor, wir lebten in Utopia – jenem Land, in dem die Grenze zwischen treu und untreu nicht entlang der Bettkante verläuft. Frauen wären Frauen, und Männer wären Männer. Verbotene Früchte gäbe es nicht. Wer würde es schon auf sich nehmen, einen stinknormalen Apfel hoch oben aus der Krone zu pflücken? Man müsste erst die schwere Leiter holen, sie quer durch den Garten schleppen und dann auch noch auf dem wackeligen Ding balancieren … Kann gut sein, dass die

Bequemlichkeit siegt, denn die Früchte, die wir haben dürfen, sind nur halb so interessant. Von etwas zu träumen ist nun einmal weniger anstrengend, als es zu tun. Von einem Harem zu fantasieren, mag paradiesisch sein. Einen Harem mit all seinen Intrigen zu ertragen, ihn zu hüten und ihn durchzufüttern aber könnte bisweilen an einen Ritt durch die Hölle erinnern.
Damit kommen wir noch einmal zur Urangst aller fest gebundenen Frauen zurück: dass unser Mann uns eines Tages sitzen lassen und mit einer Jüngeren auf und davon gehen könnte. Wenn wir in unserer Partnerschaft nur ein klein wenig von dieser Utopie verwirklichen, verliert sein Johannistrieb auf einmal an Bedrohlichkeit. Einen Kater, der jahrelang als Freigänger gelebt hat, den kann man nicht mehr als Stubentiger halten. Bei jungen Frauen aber ist der Greifreflex meist sehr viel ausgeprägter; sie sind genetisch auf das Festhalten am Mann programmiert. Er wird schließlich nicht nur als Samenlieferant, sondern auch als Ernährer der Brut gebraucht.
Mit zunehmendem Alter aber können wir ihn mehr und mehr aus dieser Rolle freigeben, zumal wir Frauen heute finanziell unabhängiger sind als je zuvor. Wir sind nicht mehr auf den Mann angewiesen. Wenn es sein muss, können wir gut auf eigenen Füßen stehen. Natürlich würde es uns wehtun, wenn er ginge. Fürchterlich weh. Aber wer sagt denn, dass er überhaupt gehen will?
Auch er kommt langsam in die Jahre und sehnt sich – selbst wenn er das womöglich nie zugeben würde – nach einem warmen Platz auf der Ofenbank, von dem aus er dem Treiben der Jungen zuschauen kann. Mit hellwachen Augen, versteht sich, und immer mit einem flotten Spruch auf den Lippen. Wir kennen ihn doch! Er ist schon immer ein Genießer gewesen. Gönnen wir ihm das Vergnügen. Es ihm zu lassen kostet uns ein Lächeln, denn wir wissen, dass dies bloß Gelüste sind. Unsere Liebe tangieren sie nicht.

Der Weg vom Gedanken zur Tat wird für ihn mit jedem Jahr weiter. Meist reicht ihm die Gewissheit, dass er dürfte, wenn er wollte. Ein verbotenes Eiland könnte ihn vielleicht noch zu einem Abenteuer verlocken. Aber wozu eine Insel erobern, die mit dem Ausflugsdampfer erreichbar ist?
Doch nicht nur die Trägheit treibt ihn in unsere Arme: Die Jahre haben uns zusammengeschweißt, und mit keinem Menschen ist er so vertraut wie mit uns. So etwas schmeißt kein Mensch leichten Herzens über Bord – auch kein Mann. Wir mögen nicht immer einer Meinung sein, und manchmal geraten wir vielleicht heftig aneinander. Aber mit dem Alter erkennen wir, dass gelegentliche Krisen mit zum Geschäft gehören. Das Aus bedeuten sie noch lange nicht. Auch in Liebesdingen wird selten so heiß gegessen wie gekocht.
Sind wir einander loyal verbunden, so entsteht zwischen uns ebenjene Atmosphäre der Geborgenheit, in der wir uns ohne Verlustangst frei und offen entfalten können. Was kann unser Selbstvertrauen nachhaltiger steigern als die Gewissheit, dass es da einen Menschen gibt, der uns nicht im Regen stehen lässt und uns den Rücken stärkt, wenn's drauf ankommt? Ein gutes Gefühl, das – im positiven Sinne des Wortes – abhängig macht. Wer sich solchermaßen bestätigt fühlt, ist wesentlich weniger anfällig für Verlockungen von außen.
Die schärfsten »Waffen« der jüngeren Konkurrentinnen sind nämlich weder straffe Titten noch Journal-Figur – solche äußeren Reize lösen allenfalls ein erotisches Strohfeuer aus. Viel gefährlicher sind ihre aufschauenden Blicke und bewundernden Worte: »Du bist der erfahrene Mann, der mir die Welt erklären kann. Du bist ja so toll!« Ein Mann, der sich von seiner Frau nicht angenommen fühlt, schmilzt bei solchen betörenden Sätzen hin wie Butter in der Sonne. Sie sind es, die bei ihm sämtliche Alarmglocken lahm legen, alle guten Vorsätze zunichte machen und den Denkapparat aushebeln. Endlich eine,

die mich versteht, die mich zu schätzen weiß und nicht (wie meine Alte) dauernd an mir rumnörgelt!
Bekommt ein solchermaßen Angehimmelter hingegen in seiner Beziehung den Rückhalt, den er braucht, ist er ein ungemein schwierigeres Opfer. Die Schmeicheleien werden zwar auch ihm runtergehen wie Öl – auch er wird sich in die Brust werfen und seinen ganzen Charme versprühen. Doch irgendwann wird er bestimmt auf die Uhr schauen. Was, schon so spät geworden? Höchste Zeit, nach Hause zu gehen.
Vertrauen wir ihm! Vertrauen wir darauf, dass er uns ebenso gern hat wie wir ihn und er uns aus ganzem Herzen verbunden ist. Anders als die Jüngeren können wir ihm den Freiraum geben, den er braucht. Wir können die Utopie wahr werden lassen und Treue am Faktor Loyalität und nicht am Sex bemessen. Das ist der große Trumpf, den wir im Ärmel haben.
Wir können ihn loslassen, und in dem Augenblick, wo wir es tun, wird er viel lieber bleiben.

14. Kapitel:
Luft zum Atmen

Dass wir uns ausgerechnet nach den Menschen verzehren, die wir nicht haben können, bekommen nicht nur die vielen fest Liierten zu spüren, die beim Seitensprung aus ihrem Herzen eine Mördergrube machen. Wann immer der Ruch des Verbotenen um eine Liebe rankt, dehnt sich die Sehnsucht für den anderen bis an die Grenze des Aushaltbaren aus. Allein der Gedanke an ihn treibt uns an den Rand des Wahnsinns. Was wäre die Literatur, was wären die Opernbühnen, was wäre Hollywood, wenn zwei Menschen, die einander begehren, auf direktem Wege zueinander fänden?

Es gäbe weder Balkonszenen wie bei Romeo und Julia noch Fahrten in die Unterwelt wie bei Orpheus und Eurydike. Es gäbe keine Versteckspiele, Verfolgungsjagden und fatalen Missverständnisse. Die Verliebten sehen sich, sie küssen sich, sie lieben sich – ein bis zwei Bettszenen … und selbst wenn sie dabei kleine Tode der Verzückung sterben, erliegen sie doch bald der Langeweile. Dies ist nicht der Stoff, aus dem sich spannende Beziehungen entwickeln. Damit es richtig funkt, muss es den beiden so gehen, wie den Grimmschen Königskindern: »Sie konnten zueinander nicht kommen, denn das Wasser war viel zu tief.«

Erst die bittersüße Pein der Unerfüllbarkeit macht eine Liebelei zur wahrhaft großen Liebe. Wenn der andere nicht ohne weiteres für uns erreichbar ist, beflügelt das unsere Gefühle so sehr, dass er oder sie unbesehen in die Rolle des Mannes, der Frau »fürs Leben« erhoben wird. Auch wenn wir an jedem Finger einen anderen mit ebensolchen Qualitäten hätten – der eine Unerreichbare ist es, der unser Herz betört.

Dabei müssen sich der Liebe nicht unbedingt gesellschaftliche, moralische oder familiäre Tabus in den Weg stellen. Es reicht schon, wenn einer in München und der andere in Flensburg wohnt. Tausend Kilometer – eine Distanz, die man nicht eben so auf die Schnelle nach Feierabend überwinden kann. Wenn wir dann an den Wochenenden die wenigen kostbaren Stunden miteinander genießen, schweben wir auf Wolke sieben. Wie absolut unnachahmlich und einzigartig der so lange Vermisste doch ist! Noch nie hat uns jemand so tief berührt wie er. Er braucht uns bloß sacht mit dem Zeigefinger über den Unterarm zu streichen, um uns bis ins Mark zu elektrisieren. Jedes seiner Worte mutet uns göttlich und wahr an. Je größer die Distanz, je strapaziöser die Reise, je teurer das Ticket, desto mehr geraten wir ins Schwärmen.

Sammlerstück in der Vitrine

Doch was passiert, wenn wir das andauernde Getrenntsein irgendwann nicht mehr aushalten können? Stellen wir uns vor, wir hätten eines Tages die Nase gründlich voll davon und würden beschließen, unseren Job hinzuschmeißen, die Wohnung aufzugeben und zu ihm zu ziehen. Der Geliebte hatte uns tausendmal auf Knien darum angefleht, doch bislang hatten wir uns immer gewehrt, hatten unsere Unabhängigkeit nicht verlieren wollen. Plötzlich also stünden wir mit Sack und Pack bei ihm vor der Tür.

Wir klingeln. Die Tür geht auf. Vor Überraschung fällt ihm beinahe der Unterkiefer herunter. Wir stoßen beide einen spitzen Schrei der Wiedersehensfreude aus, fallen einander um den Hals, sind überglücklich, stürzen sofort ins Schlafzimmer, denn die Fleischeslust fordert ihren Tribut …

Und dann? Dann fangen wir erst einmal an, in seiner Wohnung

Platz für unsere Sachen zu schaffen. Wir räumen unsere Pullover neben die seinen in den Schrank und stellen unsere Bücher zu den seinen ins Regal ...
Endlich ist wahr geworden, was wir uns so lange gewünscht hatten. Endlich leben wir zusammen, ganz dicht zusammen!
Eine oder zwei Wochen, vielleicht sogar einen Monat lang lieben wir uns dreimal täglich. Dann verglimmt die Glut. Wir haben ihn, und er hat uns. Damit an unser wertvolles Sammlerstück nur ja nichts dran kommt, stellen wir es in die Vitrine, sicher hinter Glas. Da steht es, gut beleuchtet, für alle Welt zu sehen. Der Coup ist uns tatsächlich geglückt! Wir haben den Gralskelch errungen, den großen Preis gewonnen, den Pokal ergattert! Und nun? Nun legt sich die Aufregung, und der Alltag macht sich wieder breit.
Gelegentlich betrachten wir unsere Trophäe noch mit stolzem Blick. Wenn Gäste kommen und sie bewundern, nehmen wir sie womöglich ab und zu von ihrem Sockel. Vorsichtig, ganz vorsichtig. Doch ansonsten werden andere Dinge wieder wichtiger für uns, denn das gute Stück läuft uns ja nicht mehr davon. So staubt es langsam ein ...

Von einem Extrem ins andere

Eine Beziehung ist bestimmt kein Hollywoodfilm. Eines aber haben beide gemeinsam: Kaum fehlt die Distanz zwischen den Liebenden, ist die Luft raus. Spannung braucht Hürden. Sind alle Hindernisse überwunden, fällt den Filmemachern nur noch eines ein: Leinwandkuss und Abblende. Oder, um mit Tucholsky zu reden: »Es wird nach einem Happy End im Film jewöhnlich abjeblend.«
Während die Schauspieler sich nach dem letzten Vorhang aber

frohen Mutes einem neuen Engagement zuwenden, müssen wir im wahren Leben an dieser grandiosen, perfekten, unübertrefflichen Stelle weitermachen – obwohl von nun an eigentlich alles nur noch schlechter werden kann.

Da wir kein Drehbuch mehr haben, bleiben wir eng umschlungen auf dem Set stehen. Dicht an dicht, so lautet unsere allerletzte Regieanweisung. Was sollten wir in unserer Verunsicherung anderes tun, als sie buchstabengetreu zu beherzigen?

So gehen wir fortan eng aneinander gepresst durchs Leben: Wir besprechen alles haarklein miteinander, gehen überall gemeinsam hin, verbringen jede freie Minute zusammen und treffen uns, wenn überhaupt, nur noch mit Freunden, denen wir beide gleichermaßen zugetan sind. Nacht für Nacht kuscheln wir uns ungeachtet aller Unbequemlichkeit und eingeschlafenen Arme fest aneinander, um selbst im Traum die Gegenwart des anderen nicht missen zu müssen. Wenn einer schwitzt, schwitzt der andere mit. Wenn einer nicht schlafen kann, tut auch der andere kein Auge zu. Es gibt kein Ich mehr und kein Du. Es heißt nur noch: Wir!

Nun wissen wir aus zahlreichen gut dokumentierten Versuchen der Verhaltensforschung: Wenn es Ratten im Käfig zu eng wird, fangen sie irgendwann an durchzudrehen. Wir Menschen sind da nicht anders. Fristen wir unser Dasein hinter den Gitterstäben der selbst verordneten Dauerintimität, führt das mit der Zeit zu emotionalen Verschleißerscheinungen.

Doch selbst wenn wir spüren, dass uns die ununterbrochene Tuchfühlung zu viel wird, fällt es uns schwer, sie aufzuheben. Haben wir nicht das ständige innige Zusammensein zum Normalzustand erklärt? Nur allzu leicht könnte der andere jeden Rückzugsversuch als Ablehnung oder Zurückweisung missdeuten. Aus Rücksichtnahme schweigen wir und lächeln mit

zusammengebissenen Zähnen tapfer weiter. Bis das Maß voll ist und es knallt.
In jeder Zweierbeziehung kann einer besser, der andere schlechter mit Nähe umgehen. Wessen Schwelle niedriger ist, der wird sich über kurz oder lang panisch Raum verschaffen müssen. Er hat das Gefühl, in der Beziehung zu ersticken, von den eigenen vier Wänden erdrückt zu werden. Er muss hier raus! Kann den anderen urplötzlich nicht mehr riechen; weicht vor seinen Streicheleinheiten zurück; will nichts mehr mit ihm unternehmen; nicht mehr knutschend vor dem Fernseher lümmeln; nicht mehr das gemeinsame Wannenbad genießen. Will nur noch seine Ruhe haben!
Der andere versteht die Welt nicht mehr. Wie könnte er die Kehrtwendung auch begreifen? Den Schritt von der Distanz zur Nähe, den konnte er gut nachvollziehen, den hatte er selbst herbeigesehnt; aber wenn das Pendel jetzt ohne Vorwarnung ins andere Extrem zurückschwenkt, steht er fassungslos da – wie eiskalt abgeduscht. Was ist bloß mit ihrer Liebe geschehen?

Das innere Exil

Was vielen von uns nicht mehr bewusst ist: Es hat einmal ein Drehbuch gegeben, das uns aus unserer Happy-End-Umarmung erlöste. Es erschien uns nur nicht mehr zeitgemäß, und darum ist es mit allerhand abgeschnittenen Zöpfen auf dem Müll gelandet. Schließlich sah es etwas vor, mit dem wir längst aufgeräumt haben: die (zumindest zeitweilige) Trennung der Geschlechter.
Früher hatten Männer und Frauen in Beziehungen klar abgegrenzte Bereiche. Einzig die Verliebten wurden während der Turtelphase zu Grenzgängern und drangen (wenn auch heim-

lich und auf leisen Sohlen) in die Welt des anderen ein. Kaum aber war die Ehe vollzogen, kehrte jeder dorthin zurück, wo er nach gängiger Meinung hingehörte.

Während wir unsere Abende stickend und stopfend am Kamin verbrachten, hatten die Männer Ausgang. Hier zu Lande hockten sie am Stammtisch zusammen oder zogen sich ins Herrenzimmer zurück. In England hatten sie ihren Club. Auf jeden Fall tagten sie im exklusiven Zirkel. Hier war man(n) unter sich und genoss es, für eine Weile vor dem Zugriff der Gattinnen verschont zu bleiben.

Uns Frauen aber wurmte das Ausgesperrtsein. Was trieben die Kerle bloß, wenn sie zusammen waren? Tauschten sie etwa Weibergeschichten aus? Rissen sie unflätige Zoten? Oder ordneten sie wieder einmal die Welt neu, ohne uns mitbestimmen zu lassen? Unsere Neugier war angestachelt, und so zogen wir aus, ihnen ihr Geheimnis zu entreißen.

Lange Zeit gelang es den Männern, ihre angestammten Domänen gegen unseren Einmarsch zu verteidigen. Irgendwann aber fiel selbst die letzte Bastion, und wir, die Eroberinnen, mussten feststellen: Was sich da hinter verschlossenen Türen abgespielt und darum unsere Fantasie beflügelt hatte, war in Wirklichkeit völlig banal. Wir hatten etwas absolut Großartiges oder unendlich Verruchtes erwartet und fanden einen Haufen verstaubter »Gentlemen« vor, die auf durchgewetzten Ledersofas saßen, rauchten, tranken, schwadronierten oder einfach Zeitung lasen. Mag sein, dass ihre Themen etwas anders als die unseren waren, doch die Zusammenkünfte selbst erwiesen sich als denkbar unspektakulär. Sie waren langweiliger als jedes Waschweibertreffen, denn da wurde viel mehr gelacht.

Im Beruf hat uns das Schleifen der Männerbastionen zweifellos unschätzbare Vorteile gebracht, auf die keine von uns heute verzichten wollte. Aber im Privaten haben wir – außer viel-

leicht dem billigen Triumph, es den Kerlen wieder einmal gezeigt zu haben – nichts Nennenswertes gewonnen. Die Männer aber haben wir Zug um Zug ihrer dringend benötigten Rückzugsbereiche beraubt. In Gegenwart von Frauen können sie nun einmal nicht zur Ruhe kommen. Es braucht nur ein einziges weibliches Wesen den Raum zu betreten, um sie in Habachtstellung zu versetzen. Innerhalb von Sekundenbruchteilen werfen sie sich in die Brust, um imposanter zu wirken, und die anwesenden Geschlechtsgenossen wechseln schlagartig die Rolle: Aus Gleichgesinnten werden Rivalen. So wird aus dem harmlosen gemütlichen Abend ein Schaulaufen vor den Augen der Konkurrenz. Hochspannung statt Entspannung. Die Ruhe ist dahin.
Doch damit nicht genug: Wir haben den Männern mit der Aufhebung der Geschlechtertrennung nicht nur wichtige Regenerationsmöglichkeiten genommen – wir haben sie außerdem in ihrer Pose des gewichtigen Weltenlenkers enttarnt. Spätestens seit Jungen und Mädchen Seite an Seite die Schulbank drücken, nehmen wir den »Herren der Schöpfung« ihre großen Worte und Gesten doch nicht mehr ab, denn wir wissen, dass auch sie nur mit Wasser kochen. Wenn sie sich aufplustern, erinnern sie uns verdächtig an einen Fiat cinquecento, auf dem der Aufkleber prangt: »Wenn ich einmal groß bin, werde ich ein Ferrari«.
Während wir uns anschickten, auch noch die letzte Herrenrunde zu knacken, blieb interessanterweise die Unterwanderung unserer eigenen angestammten Gefilde weitgehend aus. Das liegt wohl daran, dass der gemeine Mann Ansammlungen von mehr als zwei Frauen am liebsten aus dem Weg geht. Selbst wenn wir ihn einladen würden – allein die Vorstellung, sich beim Kaffeekränzchen im Verein mit lauter »gackernden Weibern« an Schwarzwälder Kirschtorte gütlich zu tun, ist ihm ein Gräuel. Nur selten verirrt sich ein Bart-

träger in die VHS-Kurse zu eher »weiblichen Themen« (womit so gut wie alles gemeint ist, was nicht im weitesten Sinne mit dem PC zu tun hat). Ob schlicht oder anspruchsvoll – Vorträge, Seminare, Workshops und Ausstellungen waren und bleiben reine Frauensache. Wird doch einmal ein Mann gesichtet, hat ihn garantiert seine Partnerin zu der Veranstaltung mitgeschleppt.

Einzig die werdenden Väter fallen aus diesem Schema heraus. Strahlend wie die Honigkuchenpferde üben sie im Geburtsvorbereitungskurs das Hecheln mit, um auf ihren Auftritt im Kreißsaal vorbereitet zu sein. Aber kaum ist die hormonelle Verwirrung vorbei, legt sich die Vermischungsbereitschaft der Männer, und die Frauen bleiben wieder unter sich.

So ist eine paradoxe Situation entstanden: Wir Frauen haben alle Möglichkeiten, nach Lust und Laune unter uns zu bleiben, obwohl wir meist mehr Nähe vertragen können (ja, oft gar nicht genug Nähe bekommen können). Den Männern aber bietet sich kaum Gelegenheit, uns Frauen zu entkommen – und das, obwohl sie von der Natur auf einsame Jagdausflüge programmiert sind. Ob bei der Arbeit, in der Partei, im Sportverein, in der Kneipe, in der Sauna oder auf dem Fußballplatz; ja sogar beim Militär – so gut wie nirgends entgehen sie der weiblichen Präsenz.

Zu Hause sollen sie dann auch noch mit uns gemeinsam kochen und sich über die Tagesereignisse austauschen; und am Wochenende zerren wir sie mit zum Klamottenkauf in die City und ärgern uns, weil sie wie ein Häufchen Elend auf dem Hocker vor der Ankleidekabine warten und so gar kein brauchbarer Kommentar von ihnen kommt.

Was Wunder, wenn die solchermaßen Gestressten am Abend auf der Couch vor dem Fernseher liegen, den Blick starr geradeaus gerichtet, im inneren Exil.

Lassen wir ihnen ihren Raum! Ziehen wir uns diskret aus ihren Männerrunden zurück. Gönnen wir es ihnen, sich ab und zu allein mit ihren Kumpels zu verabreden. Lassen wir sie ruhig in der Werkstatt an ihrem Oldtimer herumschrauben oder sich in ihren PC verkriechen. Es gibt Zeiten, die brauchen sie für sich. Nehmen wir uns etwas anderes vor, und machen wir uns rar. Irgendwann merkt er, dass wir nicht da sind. Er wird uns vermissen und wie ein Tiger in der Wohnung auf und ab laufen. Unruhig. Bis er uns anruft:

»Wo bist du denn?«

»Mit ein paar Freundinnen unterwegs.«

»Wann kommst du zurück?«

»Ich weiß noch nicht genau. Iss ruhig schon mal ohne mich.«

»Wie, du bist zum Essen nicht da?! Das ist aber schade. Ich wollte doch …«

»Was wolltest du?«

»Na, dich zum Essen einladen. Es gibt da so einen neuen Italiener …«

Es stimmt also doch: Verknappung erhöht den Marktwert!

Die Nähe-und-Distanz-Formel

In Beziehungen läuft nichts nach Schema F, und schlichte Gleichungen gehen meist nicht auf. Zu unterschiedlich sind die Menschen und ihre Bedürfnisse, um sich auf einen Nenner bringen zu lassen. Was bei dem einen Paar funktioniert, könnte sich bei einem anderen ganz leicht als Schuss in den Ofen erweisen. Eine Formel aber scheint dennoch allgemein gültig zu sein:

Nähe weckt Abstoßungskräfte –
Distanz weckt Anziehungskräfte.

Nun lassen wir einen Menschen, mit dem wir zusammenleben, zwangsläufig dichter an uns heran als jeden anderen. Ist da das Auseinanderdriften nicht vorprogrammiert? In der Tat scheinen heute, wo wir nicht mehr durch das enge Korsett gesellschaftlicher Normen zum Zusammenbleiben gezwungen sind, die Aussichten auf eine dauerhafte Partnerschaft beträchtlich gesunken zu sein.

Wo liegt das Geheimnis, das uns ungeachtet aller Widrigkeiten zusammenbleiben lässt? Es steckt, wie so oft, im rechten Maß. In Utopia – jenem Land, in dem Beziehungen halten – haben Mann und Frau gelernt, auf eine fein austarierte Balance zwischen Nähe und Distanz zu achten, so dass sich ein spannendes Wechselspiel zwischen Abstoßungs- und Anziehungskräften entfalten kann.

Wenn dort in Phasen des innigen Zusammenseins einer von beiden spürt, dass es ihm mit der Tuchfühlung jetzt wieder reicht, entwindet er sich sanft aus der Umarmung und geht. Und der andere lässt ihn ziehen. Einfach so. Bevor die Grenze überschritten ist und sie einander auf die Nerven gehen. Früher oder später holt die Sehnsucht sie wieder ein: Jetzt wären ein paar Streicheleinheiten nicht schlecht. Außerdem haben sie allerhand erlebt, das müssen sie dem anderen unbedingt erzählen …

Damit in unsere Welt ein Stück Utopia einziehen kann, bedarf es einiger Sensibilität. Sensibilität für unsere eigenen Bedürfnisse, aber auch für die des anderen: Uns ist nach Schmusen? Händchenhalten? Knutschen? Wenn wir spüren, dass sich dem Partner ob unserer Zärtlichkeiten die Nackenhaare sträuben, dann kraulen wir lieber Katze, Hund oder Teddybär, bevor wir ihn weiter zwangsbeglücken. Ein andermal ist er womöglich

ganz heiß auf unsere Liebkosungen. Warten wir auf den rechten Moment!
Wir haben Lust auf Abwechslung? Uns fällt zu Hause die Decke auf den Kopf? Nichts wie los! Wo sind die Bäume, die es auszureißen gilt?! Aber stülpen wir unseren Tatendrang nicht wie selbstverständlich dem Partner über. Wenn auch ihm der Sinn auf große Abenteuer steht, wunderbar! Gemeinsam erobern wir die Welt. Vielleicht sehnt er sich aber just in diesem Augenblick nach einem Stündchen im Schaukelstuhl, möchte seine Seele baumeln lassen oder sich hinter einem guten Buch vor der Welt verkriechen. Fragen wir ihn, was er will. Freuen wir uns über ein Ja, und akzeptieren wir ein Nein, ohne beleidigt zu sein. Er lehnt doch bloß die gemeinsame Unternehmung ab und nicht uns als Person.
Was gerade gefragt ist – ob Nähe oder Distanz –, hat natürlich viel mit den Lebensumständen des Paares zu tun. Verbringen die beiden, etwa auf Grund ihrer beruflichen Situation, in ihrem Alltag ohnehin wenig Zeit miteinander, werden sie wohl kaum über zu viel Nähe klagen. Sie fühlen sich sicher angesprochen, wenn der Schauspieler Til Schweiger in einem Interview mit einer großen deutschen Frauenzeitschrift den gemeinsamen Kurzurlaub mit Ehefrau Dana als sein Rezept für eine glückliche Partnerschaft preist. »Wir seilen uns gelegentlich ab von den Kindern und gehen übers Wochenende in ein Hotel. Das ist zwar keine Garantie dafür, dass es automatisch wieder prickelt zwischen uns. Aber doch eine gute Voraussetzung.«
Für Leute aber, die nicht von Engagement zu Engagement jetten, sondern ein eher ortsfestes Dasein führen und in ihrer Freizeit generell im Zweierpack auftreten – für sie würde es unter Umständen mehr bringen, zur Abwechslung mal am Wochenende alleine wegzufahren und auf diese Weise die erlahmenden Anziehungskräfte neu zu beleben.

Ich erinnere mich an ein Paar, das ohne erkennbaren äußeren Anlass tief in der Krise steckte. Die beiden hatten einander schlichtweg satt. Sie konnten sich nicht mehr ausstehen. Sie mochten sagen oder tun, was sie wollten – der andere bekam es in den schiefen Hals. Der Überdruss ließ sie nur noch das Negative am Partner sehen. Klarer Fall von zu viel Nähe. Die Abstoßungskräfte waren am Werk.

Nun wollte es das Schicksal, dass der Mann just in dieser prekären Phase seines Ehelebens von seiner Firma für ein Jahr in ein entlegenes Zweigwerk versetzt wurde. Für die beiden bedeutete das: Wochenendbeziehung. Sie gingen mit einem lachenden und einem weinenden Auge auseinander. Lachend, weil sie froh waren, den ständigen Querelen zu entgehen. Weinend, weil sie fürchteten, dass dies das endgültige Aus für ihre Ehe bedeuten könnte. Sie hatten schließlich zwei Kinder und eine Eigentumswohnung. Da geht man nicht so einfach auseinander.

In der ersten Woche seiner Abwesenheit telefonierten sie kein einziges Mal. Als er am Freitagabend zurückkam, nahm er den Bus vom Bahnhof nach Hause, und – oh Wunder – sie kam zur Tür, als sie seinen Schlüssel im Schloss hörte. Das hatte sie seit Monaten nicht mehr getan. Am Samstag gingen sie zusammen einkaufen. Er behielt die Nerven, auch als sie etwas länger als nötig das Angebot der Kosmetikabteilung studierte. Später dann brachten sie die Kinder bei Freunden unter und gingen zum Thailänder essen. Es wurde richtig nett.

Von da an telefonierten sie jeden Abend. Er erzählte von seinem, sie von ihrem Tag. In ihren Gesprächen fanden sie das Lachen wieder und entdeckten, dass der andere nicht nur aus unangenehmen Eigenschaften bestand. Auch die endlosen Auseinandersetzungen über die richtige Kindererziehung fielen flach, denn sie fällte alle anstehenden Entscheidungen allein.

Wenn er jetzt am Wochenende zu Hause war, hing er nicht wie gelähmt auf dem Sofa herum, sondern ging gern mit seinen Kindern auf den Spielplatz oder ins Schwimmbad – er sah sie ja so selten. Die Abende aber gehörten ihm und seiner Frau allein. Dass ihm der Babysitter früher immer zu teuer erschienen war, hatte er offenbar vergessen.
Und sie? Sie nahm ihn jeden Freitagabend freudestrahlend am Bahnhof in Empfang. Wer so viel Distanz im Alltag hat, der sehnt sich eben nach Nähe.

Nächtliche Mordgelüste

Auch wenn der heilende Effekt der Distanz so manche Partnerschaft vor dem sicheren Aus bewahren könnte, würden doch nur die wenigsten die Wochenendehe als ideales Lebensmodell hinstellen. Nur in den seltensten Fällen bekennen sich zwei Menschen als Paar zueinander, ohne ihre getrennten Wohnungen aufzugeben. Früher oder später zieht es selbst eingefleischte Singles ins gemeinsame Nest.
Je enger wir aber mit dem anderen zusammen sind, desto wichtiger wird es, auf die kleinen Distanzen des Alltags zu achten. Auch und gerade zwischen Liebenden muss es gewisse Geheimnisse geben. Kein Mann – und schon gar nicht unser eigener – braucht so genau zu wissen, was wir hinter verschlossenen Badezimmertüren treiben.
In meinem ganz persönlichen Utopia sind Frauen in diesem Punkt ebenso altmodisch wie die gute alte Lili Palmer. Die 1914 in Posen geborene Schauspielerin, die zu ihren Glanzzeiten die Männerherzen reihenweise eroberte (Ein Verwandter von mir soll unter dem Eindruck des Films »Feuerwerk« nachts im Traum mehrfach »Lili, Lili« gemurmelt und es sich auf diese Weise gründlich mit seiner Frau verscherzt haben),

betrachtete ihre Privatgemächer als Heiligtum. Sogar für ihren Ehemann, den neun Jahre jüngeren argentinischen Schauspieler und Schriftsteller Carlos Thompson, waren sie tabu. Lili hatte ihn von Anfang an bezaubert. Und sie setzte alles daran, den Zauber nicht zu zerstören. Sie wolle ihn schließlich nicht verschrecken, so bekundete die Diva einmal in einem Interview. Es sei Ausdruck ihrer Liebe, sich ihm stets gepflegt zu präsentieren. Ihre Rechnung scheint aufgegangen zu sein. Als Lili 1986 nach fast dreißig Ehejahren in Carlos' Armen starb, empfand dieser den Verlust als so groß, dass er seinem eigenen Leben kurz darauf mit einem Pistolenschuss ein Ende setzte.

Gewähren wir unseren Männern allzu intime Einblicke in unsere ganz persönliche Welt, verfliegen ihre Illusionen über unsere Göttlichkeit nur allzu schnell – und natürlich soll auch er sein Mysterium behalten. Wir mögen noch so neugierig sein: Es gibt bestimmte Dinge, die sollten wir uns im eigenen Interesse besser ersparen …

Die Offenlegung der weniger attraktiven Details unseres Intimlebens erscheint da noch vergleichsweise harmlos. Sie setzt zwar auch Abstoßungskräfte frei, aber wenn dies geschieht, dann doch eher schleichend. Explosionsartig hingegen nehmen sie überhand, wenn einer von beiden schnarcht und den anderen damit um seine wohlverdiente Ruhe bringt.

Wir mögen ihn untertags noch so sehr lieben, sägt er des Nachts, ruft das innerhalb kürzester Frist Mordgelüste in uns wach. In manchen Nächten mag es uns mit etwas Glück gelingen, vor ihm einzuschlafen. Dann können wir wenigstens für ein, zwei Stunden in die Traumwelt abtauchen, bevor er uns mit seinem penetranten Geschnurchel Morpheus' Armen entreißt. Spätestens dann aber ist es vorbei.

Wir schütteln ihn. Zuerst ganz sanft.

Er ächzt. Und schnarcht weiter.
Wir rütteln ihn abermals. Diesmal nachdrücklicher.
»Was ist?«, schreckt er hoch.
»Du schnarchst!«
Er dreht sich um. Eine Minute Stille. Zwei. Wir lauern. Er seufzt. Wir kehren ihm den Rücken zu und sind gerade dabei wegzunicken. Da reißt uns sein kehliges *Chhhhhh pffffff Chhhhhh pffffff* erneut aus der Trance. Wir ziehen uns die Decke über die Ohren. Das Geräusch dringt durch. Wir stopfen uns die Gehörgänge mit Ohropax zu und fühlen uns wie der Taucher in seiner Glocke. Jetzt hören wir zwar nichts mehr, schlafen können wir aber auch nicht. Schweißgebadet wälzen wir uns auf dem Lager.
Im Stundenrhythmus schauen wir auf die Uhr. Oh nein, nur noch fünf, vier, drei, zwei Stunden, bis der Wecker klingelt ... Verzweifelt raufen wir uns die Haare. Nur auf eines kommen wir meist nicht: aufzustehen, Kopfkissen und Bettdecke zu greifen und für den Rest der Nacht aufs Sofa auszuwandern. Und wo wir schon beim Auswandern sind: Warum sorgen wir nicht gleich am nächsten Morgen dafür, dass wir ab sofort generell in getrennten Schlafzimmern ruhen?
Das Plus an Distanz kann unserer Beziehung nur gut tun. Schon in der ersten Nacht würden die Anziehungskräfte wieder die Oberhand gewinnen, denn ein paar Stunden ungestörter Schlaf genügen, um in uns die Erkenntnis reifen zu lassen: Auch Schnarcher können nette Menschen sein. Man darf eben bloß nicht das Bett mit ihnen teilen.

Der Abstandswarner

Auf allgemein gültige Weise lässt sich das optimale Verhältnis von Nähe und Distanz zwischen zwei Menschen kaum festlegen. Nicht nur, dass die Bedürfnisse von Person zu Person so extrem verschieden sind und das, was der eine als Ausdruck von Innigkeit genießt, in einem anderen klaustrophobische Gefühle weckt. Auch ändern sich unsere Vorlieben im Wechselspiel des Lebens. In manchen Phasen lässt selbst das kuschelfreudigste Sugarbaby seinen Blick sehnsüchtig durch die Butzenscheiben des trauten Zweieridylls in die Ferne schweifen; und auch der allereinsamste Wolf kann gelegentlich erstaunlich viel Nestwärme und Geborgenheit vertragen.

Es ist schwer, die individuellen Raumbedürfnisse abzuschätzen, weil in kaum einer Beziehung diesbezüglich klare Wünsche geäußert werden – nicht zuletzt, weil sich die meisten von uns wohl selbst nicht genau darüber im Klaren sind, wie eng oder distanziert sie es im jeweiligen Moment gern hätten.

Wir wären also auf das Stochern im Seelennebel und Deuten körpersprachlicher Indizien angewiesen, würde der Mensch nicht – fast wie eine teure Luxuslimousine – über einen eingebauten Abstandswarner verfügen, der mit feinen Antennen unsere Reaktion auf die zwar typisch menschlichen, darum aber nicht minder nervigen Angewohnheiten unseres Partners misst.

Nehmen wir das klassische Beispiel: die Zahnpastatube. Wir schrauben sie zu, er nicht (es könnte aber auch genau umgekehrt sein). Solange romantische Gefühle den Schleier der Verklärung über alles breiten, fällt uns die Verhaltensdifferenz nicht auf. Der Abstandswarner bleibt still.

Irgendwann aber ist es so weit, und das Corpus delicti sticht uns zum ersten Mal ins Auge. Eigentlich ist es eine völlig normale Tube – wenn sie bloß nicht so unschön zusammengequetscht wäre! Weil sie offen daliegt, ist etwas Zahnpasta herausgequollen und am Waschbecken festgeklebt.

»Igitt«, denken wir. Der Abstandswarner fängt an zu piepsen – noch in größeren Intervallen zwar, doch unüberhörbar. Seine Botschaft: Stopp! Bis hierher und nicht weiter!

Noch grinsen wir bloß. Mag sein, dass schon so manche Beziehung an solchen Banalitäten zerbrochen ist. Aber unsere doch nicht! Was ist schon dabei?! Ist doch bloß eine Nichtigkeit! Wir suchen den Deckel, schrauben die Tube zu, ziehen sie ein paar Mal über den Waschbeckenrand, um sie wenigstens einigermaßen zu begradigen, rollen sie von hinten zwei Windungen weit auf, wischen noch schnell mit etwas Toilettenpapier den Zahnpastarest weg. Da. Ist doch schon alles wieder in Ordnung!

Am nächsten Morgen das gleiche Spiel. In der ersten Woche reagieren wir gelassen. Wir versuchen es mit einem ruhigen Wort zur rechten Zeit.

»Könntest du bitte …«

»Oh, ja. Natürlich.«

Es ändert sich nichts.

Der Abstandswarner piepst jetzt jedes Mal, wenn wir das Badezimmer betreten. Selbst nachdem wir die Tube eigenhändig zugeschraubt und ordentlich auf die Ablage gelegt haben, stört uns ihr Anblick irgendwie – ihr zerknautschter Zustand beleidigt unser Auge … und obwohl wir sie nicht anzuschauen bräuchten, tun wir es doch. Unser Blick wird wie magisch angezogen.

Spätestens jetzt wäre es an der Zeit, auf Abstand zu gehen, aber die wenigsten von uns tun es. So dauert es nicht lang, bis die nächste Eskalationsstufe des Tubenkriegs erklommen ist. Eines Morgens nämlich fällt uns nicht nur der Stein des Anstoßes selbst auf. Plötzlich merken wir auch, dass er offenbar schon seit längerem seine Zahnbürste nicht mehr ausgewechselt hat.

Sie sieht aus wie ein zerkauter Besen. Ekelhaft! Und so was steckt er sich in den Mund!

Der Abstandswarner schrillt.

Wir wissen nicht mehr recht, ob wir uns auf seinen nächsten Kuss freuen sollen.

Verlassen wir jetzt schnellstens das Bad! Schauen wir uns nicht weiter um! Ignorieren wir das Warnsignal auch nur einen Augenblick länger, könnte es gut sein, dass wir auch noch seinen Kamm entdecken. Den hat er nämlich bestimmt noch nie gereinigt. Er starrt nur so vor Schuppen, Staub und Haaren, und eine Zinke ist auch noch ab.

Der Abstandswarner piepst jetzt nicht mehr in Intervallen, sondern er sendet einen markerweichenden Dauerton. Wenn wir so weitermachen, werden wir minütlich irgendeine neue unangenehme Eigenart an unserem Partner entdecken, und jede einzelne dieser Eigenarten wird uns schier in den Wahnsinn treiben. Er mag noch so charmante, großzügige, zuvorkommende, intelligente Seiten haben – solange wir uns zu dicht auf der Pelle sitzen, filtern wir nur das Nervige heraus. Das aber tötet die Liebe ab. Schnell. Gründlich. Zuverlässig.

Der Crash steht unmittelbar bevor.

Verschaffen wir uns Raum! Treten wir einen kleinen Schritt zurück. Nicht zu weit. Je enger wir zusammen waren, desto behutsamer müssen wir uns nun wieder aus der Umklammerung lösen. Sich allzu abrupt zurückzuziehen würde den anderen womöglich verschrecken, und das könnte die Beziehungsbalance ins Kippen bringen. Nehmen wir uns Zeit. Schauen wir erst einmal, wo wir stehen. Wo sind wir? Wo ist unser Partner? Wo verläuft die Grenze? Bleibt uns, bleibt ihm in der Beziehung genug Luft zum Atmen?

Strecken wir dann unsere Fühler nach außen aus. Welche Interessen, welche alten Freundschaften sind der Zweisamkeit zum Opfer gefallen? Mit wem haben wir schon lange nicht mehr

telefoniert? Was wollten wir schon längst einmal unternehmen? Worauf warten wir noch? Tun wir es!
Mit jedem Schritt, den wir nach draußen tun, ziehen wir ein Stück Aufmerksamkeit von den Tuben und Bürsten ab – bis wir irgendwann (hoffentlich) merken, dass der Abstandswarner verstummt ist. Dann stimmt es wieder – das Verhältnis von Nähe und Distanz.

15. Kapitel:
Eine gemeinsame Mission

Erinnern Sie sich noch an die Heldinnen aus Teil II dieses Buches? Sie waren auf ihren Lebenswegen an jene Gabelung gelangt, an der jede von uns irgendwann einmal steht: Die »fruchtbaren Jahre« gehen zu Ende, und wir müssen uns entscheiden, wie es nun mit uns weitergehen soll. Die Erste wollte ewig jung bleiben und verirrte sich in den labyrinthartigen Windungen des Basars der Eitelkeiten, die Zweite suchte Halt an der Flasche und anderen Tröstern und schlitterte dabei unversehens in einen Sumpf aus Trägheit und Schwermut hinein. Die Dritte hing erst einmal fest. Ihr war der Weg durch ein Gatter verstellt, das erst in dem Augenblick wich, als sie sich über das Ziel ihrer Reise klar wurde: nämlich eine Form von Weisheit zu finden, die ihr verriet, wie sie – die Frau, die alles will – auf Dauer zufrieden und glücklich mit einem Mann sein kann, der ständig nur das Eine im Kopf hat.

Nun stehen wir erneut an einer ähnlichen Gabelung, die uns eine Entscheidung abverlangt. In den vorangegangenen Kapiteln haben wir uns mit den Dingen befasst, die eine Partnerschaft gedeihen lassen, damit die Liebe nicht im Keime erstickt. Von Freiräumen war da die Rede und von einer Form der Treue, die nicht einengt. Vom Zueinanderhalten statt des Aneinanderfesthalten. Von den Vorzügen des Schweigens und der Notwendigkeit, ab und zu mit der Wahrheit hinter dem Berg zu halten. Mit all diesen Überlegungen haben wir gewissermaßen ein Biotop geschaffen, in dem unsere Beziehung wachsen kann.

Jetzt müssen wir überlegen, was das überhaupt für eine Beziehung ist, die darin blühen soll? Was macht sie aus? Was verbindet uns? Was streben wir gemeinsam an?
Sie haben spontan die passenden Antworten parat? Gratulation! Dann gehören Sie zum kleinen Kreis der Glücklichen, die schon jetzt eine Freikarte für einen Logenplatz beim großen Finale in der Tasche haben. Wir anderen aber müssen erst noch eine größere Runde um den Block laufen. So simpel diese Fragen auch klingen mögen: Auf Anhieb fällt uns nichts wirklich Überzeugendes dazu ein.

Sinnkrise

Wenn wir auf unseren gemeinsamen Lebensweg zurückblicken, dann hat es ganz zu Anfang eine Zeit gegeben, in der unsere Beziehung den Nabel der Welt bildete. Außer uns beiden schien es nichts anderes zu geben – zumindest nichts, was wirklich von Belang gewesen wäre. Die Frage nach den Gemeinsamkeiten und Zielen stellte sich nicht. Wir waren füreinander gemacht. Basta! Wozu sich weitere Gedanken machen? Verliebt zu sein erschien Verbindung genug.
Wann genau der Zuckerguss zu bröckeln anfing, der das Honigkuchenhaus unserer Verliebtheit zusammenhielt, haben wir kaum bewusst wahrgenommen. Es geschah ganz langsam, fast unmerklich. Zudem waren wir zu diesem Zeitpunkt bereits voll mit dem Nestbau beschäftigt. Unsere Ziele waren klar: Die Wohnung einrichten, Nachwuchs in die Welt setzen und dabei womöglich noch Karriere machen …
Wir liefen so schnell im Hamsterrad, dass uns das Herz bis zum Halse pochte – nicht vor Verliebtheit, sondern vor Anstrengung. An gemeinsamen Inhalten herrschte kein Mangel, nie ging uns der Gesprächsstoff aus: Erst gab es immer irgendein

Möbelstück oder ein Tapetenmuster auszuwählen. Dann kreisten all unsere Gedanken um den Thronfolger oder die Thronfolgerin. Das erste Lächeln, der erste Zahn, die ersten Schritte auf eigenen Füßen, irgendwann der erste Schultag – vor lauter Premieren kamen wir aus dem Staunen gar nicht mehr heraus. Zur selben Zeit waren wir durch den 24-Stunden-Begleitservice für Filius oder Filia so sehr gefordert, dass kaum Zeit zum Grübeln blieb.

Irgendwann aber werden auch kleine Kinder groß, irgendwann sind sie flügge, und wir stehen allein da. Allein zu zweit. Und was dann? Gute Frage! Wo vorher ständige Betriebsamkeit herrschte, zieht jetzt erst einmal Stille ein. Ein riesiges Vakuum entsteht – ein schwarzes Loch im Familien-Universum. Es verschluckt alles: unseren gewohnten Tagesablauf, unsere Gesprächsthemen, unsere Gedankeninhalte, unsere Beschäftigungen ...

Diesen Sog spüren besonders wir Frauen, die wir unser Leben, dem Ruf unserer biologischen Programmierung folgend, in aller Regel mehr als jeder Mann um den Nachwuchs herum organisieren. Wir müssen uns jetzt gut festhalten, damit es uns nicht mit hineinzieht, umso mehr, als dies nicht der einzige Auflösungsprozess in unserem Leben ist: Wenn die Kinder aus dem Haus gehen, geschieht das meist ausgerechnet dann, wenn wir die Menopause erreichen. Das heißt: Nest leer und keine Möglichkeit, es neu zu füllen. Körperliche Fruchtbarkeit ade. Die Berufstätigen unter uns haben neben der Familie wenigstens noch ein zweites Standbein. Doch auch im Job sind in dem Alter die Profilierungsmöglichkeiten eher dünn gesät. So mancher wird früher oder später eine Jüngere vor die Nase gesetzt, und just um diese Zeit geht womöglich auch noch der Gatte in Rente.

Damit ist nichts mehr, wie es einmal war. Alles muss neu geordnet werden. Wir könnten es in Ruhe tun, denn

Zeit haben wir ja jetzt in Hülle und Fülle. Viel zu viel Zeit zum Grübeln. Und auf einmal ist sie da: die Frage nach dem Sinn – nicht zuletzt auch nach dem Sinn unserer Beziehung. Wozu das Ganze? Warum sind wir überhaupt noch zusammen?

Aschenputtel ohne Prinz?

Schon immer haben Mann und Frau ganz anders auf Schwierigkeiten reagiert, und wenn es in dieser kritischen Phase unseres Lebenswegs auch an allem Möglichen mangelt – Schwierigkeiten scheint es wie Sand am Meer zu geben. So tritt die Unterschiedlichkeit der Geschlechter in dieser Zeit noch einmal besonders deutlich zu Tage.

Wir Frauen haben bei allem Auf und Ab des Lebens so viel gesehen – auch all das Glück und all den Glamour dieser Welt. Wenn wir dann betrachten, was wir selbst von alledem abbekommen haben, kann leicht der Eindruck entstehen, dass wir bei der Verteilung des großen Kuchens mit einem Randstück abgespeist wurden. Das große Los haben (meistens) die anderen gezogen. Uns blieben bloß die Nieten. Na ja, vielleicht war ab und zu auch mal ein Trostpreis dabei. Ein Dreier im Lotto. Allerhöchstens ein Vierer. Aber wir hätten so gern den Jackpot geknackt! Wir Frauen wollen wieder einmal alles!

So manche von uns hat darum das Gefühl, in der Rolle des Aschenputtels festzusitzen. Ohne Kutsche und Traumprinz und von der guten Fee vergessen. Sogar die hässlichen Stiefschwestern haben reich geheiratet. Wir aber haben den abbekommen, der übrig blieb. Und wenn wir nicht gestorben sind, dann leben wir noch heute. Unzufrieden zwar, aber wir leben.

Bevor wir vor Selbstmitleid zerfließen: Schauen wir lieber noch einmal genauer hin. Es ist längst nicht alles Gold, was ringsum so herrlich glänzt. Polieren nicht auch wir vor den anderen manchmal angeberisch unser Image? Stellen wir uns nicht oft grandioser dar, als wir sind? Genau dasselbe tun die anderen in unserer Gegenwart auch! Unser Tortenstück vom Leben mag anders sein als ihres – aber ist es wirklich kleiner?
Nur zu gern gründeln wir Frauen im Schlamm. Je tiefer, desto lieber. Selbst wenn wir die kostbarste Perlenmuschel herausziehen, starren wir nur auf die schmutzige Kruste und blenden das Positive aus. Unser Blick ist getrübt durch die düstere Brille. Tauschen wir zur Abwechslung einmal die Gläser aus! Warum immer grau in grau? Ein Hauch von Rosa wäre nicht schlecht! Gucken wir dann den Mann an unserer Seite an, denken wir vielleicht: Ein Traumprinz ist er zwar nicht. Aber eigentlich ist er ja doch ganz passabel!

Abschied vom Vogel Strauß

Während wir nach dem Auszug der Kinder in schlaflosen Nächten krampfhaft nach Möglichkeiten suchen, die Leere in unserem Leben neu zu füllen, scheint er von alledem unberührt. Der Nachwuchs ist aus dem Haus? Na, wenn schon! Dass er sich während der Abschiedsszene auffällig oft geschnäuzt hat, lag nur an seinem Heuschnupfen. Er und gerührt? Gibt es nicht!
Auch bei ihm rieselt die Sanduhr des Lebens unaufhaltsam weiter – aber er guckt nicht hin. Während wir in der Tiefe schürfen, bleibt er lieber an der Oberfläche – und da gibt es für ihn allerhand zu tun. Der Mann ist ein Problemlöser und als solcher ständig gefordert. Stürzt der Computer ab,

bringt er ihn wieder zum Laufen. Streikt die Autobatterie, packt er die Starterkabel aus. Fällt ein Bild von der Wand, nagelt er es wieder an. Auch wenn dabei so mancher Daumen platt gehämmert wurde – wann immer es um die konkreten Dinge des Lebens geht, ist der Mann mit Rat und Tat zur Stelle.

Das Älterwerden und die damit einhergehenden Gefühle aber sind nichts, was sich mit Bohrmaschine und Bauschaum bewältigen ließe. Auch mit allen Macherqualitäten dieser Welt lässt sich der Zahn der Zeit nicht aufhalten. So tut er wieder einmal das, was ihm in emotional befrachteten Angelegenheiten meistens einfällt: den Kopf nach bester Vogel-Strauß-Manier in den Sand stecken und darauf hoffen, dass sich das Problem irgendwann von alleine lösen wird.

Sand – Strand – Bikinimädchen. Eine durch und durch männliche Assoziationskette. Wer nur an das Eine denkt, braucht sich mit nichts anderem zu befassen. Solange er den Frauen hinterherläuft, hat er ein Ziel vor Augen und muss sich kein anderes suchen.

Er rennt. Er hechelt. Und wieder klopft das Herz. Es ist der hohe Blutdruck, er aber glaubt, es seien die Mädels. Doch stellen wir uns vor, der gute Mann geriete auf seiner Hatz ganz zufällig nach Utopia, und dort würde ihn ein Zauber befallen. Urplötzlich wüsste er gar nicht mehr, warum er es so eilig hat. Für einen kurzen Moment nämlich wäre ihm das Eine entfallen. Er ließe sich auf einer Bank nieder, um Atem zu schöpfen, würde nach und nach zur Ruhe kommen und fände nun endlich Zeit, das zu tun, was wir Frauen oft viel zu viel machen: über sich selbst und seine Situation nachzudenken.

Gedankenverloren würde sein Blick auf seine Hände fallen, auf die brüchig gewordenen Fingernägel, die pergamentene Haut und die Altersflecken. Wehmut stiege in ihm auf. Er würde den Verlust seiner Jugend betrauern und vielleicht sogar die eine oder andere Träne weinen. (Es schaut ja keiner zu.) All die verpassten Chancen, all die unerfüllten Träume …

Dann aber fielen ihm viele Erlebnisse und Erfahrungen wieder ein, die er in seinem Leben nicht hätte missen wollen. Es kämen ihm Szenen in den Sinn, in denen er der Größte war und als Held gefeiert wurde; Augenblicke, in denen er sich rundum angenommen fühlte, in denen er im Einklang mit sich und der Welt war; Momente der Nähe und Zärtlichkeit …

Schon sind sie da: die Erinnerungen an all die guten Stunden, die wir zusammen verbracht haben, an die Vertrautheit, die zwischen uns herrscht, an unsere kleinen gemeinsamen Glücksmomente. Und mit diesen Erinnerungen träte ein Lächeln in sein Gesicht.

Irgendwann würde er von seiner Bank aufstehen und aus Utopia wieder in die normale Welt zurückkehren. Äußerlich sähe er aus wie immer. Im Inneren aber wäre er verwandelt, denn in seinem Herzen hätte sich eine Tür geöffnet und ihm den Blick auf eine völlig neue Perspektive freigegeben. Plötzlich könnte er über den Tellerrand des Einen hinaus zum Horizont blicken und all das viele andere sehen, das das Leben so bereithält. »Was es da noch alles zu erforschen gibt!«, würde er staunen und könnte ein klein wenig besser verstehen, warum wir Frauen uns noch nie mit dem Einen begnügen mochten. Mit einem Mal wäre aus dem 1-Prozent-Mann ein 100-Prozent-Mann geworden.

Aber wie gesagt: Damit es dazu kommen kann, müsste er erst den Weg nach Utopia finden. Eine unrealistische Frauen-Hoffnung? Mag sein. Aber so ganz aus der Luft gegriffen ist sie nicht. Auch Männer haben schließlich einen freien Willen und können selbstbestimmt durchs Dasein schreiten. Würden sie das tun, könnten sie zwar nicht mehr wie Bill Clinton nach seiner Affäre mit Monica Lewinski behaupten, nicht sie selbst, sondern ihr bestes Stück sei es gewesen. Sie müssten die Ver-

antwortung schon selbst übernehmen, auch wenn es noch so praktisch ist, sie anderen – und sei's der Natur – in die Schuhe zu schieben.
Mit ihrem Entschluss wäre der erste Schritt in Richtung Utopia getan. Sie könnten irgendwann einmal den hormonellen Autopiloten außer Kraft setzen und das Steuer selbst übernehmen. (Wie das geht? Klingt nach technischem Problem. Hier ist eine Männer-Lösung gefragt!)

Ein Lob auf die Gemächlichkeit

Jetzt bleibt bloß noch die Frage, wie wir Frauen nach Utopia kommen können. Am Wollen kann es bei uns kaum scheitern, denn in dem Punkt waren wir doch schon immer groß!
Genau betrachtet aber sieht das Hindernis, das sich uns in den Weg stellt, gar nicht so viel anders aus. Männer wollen nur das Eine. Das ist zu wenig. Wir wollen alles. Das ist zu viel. Wir schießen beide übers Ziel hinaus. Der Eingang nämlich liegt irgendwo in der Mitte.
Besonders lang erscheint die Liste unserer Wünsche, wenn wir irgendwann aus unserer Mutterrolle entlassen werden. Haben wir nicht über all die Jahre hinweg Verzicht geübt und unsere Bedürfnisse hintangestellt? Kamen nicht immer die anderen zuerst? Jetzt, wo die Kinder aus dem Haus sind, soll sich das gründlich ändern!
Kaum haben wir den Schock des »Empty-Nest-Syndroms« verdaut und uns aus der Schreck-Lähmung befreit, gibt es für viele von uns kein Halten mehr. Rücksicht haben wir lange genug genommen! Jetzt genießen wir unsere Freiheit und machen endlich all das, wozu wir früher nie gekommen sind. Mit unseren Freundinnen treffen wir uns, wann und wo es uns beliebt, bleiben sitzen, bis die Letzte geht – schließlich braucht uns zu

Hause ja keiner mehr. (Natürlich, der »Alte« ist auch noch da. Aber der kann sich ruhig mal allein ein Spiegelei in die Pfanne hauen.)
Je nach unseren persönlichen Vorlieben stürmen wir Uni oder Shoppingmeile, Golfplatz oder Stadtcafé. Die eine engagiert sich im Tierschutzverein, die andere pflegt ihre Kulturinteressen oder genießt die Großmutterfreuden und verwöhnt ihre Enkel. Haben wir uns erst einmal neue Betätigungsfelder erschlossen und das Kinder-Vakuum gefüllt, geht es uns rundum gut. Wir sind unabhängiger denn je, leben mehr denn je unser eigenes Leben. Es gibt noch so viel zu tun! Beschäftigt sind wir immer. So kommt es, dass auch wir vor lauter Aktivitäten ins Hecheln geraten und auch unser Puls nicht zur Ruhe kommt. Er rennt dem Einen hinterher, wir allem anderen.
Halten wir einen Moment inne, sonst können wir das Tor nach Utopia nicht sehen. Schnappen wir Luft! Na, also. Da ist es ja! Gehen wir hindurch, der gute Mann sitzt vielleicht noch auf der Bank. Lassen wir uns ruhig neben ihm nieder, denn hier läuft uns die Zeit nicht weg. Miteinander die Gemächlichkeit genießen – wäre das nicht ein schönes Ziel für uns beide?

Tausend und eine Nacht

Lassen Sie uns miteinander einen kleinen gedanklichen Ausflug in den alten Orient machen – dorthin, wo Vielweiberei und Machotum fröhliche Urständ feiern. Nicht gerade ein Ort, an dem wir heute gute Vorbilder für tragfähige Partnerschaftsmodelle vermuten würden. Dennoch lohnt sich ein Blick hinter die Mauern des Serail:
Es ist Abend geworden, die Dämmerung senkt sich über den Palast. Der Sultan hat sich nach vollbrachtem Tagwerk in seine

Privatgemächer zurückgezogen. Dort ruht er nun auf kostbaren Teppichen und samtweichen Kissen und lässt sich von den Damen seines Harems verwöhnen.
In seinem gut sortierten Frauenfundus ist er der uneingeschränkte Herrscher. Er braucht bloß mit den Fingern zu schnippen, um die freie Auswahl unter Dutzenden von handverlesenden Schönheiten zu haben. Sie stehen jederzeit auf Abruf für ihn bereit, frisch gewaschen und parfümiert, um ihn nicht nur mit Tanz und Gesang, sondern auch mit ihren erotischen Verführungskünsten zu betören.
Der Traum eines jeden Mannes, so könnte man meinen. Trotzdem zeigt sich, dass so ein Sultan eben auch nur ein Mensch ist – und als solcher braucht auch er eine verwandte Seele, die mehr als nur seine Hormone in Wallung bringt: Er sehnt sich nach Zärtlichkeiten, die nicht nur seine Haut berühren. Nach einer Gefährtin, zu der er sich in seinen Mußestunden zurückziehen kann, die ihn versteht, die ihm Trost und Rat spendet, bei der er seine Sorgen, Leiden und auch Geheimnisse ausschütten kann. Er wünscht sich eine Frau, bei der er – der allzeit Starke, Unbezwingbare, über Leben und Tod seiner Untertanen Gebietende – auch einmal Schwäche zeigen darf.
So werden wir bei genauem Blick in die Haremsgeschichte feststellen, dass die polygamen Haremsherren fast ausnahmslos monogame Romantiker und absolut treue Liebhaber waren. Inmitten ganzer Hundertschaften von verfügbaren Geschlechtspartnerinnen kehrten sie stets zu ein und derselben Frau zurück, um ihr müdes Haupt in deren Schoß zu betten. Dieser einen Frau blieben sie verbunden, auch wenn sie längst nicht mehr jung und schön war.
Manche von ihnen fühlten sich derart zu dieser Gefährtin hingezogen, dass sie noch zu Lebzeiten ihre Amtsgeschäfte an ihre Söhne übertrugen, um mit dieser einen Frau zusammen sein zu

können, die ihnen wichtiger war als ihre gesamte Nachkommenschaft und alles, was der Harem an weiblichen Schmuckstücken zu bieten hatte.

Die große Liebe – es gibt sie doch!

Missverstehen wir uns nicht: Es geht hier nicht darum, die Lebensverhältnisse im orientalischen Serail als ideal zu preisen. Eine ebenbürtige Partnerin war die Auserkorene kaum. Der Sultan mochte sich vielleicht bei ihr ausweinen können, ob ihr aber das gleiche Privileg zuteil wurde, ist mehr als fraglich. Unbequem durfte sie bestimmt nicht werden, wollte sie nicht in einen Stoffsack eingenäht auf dem Grunde des Bosporus enden.

Dennoch zeigt uns das Beispiel der orientalischen Herrscher, dass Männer – selbst wenn sie noch so vielen Fremdreizen ausgesetzt sind und alle Gelegenheit haben – nach derselben tiefen Verbundenheit zu einem einzigen Menschen suchen wie wir Frauen auch. So unterschiedlich wir sein mögen – letztlich wollen wir offenbar doch dasselbe.

Die große Liebe – es gibt sie also doch! Denn was sonst könnte es sein, das uns in Gegenwart dieses einen, ganz bestimmten Menschen alle Angst vergessen macht; das uns – tausendmal besser als jeder Wein – die Zunge löst und unbefangen über unsere geheimen Sorgen und Nöte sprechen lässt, die wir vor jedem anderen verbergen würden. Nicht nur, dass wir gut miteinander reden können. Zwischen uns herrscht eine Form der geistigen Übereinstimmung, die uns ohne große Worte verstehen lässt, was im anderen vorgeht. Wir kennen seine Geheimnisse, er kennt die unseren – und wir wissen beide, dass sie da gut aufgehoben sind. Warum? Das ist eine Frage des Gefühls ...

Zwei Menschen, eine Passion

Diese besondere Verbundenheit zu unserem Partner ist die allerbeste Basis für eine langfristige Beziehung. Stimmt sie nicht, liegt auch alles andere im Argen. Vielleicht passen wir dann wirklich nicht zusammen, wären glücklicher allein, mit einem anderen oder in einer Frauen-WG.

Aber nehmen wir einmal an, das Grundsätzliche stimmt, und es ist die große Liebe. Dann sollte es doch eigentlich ewig halten, oder nicht? Kann sein. Muss aber nicht. Denn egal wie gut wir uns verstehen: Der Alltag birgt so viel Zündstoff, dass es uns selbst dann gelegentlich auseinander treibt. Das ist bestimmt nicht angenehm, und wenn wir in dieser Krise stecken, verzweifeln wir schier an der Welt. Trotzdem scheinen die Sprengsätze mit Bedacht platziert. Ihre Detonation rüttelt uns wach. Erschrocken springen wir zurück und gehen unvermittelt auf Distanz. Wir betrachten uns erst aus dem Abstand und tasten uns dann wieder vorsichtig aufeinander zu. Jetzt wissen wir um die Empfindlichkeit des anderen, wissen, wie zerbrechlich die Balance ist.

Wenn die alten, ausgetretenen Pfade immer wieder einmal weggesprengt werden, sind wir gezwungen, nach neuen Wegen zu suchen. So können wir zusammen das unterschiedlichste Terrain sondieren und uns jedes Mal ein Stück besser kennen lernen. Wer weiß – vielleicht entdecken wir auf einer unserer Erkundungstouren ja unsere gemeinsame Passion. Das wäre so ziemlich das Beste, was uns passieren könnte.

Eine Leidenschaft, die wir miteinander teilen ... Wir alle wissen, wie nahe sich zwei Menschen kommen, wenn sie an einer Sache zusammenarbeiten. Die Liaisons zwischen Chefin und Sekretär (oder umgekehrt), zwischen Arzt und Sprechstundenhilfe, zwischen Pianist und Sängerin, zwischen Regisseur und

Schauspielerin, zwischen Künstler und Modell – sie kommen nicht von ungefähr. Wie leicht kann es geschehen, dass uns ein Kollege näher ist als der eigene Partner – nicht nur, weil wir so viel Zeit miteinander verbringen, sondern auch, weil wir das gleiche Ziel vor Augen haben und uns dadurch ganz automatisch in eine Richtung bewegen.

Wenn zwei Menschen gemeinsame Sache machen, dann verbindet sie das mehr als alle Sorge um Nachwuchs, Haus und Hof. Es schweißt sie mehr zusammen als jeder Liebesschwur, denn mit dieser Aufgabe stellt sich ebenjenes Wir-Gefühl ein, um das wir sonst oft vergeblich ringen – ein Gefühl, das uns auch dann zusammenhält, wenn alles andere wegbricht; das wie ein solide gebautes Boot allen Stürmen trotzt und uns trockenen Fußes übers Beziehungsmeer bringt. Wir ziehen an einem Strang! Wir schaffen es! Gemeinsam sind wir stark!

Ob es irgendein Hobby ist, das wir teilen; ob wir uns beide für ein bestimmtes Thema begeistern, uns Hand in Hand einem Projekt widmen, uns gemeinsam sozial, politisch, kirchlich, kulturell oder wie auch immer engagieren; ob wir einander in unserer jeweiligen persönlichen Entwicklung begleiten – was wir tun, ist nicht entscheidend. Hauptsache, wir tun es zusammen.

Nun mögen sich die einen die Entdeckung der gemeinsamen Leidenschaft als etwas überaus Schillerndes, Märchenhaftes vorstellen. Ihnen wird die Geschichte des folgenden Paares gefallen, das sich – ganz wie es früher üblich war – beim Tanztee kennen lernte. Jeder von ihnen machte auf dem Parkett eine gute Figur, zusammen aber waren sie eine Schau. Verliebt, verlobt, verheiratet. Es wurden Kinder in die Welt gesetzt und ein Haus gebaut. Zum Schwofen blieb da keine Zeit mehr.

Viele Jahre später blätterte die Frau die alten Fotoalben durch und erinnerte sich ihrer Passion. Sie buchte für beide einen

Schnupperkurs in einer Tanzschule – als Geburtstagsüberraschung für ihn. Er wollte erst nicht recht und zeigte sich ungewohnt schüchtern. Der Gedanke, sich vor Fremden zum Narren zu machen, sei ihm zuwider. Er habe doch alles vergessen. Habe sich keinen einzigen Schritt gemerkt.
Trotzdem ging er mit ... Und war begeistert! Er hatte einfach den Rhythmus im Blut, die Füße bewegten sich wie von selbst. Er fühlte sich wie ein junger Gott. Von da an gingen sie einmal in der Woche zum Tanzen, manchmal auch an den Wochenenden. Zu Hause probierten sie neue Schritte aus; sie feilten an ihrem Stil und nahmen bald auch an kleineren Turnieren teil.
Unlängst haben sie goldene Hochzeit gefeiert. Der erste Walzer gehörte ihnen. Ihnen ganz allein.

Eine andere Art von Fruchtbarkeit

Weniger verspielte Gemüter würden das soeben beschriebene Bild vom tanzenden Paar mit dem Jubelkränzchen im Haar in der Rubrik Romantikkitsch ablegen. Zu blumig, zu verklärt, zu schön, um wahr zu sein. Für alle, die es pragmatischer mögen, sei darum ein zweites, wesentlich unspektakuläreres Beispiel angeführt: Hubert und Lotte hatten von jeher ein Faible für Antikes und Antiquarisches. Flohmärkte und Trödelläden zogen (und ziehen) sie magisch an. Sie stöberten und feilschten, und wenn sie wieder einmal ein Schnäppchen gemacht hatten, freuten sie sich wie zwei Kinder vor dem funkelnden Weihnachtsbaum.
Es war jedoch nicht reine Sammelleidenschaft, die sie gepackt hatte. Viele ihrer Fundstücke gaben sie leichten Herzens als Geburtstags-, Gast- oder Festtagsgeschenke weiter. Was ihnen Spaß machte, war vor allem das Restaurieren. Im Laufe der

Jahre wurden sie zu regelrechten Experten im Umgang mit Schellack und Blattgold, mit Holzkitt und Polierpaste.
Irgendwann bekam Hubert von seiner Firma ein Vorruhestandsangebot. Er war Mitte fünfzig und nahm sofort an. Nicht, um die Hände in den Schoß zu legen, sondern um endlich ihren gemeinsamen Traum wahr werden zu lassen: Von der Abfindung, die Hubert bekam, finanzierten sie eine kleine Werkhalle und einen Transporter. Damit schufen sie den Grundstock für eine zweite Karriere als Antiquitätenhändler. Sie hatten nie Kinder gehabt, und der neue Laden war ihr gemeinsames Baby. Sie hatten eine andere Form der Fruchtbarkeit gefunden.
Zuerst behielt Lotte ihren Job als Sachbearbeiterin, doch schon nach einem Jahr hängte sie ihn an den Nagel, denn die neuen Geschäfte liefen so gut. Das ist jetzt über zehn Jahre her. Die beiden sind immer noch ein Paar. Glücklich, wie sie sagen. Wer sie strahlen sieht, der glaubt es ihnen aufs Wort.

Die Vision

Was ist Ihre ganz persönliche Zweier-Passion? Wofür können Sie sich beide begeistern? Welches Ziel schwebt Ihnen vor Augen?
Eine Vision braucht jede Beziehung. Zwar ist nur den allerwenigsten Paaren eine großartige Mission von weltweiter Tragweite in die Hände gelegt, aber so hoch müssen Sie die Sache auch gar nicht aufhängen. Fangen Sie bei den ganz kleinen Dingen an. Was machen Sie gern zusammen? Was macht Ihnen Spaß? Was bereitet Ihnen Genuss? Was stachelt Ihre Neugier an? Oder auch: Worüber ereifern Sie sich beide? Über welche Missstände haben Sie sich schon immer aufgeregt? Was müsste dringend getan, geändert werden?

Die Nebel lichten sich. Schemenhaft tauchen erste Umrisse aus den milchigen Schleiern auf. Genaues ist noch nicht zu sehen. Es dauert eine kleine Weile. Haben Sie Geduld, und geben Sie nicht vorschnell auf. Irgendwann wird die Sicht klarer, und dann steht es vor Ihnen, zum Greifen nah: Ihr ganz persönliches Utopia.

Literatur

Androff, Anne, und William Nagler: *Die sechs schmutzigen kleinen Regeln der Liebe.* München, 1992

Dörrzapf, Reinhold: *Eros, Ehe, Hosenteufel – Eine etwas andere Sittengeschichte.* München, 1998

Gray, John: *Männer sind anders. Frauen auch.* München, 1993

Hohler, August: *Gegen den Strom nach vorn. Stationen einer Lebenswende.* Zürich, 1981

Jellouschek, Hans: *Die Kunst als Paar zu leben.* Stuttgart, 1992

Jenckel, Ingrid, und Angela Voss: *Böse Männer kommen in jedes Bett.* München, 2000

Mary, Michael: *5 Lügen, die Liebe betreffend.* Hamburg, 2001

Mika, Bascha: *Alice Schwarzer – Eine kritische Autobiographie.* Reinbek, 1998

Pease, Allen und Barbara: *Warum Männer nicht zuhören und Frauen schlecht einparken.* München, 2000

Schwanitz, Dietrich: *Männer – Eine Spezies wird besichtigt.* Frankfurt, 2001

Die neue Lust am Leben entdecken

Vera Peiffer

Positives Denken

Was sie schon immer wussten,
aber sich nicht trauten, in die Tat umzusetzen

Positives Denken allein genügt nicht – man muss auch etwas tun. Hier ist das Trainingsprogramm, das schon vielen geholfen hat, ihrem Leben eine positive Wendung zu geben. Formulieren Sie Ihr persönliches Erfolgskonzept! Die Psychotherapeutin Vera Peiffer zeigt, wie man negative Gedanken verbannen und seinen positiven Gefühlen freien Lauf lassen kann.

Josef Kirschner

Das Partner-Training

Egoisten sind die besseren Partner …

… behauptet Josef Kirschner in seinem neuesten Buch. Klarer Fall: Wer sich selbst nicht liebt, kann auch den Partner nicht lieben. Und wer sich selbst nicht treu ist, wird auch den Partner betrügen.

Nach der Egoisten-Bibel und dem Egoisten-Training ein weiterer Bestseller des provokanten Lebensphilosophen – inklusive vieler effektiver Übungen für das tägliche Miteinander.

Knaur

Der Carnegie-Klassiker!

Dale Carnegie

Wie man Freunde gewinnt

Die Kunst, beliebt und einflussreich zu werden

Mehr als jeder andere hat Dale Carnegie den Menschen gezeigt, wie sie miteinander auskommen können. Und was gibt es Wichtigeres? Dieses Buch zeigt:

- wie man Freunde gewinnt
- wie man auf neuen Wegen zu neuen Zielen gelangt
- wie man beliebt wird
- wie man seine Umwelt beeinflusst
- wie man mehr Ansehen erlangt
- wie man im Beruf erfolgreicher wird
- wie man ein guter Redner und brillanter Gesellschafter wird
- wie man den Charakter seiner Mitmenschen erkennt

»In seinen Büchern und Kursen hilft Dale Carnegie Menschen, Hemmungen abzubauen und Freunde zu gewinnen. Millionen sind von seiner Philosophie des gesunden Menschenverstandes beeinflusst worden, die sich als wertvolle Hilfe zu Glück und Erfolg erweist.«
Washington Post